国家出版基金项目
NATIONAL PUBLICATION FOUNDATION

中宣部2022年主题出版重点出版物

“十四五”国家重点图书出版规划项目

纪录小康工程

全面建成小康社会

陕西大事记

SHAANXI DASHIJI

本书编写组

陕西新华出版传媒集团
陕西人民出版社

责任编辑：马　昕　王晓飞　党静媛　程家文　文　博　南先锋　王亚嘉
封面设计：石笑梦　赵文君
版式设计：胡欣欣　窦　蓉

图书在版编目（CIP）数据

全面建成小康社会陕西大事记 / 本书编写组 编 .— 西安：陕西人民出版社，2022.10
（"纪录小康工程"地方丛书）
ISBN 978 – 7 – 224 – 14566 – 3

I. ①全…　II. ①本…　III. ①小康建设 – 大事记 – 陕西　IV. ① F127.41

中国版本图书馆 CIP 数据核字（2022）第 087625 号

全面建成小康社会陕西大事记

QUANMIAN JIANCHENG XIAOKANG SHEHUI SHAANXI DASHIJI

本书编写组

陕西人民出版社 出版发行
（710003　西安市北大街 147 号）

中煤地西安地图制印有限公司印刷　新华书店经销

2022 年 10 月第 1 版　2022 年 10 月第 1 次印刷
开本：710 毫米 ×1000 毫米 1/16　印张：21
字数：260 千字

ISBN 978 – 7 – 224 – 14566 – 3　定价：74.00 元

邮购地址 710003　西安市北大街 147 号
陕西人民出版社销售中心　电话：（029）87205094

总　序

为民族复兴修史　为伟大时代立传

小康，是中华民族孜孜以求的梦想和夙愿。千百年来，中国人民一直对小康怀有割舍不断的情愫，祖祖辈辈为过上幸福美好生活劳苦奋斗。“民亦劳止，汔可小康”“久困于穷，冀以小康”“安得广厦千万间，大庇天下寒士俱欢颜”……都寄托着中国人民对小康社会的恒久期盼。然而，这些朴素而美好的愿望在历史上却从来没有变成现实。中国共产党自成立那天起，就把为中国人民谋幸福、为中华民族谋复兴作为初心使命，团结带领亿万中国人民拼搏奋斗，为过上幸福生活胼手胝足、砥砺前行。夺取新民主主义革命伟大胜利，完成社会主义革命和推进社会主义建设，进行改革开放和社会主义现代化建设，开创中国特色社会主义新时代，经过百年不懈奋斗，无数中国人摆脱贫困，过上衣食无忧的好日子。

特别是党的十八大以来，以习近平同志为核心的党中央统揽中华民族伟大复兴战略全局和世界百年未有之大变局，团结带领全党全国各族人民统筹推进“五位一体”总体布局、协调推进“四个全面”战略布局，万众一心战贫困、促改革、抗疫情、谋发展，党和国家事业取得历史性成就、发生历史性变革。在庆祝中国共产党成立100周年大会上，习近平总书记庄严宣告：“经过全党全国各族人民持续奋斗，我们实现了第一个百年奋斗目标，在中华大地上全面建成了小康社会，历史性地解决了绝对贫困问题，正在意气风发向着全面建成社会主义现代化强国的第二个百年奋斗目标迈进。”

这是中华民族、中国人民、中国共产党的伟大光荣！这是百姓的福祉、国家的进步、民族的骄傲！

全面小康，让梦想的阳光照进现实、照亮生活。从推翻“三座大山”到“人民当家作主”，从“小康之家”到“小康社会”，从“总体小康”到“全面小康”，从“全面建设”到“全面建成”，中国人民牢牢把命运掌握在自己手上，人民群众的生活越来越红火。“人民对美好生活的向往，就是我们的奋斗目标。”在习近平总书记坚强领导、亲自指挥下，我国脱贫攻坚取得重大历史性成就，现行标准下9899万农村贫困人口全部脱贫，建成世界上规模最大的社会保障体系，居民人均预期寿命提高到78.2岁，人民精神文化生活极大丰富，生态环境得到明显改善，公平正义的阳光普照大地。今天的中国人民，生活殷实、安居乐业，获得感、幸福感、安全感显著增强，道路自信、理论自信、制度自信、文化自信更加坚定，对创造更加美好的生活充满信心。

全面小康，让社会主义中国焕发出蓬勃生机活力。经过长期努力特别是党的十八大以来伟大实践，我国经济实力、科技实力、国防实力、综合国力跃上新的大台阶，成为世界第二大经济体、第一大工业国、第一大货物贸易国、第一大外汇储备国，国内生产总值从 1952 年的 679 亿元跃升至 2021 年的 114 万亿元，人均国内生产总值从 1952 年的几十美元跃升至 2021 年的超过 1.2 万美元。把握新发展阶段、贯彻新发展理念、构建新发展格局、推动高质量发展，全面建设社会主义现代化国家，我们的物质基础、制度基础更加坚实、更加牢靠。全面建成小康社会的伟大成就充分说明，在中华大地上生气勃勃的创造性的社会主义实践造福了人民、改变了中国、影响了时代，世界范围内社会主义和资本主义两种社会制度的历史演进及其较量发生了有利于社会主义的重大转变，社会主义制度优势得到极大彰显，中国特色社会主义道路越走越宽广。

全面小康，让中华民族自信自强屹立于世界民族之林。中华民族有五千多年的文明历史，创造了灿烂的中华文明，为人类文明进步作出了卓越贡献。近代以来，中华民族遭受的苦难之重、付出的牺牲之大，世所罕见。中国共产党带领中国人民从沉沦中觉醒、从灾难中奋起，前赴后继、百折不挠，战胜各种艰难险阻，取得一个个伟大胜利，创造一个个发展奇迹，用鲜血和汗水书写了中华民族几千年历史上最恢宏的史诗。全面建成小康社会，见证了中华民族强大的创造力、坚韧力、爆发力，见证了中华民族自信自强、守正创新精神气质的锻造与激扬，实现中华民族伟大复兴有了更为主动的精神力量，进入不可逆转的历史进程。今天，我们比历史上任何时期都更接近、更有信心和能力实现中华民族伟大复兴的目标，中国人民的志气、骨气、底气极大增强，奋进新征程、建功新时代有着前所未有的历史主动精神、历史创造精神。

全面小康，在人类社会发展史上写就了不可磨灭的光辉篇章。中华民族素有和合共生、兼济天下的价值追求，中国共产党立志于为人类谋进步、为世界谋大同。中国的发展，使世界五分之一的人口整体摆脱贫困，提前十年实现联合国 2030 年可持续发展议程确定的目标，谱写了彪炳世界发展史的减贫奇迹，创造了中国式现代化道路与人类文明新形态。这份光荣的胜利，属于中国，也属于世界。事实雄辩地证明，人类通往美好生活的道路不止一条，各国实现现代化的道路不止一条。全面建成小康社会的中国，始终站在历史正确的一边，站在人类进步的一边，国际影响力、感召力、塑造力显著提升，负责任大国形象充分彰显，以更加开放包容的姿态拥抱世界，必将为推动构建人类命运共同体、弘扬全人类共同价值、建设更加美好的世界作出新的更大贡献。

回望全面建成小康社会的历史，伟大历程何其艰苦卓绝，伟大胜利何其光辉炳耀，伟大精神何其气壮山河！

这是中华民族发展史上矗立起的又一座历史丰碑、精神丰碑！这座丰碑，凝结着中国共产党人矢志不渝的坚持坚守、博大深沉的情怀胸襟，辉映着科学理论的思想穿透力、时代引领力、实践推动力，镌刻着中国人民的奋发奋斗、牺牲奉献，彰显着中国特色社会主义制度的强大生命力、显著优越性。

因为感动，所以纪录；因为壮丽，所以丰厚。恢宏的历史伟业，必将留下深沉的历史印记，竖起闪耀的历史地标。

中央宣传部牵头，中央有关部门和宣传文化单位，省、市、县各级宣传部门共同参与组织实施“纪录小康工程”，以为民族复兴修史、为伟大时代立传为宗旨，以“存史资政、教化育人”为目的，形成了数据库、大事记、系列丛书和主题纪录片4方面主要成果。目前已建成内容全面、分类有序的4级数据库，编纂完成各级各类全面小康、脱贫攻坚大事记，出版“纪录小康工程”丛书，摄制完成纪录片《纪录小康》。

“纪录小康工程”丛书包括中央系列和地方系列。中央系列分为“擘画领航”“经天纬地”“航海梯山”“踔厉奋发”“彪炳史册”5个主题，由中央有关部门精选内容组织编撰；地方系列分为“全景录”“大事记”“变迁志”“奋斗者”“影像记”5个板块，由各省（区、市）和新疆生产建设兵团结合各地实际情况推出主题图书。丛书忠实纪录习近平总书记的小康情怀、扶贫足迹，反映党中央关于全面建成小康社会重大决策、重大部署的历史过程，展现通过不懈奋斗取得全面建成小康社会伟大胜利的光辉历程，讲述在决战脱贫攻坚、决胜全面小康进程中涌现的先进个人、先进集体和典型事迹，揭示辉煌成就和历史巨变背后的制度优势和经验启示。这是对全面建成小康社会伟大成就的历史巡礼，是对中国共产党和中国人民奋斗精神的深情礼赞。

历史昭示未来，明天更加美好。全面建成小康社会，带给中国人民的是温暖、是力量、是坚定、是信心。让我们时时回望小康历程，深入学习贯彻习近平新时代中国特色社会主义思想，深刻理解中国共产党为什么能、马克思主义为什么行、中国特色社会主义为什么好，深刻把握“两个确立”的决定性意义，增强“四个意识”、坚定“四个自信”、做到“两个维护”，以坚如磐石的定力、敢打必胜的信念，集中精力办好自己的事情，向着实现第二个百年奋斗目标、创造中国人民更加幸福美好生活勇毅前行。

目　录

一九四九年

10月1日　中华人民共和国中央人民政府在北京宣告成立。此前，中共中央西北局、陕甘宁边区政府已于6月由延安迁至西安办公，并对西安市和关中各分区实行直接领导。

10月25日　陕甘宁边区政府颁布《国营公营工厂企业中建立工厂管理委员会与工厂职工代表会议的组织规程》。指出，为了办好人民的企业，根据《中国人民政治协商会议共同纲领》第三十二条之规定及第六次全国劳动大会决议，建立工厂管理委员会与职工代表会议。实行民主管理，树立职工群众的企业主人翁思想，自觉遵守劳动纪律，发扬生产积极性和创造性，加强团结与学习，培养与提高管理企业能力以改进业务，提高生产。

11月7日　洛（阳）潼（关）铁路全部修复。至此，已停顿、割裂12年之久的陇海铁路连云港—宝鸡段全长1226千米全线恢复通车，为陕西及西北经济的恢复与发展提供了重要保证。

11月19日　逃撤至汉中南郑的国民党陕西省政府宣布撤销，国民党在陕西的统治宣告结束。

一九五〇年

1月10日 陕西省人民政府（以下简称省政府）宣告成立，驻地西安市。辖陕北、陕南两个行政公署及榆林、绥德、黄龙、宝鸡、咸阳、彬县、三原、渭南、大荔、汉中、安康、商洛等12个分区，3个县级市、96个县。同日，省政府发布第一号布告，向社会各界和人民群众公布了省政府主席、副主席和政府委员会的组成人员名单。2月10日，省政府正式开始办公。5月2日，省政府发布命令，公布全省行政区划为9个分区（即榆林、绥德、延安、渭南、咸阳、宝鸡、商洛、汉中、安康），1个直辖县（即长安县），并定于5月5日起一律按该区划进行工作。

1月11日 中国人民解放军解放了陕西最后一个被国民党势力盘踞的县城——镇坪县。至此，陕西全境解放。

1月11日—15日 省政府举行第一次会议。明确1950年的主要任务是：肃清土匪特务，安定社会秩序；实行民主改革；发展生产、文化教育及财政金融事业。会议决定省政府组织机构的设置方案及各厅处主要干部的配备名单。1950年1月至1952年年底，省政府设立的工作部门有：办公厅、民政厅、公安厅、劳动厅、工业厅、交通厅、农林厅、财政厅、商业厅、文教厅、卫生厅、粮食厅、财经委员会、监察委员会、编制委员会、文教委员会、水利局、煤矿管理局等18个厅（委）局。1953年以后，随着经济建设及各项事业的发展，机构设置也逐渐增多。1954年，增设计划委员会、体育运动委员会、外贸局，并将省文教厅分设为文化局和教育局，省政府工作机构增加到30个。

1月19日 西北军政委员会在西安宣告成立，陕甘宁边区政府撤销。陕甘宁边区政府从1937年9月6日成立，历时12年零4个月。

2月9日 针对灾害及灾难民问题，中共中央西北局遵照“生产自救，节约度荒，群众互助，以工代赈，并辅之以必要的救济”的救灾工作方针，发出《关于动员一切力量进行生产自救的指示》。13日，省政府发出《关于生产救灾的指示》，并成立了省生产救灾委员会。16日，省政府发出通令，令所属自2月1日起每人每天节约一两粮，以救助灾民。

2月15日 中共陕西省委（以下简称省委）宣布成立。23日，中共中央西北局报经中央同意，省委调整为由18名委员组成（此前1月6日中共中央批准省委由17名委员组成）。2月18日，省委机关在西安市五岳庙街公字2号（今五岳庙门125号）开始办公。省委下辖陕北区党委、陕南区党委和大荔、渭南、三原、咸阳、彬县、宝鸡6个地委。省委成立后，遵照中共中央确定的方针任务，领导和组织全省人民进行人民政权建立和恢复国民经济的各项工作。

2月22日 省委发出《关于当前中心工作的指示》，要求各级党委贯彻下列工作任务和方针：除陕南巴山地区仍以剿匪为中心外，其他各地应把中心转到生产自救上来，以生产救灾为中心搞好各项工作。

2月26日 省政府发布第二号布告，重申借贷政策。规定新中国成立前，劳动人民向地主、富农、高利贷者所借之债务，如付息超过原本1倍者停息还本，付息超过原本2倍者，本息停付。新中国成立前，农民间之借贷关系以及地主、富农所经营之工商业范围内的来往账债，一律照常生效，其付息还本办法，按照双方原有的约账或约定进行之。新中国成立后，不论农民或地主、富农及依放账为生者，凡按照通常利息自由议定之债务关系，均应被认为合理的债务关系而予以保护，不得因此而加重贷方的负担，或高定其阶级成分。

3月1日 省政府发出《关于新区土地改革政策中几项问题的布告》。指出，凡未进行土地改革地区，地主和富农的土地仍归地主和富农所有，并准许其雇人经营或出租。土改中对地主仍分给与农民同样数量、质量的一份土地，使之从事生产，获得生产能力与生活出路。对于富农只征其土地占有的多余部分，其余仍归富农自己所有。无论土改前或土改中，对于地主富农所经营的工商业及作坊等一律保护，不受侵犯。本年内，凡地主与农民间的租佃关系，应按政府法令进行减租、缴租，不得违反。7月5日，针对未实行土改的新区，省政府要求减轻农村封建剥削，改善农民生活，颁发《陕西省新区农村减租处理债务暂行办法（草案）》，并令新区试行。

3月13日 省政府农林厅发出《关于植树护林工作的指示》。《指示》指出，历年因敌伪破坏森林，群众任意滥伐，造成树木减少，引起水旱风沙、冰雹灾害相继发生，危害农业生产甚为严重。为克服上述现象，必须大力恢复森林，扩大植树面积，重点造林，建立苗圃，保护森林。

4月1日 西北军政委员会发布《关于发放农贷的指示》。为增产粮棉，发放有关粮食增产之耕牛、农具、肥料及改良种子等实物信贷，贷出小麦4950万斤（包括预备数在内），其中陕西3480万斤。贷款主要对象是增产粮棉的劳动农民，不得救济分散使用。此项贷款要遵照中央“专款专用、重点发放”的原则，反对平均分配、分散财力。6月3日，省政府农林厅从南京、东北等地运回3000吨硫酸铵化肥，贷给关中各地，这是全省第一次大面积施用化肥。

4月10日 洛惠渠第一期整修工程胜利完成，全渠开始放水灌田，当年灌溉10余万亩。该渠1933年设计，1934年动工兴建，1949年11月整修工程开工。

4月11日 中央人民政府财政经济委员会发出《关于保证棉、麻与粮食合理比价的通告》，规定陕西中级皮棉每斤比价小麦7斤。后因当年关中棉花遭灾减产，为照顾棉农利益，将原定比价提高为1∶8至1∶8.5。

4月25日—5月6日 西北首届工业会议召开。会议决定将当时工业分为四类进行调整：需要发展的企业，在陕西和西安有棉纺厂和电厂等；维持现状的企业，如西安面粉厂；需要适当缩小和合并的企业，如西安肥皂厂和延安火柴厂；需要停闭的企业，如延安肥皂厂。会议要求全盘地、根本地整顿当时的工业，建立经济核算制，降低成本，建立民主管理制度，依靠工人改造企业。

4月28日 省政府颁布《查烟毒禁吸烟毒布告》，号召各界人民对种、运、售、吸烟毒等不法行为严加检举，以期彻底肃清。

5月 陕西省推行识字运动，开办工农速成班。

7月1日 中苏民航股份有限公司成立，在西安设立航空站。于7月11日，开通北京—阿拉木图航线。这是新中国成立后第一条途经西安的航线，也是新中国成立后开通的第一条国际航线。

7月10日—17日 西北军政委员会第二次会议在西安举行。会议通过《关于西北地区土地改革计划的报告》《关于西北财政经济工作问题的报告》以及《西北农村减租办法（草案）》《西北新区农村债务纠纷处理原则（草案）》《西北军政委员会组织条例》等。

7月20日—31日 中共陕西省第一次代表会议在西安召开。出席会议的代表89名，代表党员64861人。这次会议检查和总结省委成立以来领导全省人民接管城市，建设人民政权、地方基层党组织以及开展减租反霸，生产救灾和土地改革等工作，提出今后开展土地改革运动、恢复生产、发展经济、巩固和建设人民政权以及加强党的建设等一系列具体政策和工作方针。

8月13日—23日 陕西省第一届各届人民代表会议在西安举行。出席会议的代表510人。会议通过《陕西省各届人民代表会议组织条例》《陕西省各届人民代表会议政治协商委员会组织规程》，选举产生省人民政府组成人员及省第一届各界人民代表会议政治协商委员会。

8月16日 西北军政委员会及西北军区司令部联合发出《关于严禁滥伐山林及盲目开荒的指示》，规定任何部队、机关、群众非经林业主管机关批准，不得擅自采伐公私林木；提倡植树、修梯田、打坝堰保持水土；严禁放火烧山和开垦陡坡山地以免土壤受冲刷等。

8月22日 西北军政委员会向西北五省及西安市人民政府（以下简称“西安市政府”）发布指示，要求各地应根据中央人民政府、政务院6月10日发布的禁烟命令，按照当地实际情形，制定禁种、禁吸、禁止买卖烟土具体实施办法，并设置禁烟委员会，负责办理各级地方禁烟禁毒工作。10月18日，省政府颁行《陕西省禁烟禁毒暂行办法》。本办法共11条，具体规定烟毒范围和查禁、销毁烟毒烟具及奖励、惩处办法。为使本办法得到全面贯彻落实，同日，省政府又发布《禁烟禁毒指示》，要求各地设置禁烟禁毒委员会，协助政府办理禁烟禁毒工作；做好禁烟禁毒的宣传工作，揭发敌特谣言，申明政府决心；发动群众铲除烟苗，订立公约；组织缉私队，结合剿匪，进行缉捕贩运、售卖、制造、贮藏烟毒者；对瘾民进行登记，限期戒除；表扬奖励缉私和检举烟毒有功人员。1951年4月3日，省政府又颁布了《陕西省禁烟禁毒惩治办法》。从1950年至1951年6月，西安市共破获烟毒案1361件，缴获毒品5351两。到1952年，陕西省基本上禁绝了烟毒。

10月7日 省政府发出减租布告。地主、富农、祠堂、庙宇、寺院、教堂以及机关团体、工商业家在农村出租的土地，均应依照《西北军政委员会关于农村减租办法》之规定，按原定租额实行“二五”减租。出租人所得租额最高不得超过土地当年产量的375‰；合伙种地租额不得超过全年收获量的40%。凡在县人民政府成立之前之欠租，一律免缴；实行减租后，即应废除旧租约，订立新租约，出租人不得额外多收，承租人亦应按照新约缴租。

10月11日—16日 陕西省首届社会教育会议在西安召开。会议确定了工农教育的实施方针：应以文化教育，首先是以识字教育为主要内容，着重对工农干部和工农中积极分子的教育，并推广这种教育到一切迫切需要学习的工农群众中去。会议还确定冬学必须和中心工作结合，土改已完成的老区以文化教育为主，关中土改区以提高群众政治认识为主，陕南新区以政治教育、提高群众的阶级觉悟为主。据不完全统计，全省当年冬争取动员50万群众上冬学。

10月15日 省政府颁发《陕西省新解放区农业税暂行条例施行细则》。规定新解放区农业税以户为单位，按农业人口每人平均农业收入累进计征，其每人全年平均收入不超过150斤主粮者免征；凡是有农业收入的土地，地权不论属公、属私或代管性质，以直接经营或出租者，除细则另有规定者外，均由其收入所得人缴纳农业税。副业收入不予以课征；农业税地方附加不得超过正税的15%（1951年改为20%）。

11月1日 陕北革命老区延安等23个县实行免、减费医疗。

11月26日 针对当时市场混乱、物价上涨的反常状态，省委发出《关于加强财经工作的指示》。要求，①认真贯彻政务院关于国家机关现金管理的决定，一切国家机关、部队及合作社等，所有现金及票据，除保留规定之限额外，其余必须存入国家银行。任何机关、部队等不得以任何借口私自囤积物资或经营商业；要厉行节约，保持崇高的艰苦朴素作风。②加强市场管理，有计划地吞吐物资，以平抑物价；大力催收税款及其他一切应按时收回的公款，以回笼本币，但须照顾和扶植正常的工商业。③加强经济保卫工作。④各级党委应加强检查监督，并建立定期汇报制度。

12 月 27 日　省政府颁布实施《陕西省失业工人救济委员会组织原则》《陕西省失业工人救济委员会登记失业工人暂行办法》《陕西省失业工人救济金使用暂行办法》。

一九五一年

1月8日　省政府发出《关于发放农业贷款的指示》。贷款重点解决农民生产资料困难，反对平均分配，保证“放得好”“起作用”“收回来”，并要求将中央拨给本省1951年耕畜贷款资金32亿元（旧币），主要贷放在新区土改完成地区，并根据耕畜缺乏情况在非土改区贷放。

3月24日—31日　西北军政委员会第三次会议在西安举行。会议对镇压反革命、土地改革、抗美援朝及经济建设作出部署。

6月4日　省政府颁发《土地改革中所留公地管理办法》。《办法》规定，土地改革中各乡所留的小量土地由县人民政府财政科统一管理，租给群众耕种。公地出租时，县财政科可委托乡人民政府协同乡农协将所留公地出租给适当的承租人，承租时必须订合同；公地租子作为公产收入，归地方财政，与地方附加粮同时入仓。县城内分配给农民使用（未分予所有权）的公地，是否收租，由县人民政府视实际情况决定。

9月30日　省政府颁布《陕西省人民政府关于查田定产工作计划》。确定从当年冬到次年春，老区、半老区以定产为主；陕南应在土地改革中，查清土地亩数；关中应以查田定产为中心任务。10月4日，省政府发出指示，要求各专署及县（市）人民政府均以土地改革委员会为基础，再适当吸收有关部门人员组成查田定产委员会，领导与推行查田定产及颁发土地、房产所有证工作。

9月 麻风病在西北流行。其中，陕西南郑专区13个县，关中麟游、周至、蓝田和陕北洛川等地均有流行。西北军政委员会决定，扩大南郑麻风病院，设立关中病院，建立麻风病村，集中收容，进行防治，以防蔓延。

10月24日 省政府颁发《陕西省职工业余教育暂行实施办法》。《办法》具体规定了职工业余教育的内容、组织形式、学校名称、课程设置、教职员待遇及经费的来源。

11月21日 省政府发出《关于贯彻婚姻法的指示》。陕西省第一次妇女代表大会也将“废除一切束缚妇女的封建传统习俗，贯彻《婚姻法》，为建设新中国新陕西及妇女解放而斗争”列入组织章程。1953年年初，省政府颁布《陕西省贯彻〈婚姻法〉实施方案》，成立陕西省贯彻《婚姻法》运动委员会，并在全省范围内开展贯彻《婚姻法》运动。全省共培训基层干部和积极分子30多万人，各地开展形式多样的宣传和学习，经过广泛深入地宣传贯彻，新的婚姻制度逐渐建立，婚姻自主基本实现，童养媳现象基本消灭，虐待现象普遍减少，新型的婚姻家庭关系逐渐建立。

本年 国家把西安和咸阳作为棉纺织业生产基地，在咸阳兴建国营西北第一、第二棉纺织厂，棉纺织机械厂，国营陕西第三印染厂等。在西安兴建国棉三、四、五、六厂和西北第一印染厂，至50年代末期，纺织工业基地基本建成。

一九五二年

3月5日　中共中央发出《关于处理贪污问题的若干规定》和《关于对违法工商户处理的标准和办法的指示》，陕西省、西安市对贪污问题和工商户违法问题开始进行处理。

3月20日　省政府颁布《陕西省市场管理暂行办法》，以保护并扶助正当工商业的经营和发展，取缔投机行为，稳定物价，安定市场秩序。

4月21日　西北军政委员会发布《关于加强老根据地工作的指示》。《指示》要求恢复和发展老根据地的生产建设事业，搞好当前防旱、抗旱，开展爱国增产竞赛，争取当年农业大丰收；积极组织群众发展副业和手工业生产，增加收入，克服生活困难；有计划地发展文化教育和医疗卫生事业，做好优抚救济工作，帮助烈、军属建设家园。并要求各地根据实际情况，具体制订加强老根据地的工作计划。

5月30日—6月6日　中共中央西北局在西安召开农业互助合作工作会议。会议要求在贯彻“大量发展、稳步提高”的方针指导下，首先普遍大量发展小型临时季节性互助组，巩固常年固定互助组，重点试办农业生产合作社，争取在两三年内，将全区农业人口地区60%～70%的劳动力组织起来，其中常年定型互助组应占25%。截至6月底，全省已建立起33万多个互助组，参加互助组的劳力295万多人，占农业总劳力的46%；建立起120个半社会主义性质的农业生产合作社。这些农业互助合作组织在一定程度上克服了生产中遇到的困难，受到农民的欢迎。

6月1日—7日 西北军政委员会教育部在西安召开西北区初等、师范教育会议。会议着重讨论西北区小学和师范教育发展规划。会议根据中央人民政府教育部规定，确定西北区初等、师范教育发展目标：在今后6年内（1952—1957年）实现70%～73%的学龄儿童入学。其中，陕西省要使80%的学龄儿童入学。会议决定从当年秋季开始，西北区小学和初中，除新疆、甘肃、青海、宁夏省牧区外，一律实行五年一贯制。9月9日，省政府另外颁布《陕西省小学实行五年一贯制方案》，决定从1952年秋季起，采取重点实验、逐步推行的方针，实行小学新学制，争取在5年内基本完成改制工作，使城乡劳动人民的子女能够平等地享受完全的基础教育。

6月9日 针对工农大众学习文化的迫切要求，西北军政委员会启动推行“速成识字法”，开展识字运动。

6月25日 省政府发出《陕西省小麦良种普及工作指示》，部署小麦良种推广计划。

7月8日 “三反”“五反”运动在全省范围内宣告结束。

7月22日 西北军政委员会教育部公布《1952年全国高等学校暑假统一招生简章摘要》，其中对参加高考的学校、报考系科、考试地区、报考资格、报考志愿、报名手续、体格检查、报名及考试地点、考试日期、考试科目、从宽录取的条件、录取名单的公布等问题作了详细的说明和规定。新中国成立后，陕西省首次高考由此启动。

7月25日 陕西省从即日起开始贯彻落实政务院《关于全国各级人民政府、党派、团体及所属事业单位的国家工作人员实行公费医疗的指示》。

同月 陕西省土地改革基本完成。780万少地或无地的农民共分得土地1080万亩，其中，雇农、贫农人均拥有耕地约千亩。农民“耕者有其田”的愿望得以实现。土地改革有力地解放了农村社会生产力，为恢复农业发展奠定了坚实基础。

8月24日—9月3日 西北军政委员会农林部召开西北区首届林业会议。会议决定：在造林方面大量营造防护林，计划在陕、甘、宁北部及河西、新疆漠边及内地沙荒营造防风沙林；在泾、渭、洛、无定河、湟水、汉水及黄河营造水源林和护岸林；在铁路、公路沿线及山坡地带营造固土护路林。为加强老根据地建设，决定在陕北、陕南、陇南等山区及燃料缺乏地区大量营造薪炭林及果树林。根据1961年12月进行的全省人工幼林清查得出结果。新中国成立后新造幼林1195万亩，零星植树24440万株。造林保存面积为上报面积的27.8%，平均成活率50%。

同月 陕西省根据西北军政委员会《关于切实实行招生统一考试的通知》，实行中等学校统一招生考试制度。

9月21日 陕西省按照西北军政委员会要求，实施《中等学校人民助学金暂行规定》。按照规定，助学比例，陕西省中学为10%，师范为60%；助学金的标准为每人每月小米50斤；革命烈士子女、革命军人子女、少数民族人民子女及女子教育不发达地区普通中学女生可优先享受人民助学金。

10月11日 陕西省和西安市联合举办的首届物资交流大会在西安召开。参加交流大会的有陕西省各专区和西安市的贸易代表团，有甘、宁、青、新四省的贸易代表团及华东、中南、华北等大区的贸易代表团。大会的任务是加强小城市和初级市场的联系，掌握产销情况，大力推销小宗的滞销土特产。大会土特产成交总值1500亿元，购销总额达3000亿元，成功地促进城乡和省内外物资交流。

同月 西北区第一个自来水厂建成并开始供水。该厂于1951年

6月开始施工，它的建成改变了西安人民饮用浅层地下苦水的历史。1953年1月6日，该厂开始陆续向部分机关、学校和居民密集地的公共售水站供水。

11月5日—14日 省委召开全省农业互助合作会议。会议根据陕北、关中、陕南不同的工作基础和经济条件，提出1953年及之后三五年农业互助合作运动的轮廓规划，即1953—1955年三年内，仍以积极发展、巩固提高互助组为重点，同时典型试办农业生产合作社。

本年 针对灾害影响，陕西省为82个县（市）共减免农业税8000万公斤。

一九五三年

1 月 27 日 西北行政委员会正式成立，西北军政委员会同时撤销。西北行政委员会发布主席令：西北军政委员会颁布之各项法令、指示，除明令废止或修改者外，各级人民政府应继续贯彻执行。1954 年，经政务院批准，西北行政委员会正式撤销。

2 月 9 日 省政府颁布《陕西省处理私营企业拖欠工人工资暂行办法》。规定任何私营厂矿、商店须按时给工人发放工资，不得拖欠，如超过规定时限 10 日才发放的，要按拖欠工资处理，其拖欠 10 日以上 1 个月以内者，处以欠资总额 1.5% 以下的赔偿金；1 个月以上 3 个月以内者，处以欠资总额 3% 的赔偿金；拖欠 3 个月以上者，除处以欠资总额 6% 的赔偿金外，并强制发清欠资。

2 月 10 日 陕西人民广播电台正式成立。14 日开始面向全省播音。

2 月 17 日 中国人民银行陕西省分行为支援农业建设，决定组织农民集资，按“自愿互助、民主管理、服务生产”的原则，稳步发展农村信用合作组织。并确定全年农业贷款增加到 3 年来的发放总数，并适当降低利率。

3 月 12 日 西安市由西北行政区辖市改为中央直辖市。1954 年 6 月 19 日，中央人民政府委员会第三十二次会议决定，撤销大区一级行政机构，将西安等 11 个城市由中央直辖市改为省辖市，西安市并入陕西省建制。

6 月 3 日 省政府第一百四十六次行政会议通过《陕西省受灾农

户农业税减免办法》《陕西省农业税社会减免办法》和《陕西省公粮安全运输入仓办法》。

6 月 30 日零时 陕西省第一次全国人口普查工作结束。普查结果：陕西省总户数 346 万户，总人口 1588.1 万人。其中，男性 854.9 万人，女性 733.2 万人。

8 月 21 日 省政府颁发《陕西省公私营企业解雇职工暂行处理办法》。《办法》规定，公私营企业必须解雇职工时，须通知基层工会组织，并报经劳动部门批准；企业因实行生产改革，合理调整劳动组织而多余的职工，仍由原企业发给原工资，并在本单位尽量安置或集中训练，无法安置时，报经劳动部门统一调配；企业遇到暂时困难，应发动职工积极克服，不得借此解雇工人；企业职工因违反劳动纪律、妨害生产，经教育不改者，可通知基层工会及劳动部门申请解雇。

9 月 28 日 西北历史博物馆（今西安碑林博物馆）扩建完工，国庆节正式对外开放。西北历史博物馆前身西安碑林，始建于宋朝，主要收藏唐、宋以来散落在陕西境内的石刻、碑碣，是西北地区规模最大、收藏最丰富的历史博物馆。

10 月 9 日 西北第一座现代化自动火力发电厂——国营西安第二发电厂（即灞桥热电厂）落成。10 月 15 日，1 号机组移交电厂，投入生产。11 月 18 日，2 号机组也通过 72 小时试运行，正式并网发电。该发电厂是全国 156 项重点工程之一，它的建成使陕西电力工业迈入了中温中压机组发电的新阶段，为西安的市政生活、纺织和国防工业提供了急需的热能和动力。

11 月 25 日 省政府作出《关于实行粮食计划收购和计划供应的决定》。《决定》提出，在农村向余粮户实行粮食计划收购（即统购）的政策；对城市人民和农村缺粮人民实行粮食计划供应（即统销）的政策；实行由国家严格控制粮食市场，对私营粮食工商业进行严格的管制，并严禁私商自由经营粮食的政策；实行在中央统一管理之下，由中央与地方分工负责的粮食管理政策。

本年 对关系国计民生十分重要而又供不应求的商品，实行定量供应，分为按人定量和按户定量两种。粮食、食油是最早实行定量供应的。1954 年又增加了棉布和絮棉，1957 年扩大到猪肉和食糖等。1960 年，因市场商品供应紧张，从当年 12 月起，在全省范围内，对人民生活必需的食盐、火柴实行凭票定量供应。改革开放后，随着社会经济迅速发展，市场商品供应改善，凭票定量供应逐步成为历史。

一九五四年

1月9日 省政府颁发《粮食计划收购与计划供应实施办法》《粮食市场管理补充办法》。《实施办法》规定，统购范围是除农民自己食用及缴纳公粮之外之余粮，国家根据“余多购多，余少购少，无余者不购”的原则进行统购；主要城市及交通沿线重要城镇，实行凭证购粮办法，一般城镇与农村的供应，应根据上级分配控制数字。《补充办法》规定，粮食统购统销后，所有私营粮商、粮店一律不准私自经营粮食；凡机关、部队、学校、团体、工矿企业所需粮食按规定由粮食部门调整供应，不得在市场自由买卖粮食。

3月26日 省政府启动20条河流整修工程。其中有华县（今渭南市华州区）境内的石堤河、罗纹河、遇仙河，盩厔县（今西安市周至县）境内的渭河、芦河、沙河，潼关、华阴间的磨沟河，鄠县（今西安市鄠邑区）、盩厔交界的界河，长安县（今西安市长安区）境内的黑牛河，安康县（今安康市汉滨区）境内的恒月河，洛南县境内的县河，柞水县境内的乾佑河，褒城县（1958年撤销，所属地域分别划归汉中市、勉县、留坝县和南郑县）境内的新街子汉江防洪工程，榆林县（今榆林市榆阳区）境内的榆溪河，以及西安市郊的浐河、灞河和沣河等。

6月7日 省委发出《关于加强贫瘠山区工作的指示》。《指示》指出陕西省山区人口占全省人口的48%，其中贫瘠山区人口又占相当比例。同时要求，各级党委要认真加强对山区工作的领导，逐步改变山区的落后状态，全面发展国民经济；提高贫瘠山区的农业生产；积极发展山区的互助合作运动；发展交通运输和贸易合作事业；加强贫瘠山区乡村政权的建设和文化卫生工作。

7月1日 宝成铁路渭河大桥正式通车。项目于当年2月8日正式开工，历经4个多月的紧张施工，6月28日竣工。全长392.5米，是宝成铁路北段的重要工程之一。

8月5日—12日 陕西省第一届人民代表大会第一次会议在西安举行，出席会议的代表386人。会议指出，今后全省工作的中心任务是以极大的力量加强工业建设，开展以互助合作为中心的农业增产运动，同时积极稳步地进行对农业、手工业和资本主义工商业的社会主义改造。

12月26日—31日 陕西省第一届人民代表大会第二次会议在西安举行。大会决定将陕西省人民政府改称为陕西省人民委员会（以下简称“省人委”）。

一九五五年

1月14日 省人委召开第一次委员会议，讨论决定省人委的机构设置和相应人事任命。会议确定了省人委的工作部门、直属机构或办事机构，同时拟设立榆林、绥德、延安、宝鸡、渭南、商洛、安康、汉中8个专员公署（咸阳专署1953年1月撤销，1961年7月恢复），作为省人委的派出机构。经国务院批准，5月21日各机构正式成立。

5月13日 省委、省人委联合发出《关于贯彻中共中央、国务院〈关于加紧整顿粮食供销工作的指示〉的指示》，要求城市节约粮食，堵塞并查处虚报冒领现象，减少不应有的供应；在农村把已建立之粮食市场活跃起来，杜绝投机，使粮食贸易正常进行。

7月12日 省人委首次颁布《陕西省教育经费开支标准》，对各级学校教职员工待遇、人民助学金的发放及其他公务费开支等作了具体规定。该标准于1955年9月正式执行。

9月16日—22日 省委召开第一次区委书记会议，传达中共中央关于农业合作化问题的指示，检查和总结了农业合作化工作，讨论了全省合作化运动的发展规划。会议认为，全省农业合作化发展有些缓慢，必须大力贯彻“全面规划、加强领导”的方针。要求依靠贫苦农民，大力整顿现有农业社，做好建设规划。会后，全省逐步掀起了农业社会主义改造的高潮，资本主义工商业的全行业公私合营和手工业合作化相继进入高潮。至1956年1月底，全省建立初级农业生产合作社82721个，入社农户占总农户的87%，基本实现半社会主义性质的农业合作化。

12月12日—22日 省委举行扩大会议，讨论关于资本主义工商业的改造问题。会上传达中央关于改造资本主义工商业的指示，决定在1956年内基本上完成对资本主义工商业、个体手工业和小商小贩的社会主义改造任务。在实施中，采取以大带小、以先进带落后的办法，实行全行业公私合营，对个体手工业、小商小贩，通过各种合作组织的形式进行改造。

同月 榆（林）定（边）公路和榆（林）包（头）公路陕西段建成通车，这是陕西民办公助、民工建勤、由专县施工修筑的首批公路。榆定公路沿线的横山、靖边、定边县始通汽车。同月，延（安）志（丹）公路建成，志丹县始通公路。

一九五六年

1月1日 宝成铁路略阳—广元段通车。该段铁路途经大巴山、嘉陵江，全长135千米。它的修筑和通车，带动了陕西、甘肃、四川三省交界处的经济发展。

1月24日—2月2日 省委召开全省工业会议。计划加快工业生产步伐，改进企业管理，推进工业企业“一长制”（即厂长负责制）。

2月29日 省人委颁布《陕西省公立中小学收缴学费办法》。规定按各地区经济情况不同，高中每人每学期收学费2.5—4元、初中2—3.5元、高小1.5—3元、初小1—2.5元。所收学费按特种资金管理，由教育部门统筹支配，用于除基建以外的学校设备维修、公杂添置等。

3月1日—11日 陕西、甘肃、山西、内蒙古、河南五省（区）青年造林大会在延安举行，这是第一个全国性青年造林大会。团中央书记胡耀邦在会上指出植树造林是保持水土最重要的有效措施，而保持黄土高原上的水土就是实施根治黄河水害和开发黄河水利伟大计划的根本关键。大会通过了《关于绿化黄土高原和全面开展水土保持工作的决议》。由此，在全国青少年中掀起植树造林高潮，仅1956年，全省有300万青少年投入植树造林活动。

4月2日 省人委印发《关于颁发专、县、区、乡组织机构和行政区划调整方案的通知》，确定调整扩大区、乡两级行政区划，加强县、乡两级政权组织，改变专署和区级组织形式与任务，精简机构，紧缩人员编制的方针，全省乡级机构由6374个调整为3276个，原乡级人员编制总数不动，每乡配备4—9人；区级机构按撤销、合并、精简的原则，将全省861个区调整为424个，人员编制调整为6784人，减少9536人，每区配备16人左右；县级行政区划不变，机构编制予以调整充实，县人民委员会建设科改为农林水牧局，分设交通、卫生、工业、文化、体育、教育、计划、统计、商业、粮食等局及宗教、民族、劳动等科或专干；专区级公、检、法部门不动，其余精减干部23%左右，以加强县级机构。

5月7日　省人委作出《关于积极消除中小学生流动现象的指示》。《指示》要求，各地禁止从在校学生中招工、招干，禁止农业社从在校学生中挑选管理人才，已办的一律退还原校，以解决学生流动问题。

5月10日　省人委发布《关于1956年农业税若干问题的规定》，对计税土地常年亩产量按普遍增加5%后征税。同时规定，高级社以社为单位计税和纳税；初级社仍以户为单位计税，由社统一缴纳后从社员分配收入中扣抵；高级社租种政府公地耕种或种植树苗土地，一律免征农业税。

7月21日　省人委发布《1956年地方病防治计划》，要求以防治麻风病、黑热病、吐黄水病、甲状腺肿大为重点，同时对柳拐子病、侏儒病进行调查研究，为全面防治打好基础，并开展对性病、沙眼的免费防治。逐步做到12年内限期消灭各种地方病，保障人民健康，促进工农业发展。1960年，专门设立地方病办公室，与卫生厅合署办公。中共十一届三中全会后，省委、省政府把地方病防治与治穷致富结合起来，将地方病防治工作列入全省发展国民经济规划中。

8月3日　省人委第十九次会议通过《陕西省工资改革实施方案》。根据实施方案，工资改革后陕西全省的工业企业、事业单位及国家机关工作人员平均工资增长15%。

8月4日 省人委为加强职工福利工作，改善职工生活和工作条件，决定成立陕西省职工生活福利工作委员会。13日，省人委转发省职工生活福利委员会工作方案，提出职工生活福利工作的方针、任务、组织领导、工作制度等。

9月10日 交通大学迁来西安的第一次开学典礼举行。1959年7月，国务院下发关于交通大学西安、上海两个部分各自独立成校的批复和教育部的报告，分别成立西安交通大学、上海交通大学，彭康被任命为西安交通大学校长兼党委书记。同年，西安交通大学被列为全国16所重点大学之一。2000年，国务院决定将西安交通大学、西安医科大学、陕西财经学院三校合并，组成新的西安交通大学。西安交通大学是“七五”“八五”重点建设单位，是首批进入国家“211”和“985”工程的学校，2017年入选国家“双一流”建设名单A类建设高校，学校的8个学科入选一流建设学科。

本年 陕西省贯彻中央“全面规划，加强领导”的方针和“中学面向农村”的指示，积极发展中学教育，着重发展老区和山区中学教育，以便于农民子女就学，并使教育事业的布局趋于合理。1956年，全省共新建与扩建中学63所，其中陕北、陕南老区和山区37所。同时，中学教育对工农子女实行入学优先录取、家庭贫寒的工农子女实行人民助学金制度。

本年 陕西省基本完成了对农业、手工业、资本主义工商业的社会主义改造，社会经济生活发生了重大变化。全省总农户的95.9%参加了农业生产合作社，其中参加高级农业合作社的农户占87.4%；99%的私营工业企业走上了公私合营的道路；79.7%的个体手工业者走上合作化道路；78%的商户被纳入国家资本主义和合作化轨道，其余部分也已接受政府的登记管理。

一九五七年

4月8日　省人委作出《关于防止、纠正国家建设中浪费土地和任意铲毁庄稼的指示》。规定，建设单位已征用的土地，如因计划变更或其他原因不需使用时，应无偿收回，调拨给其他建设单位或交由农业社耕种；建设单位不得将土地出租、转让、任意荒芜或自己进行农业生产；建设单位使用种有农作物的土地时，应等到收获后使用；如确因工程紧迫必须铲毁时，须报省人委核批。5月18日，省人委又发出命令，禁止基本建设单位随意铲除麦苗。

5月13日　省委印发《关于整风运动的计划》，确定全省县以上各机关全体、各大型厂矿、高等学校等单位的党组织在本年内分两批进行整风。16日，省委向省级机关和西安市4000名党员干部作整风动员。至此，省、市机关党组织正式开始整风运动。

5月13日—14日　陕西省山区建设会议在西安举行，山区专员县长出席会议。会议确定山区建设的方针是农林牧和多种经营全面发展。

7月1日　西北第一座现代化煤矿竖井——铜川三里洞煤矿竖井建成投产。项目于1954年8月1日开工修建，经过2年零11个月建成投产。这是中国完全自主设计建造的一对现代化竖井，设计能力为年产原煤60万吨。它的建成投产标志着陕西煤炭工业进入了新的历史时期。

8月9日　省人委发出通知，为扶持小型水力发电事业和农业生产发展，决定不论是农业社还是国营渠道管理局所建的、以发展农业生产为主的小型水电站，都可自投入生产之月份起，暂免缴纳工商税1年。

10月 西北工业大学由西北工学院和西安航空学院合并成立。1970年，哈尔滨工程学院航空工程系整体并入西北工业大学。该校1960年被国务院确定为全国重点大学，“七五”“八五”期间均被国务院列为重点建设的全国15所大学之一，“九五”期间首批进入“211”工程，“十五”期间进入“985”工程。

11月30日 陕西省第一座高温高压热电厂——西安第三发电厂（1958年3月，改名为户县热电厂）一期工程（2×2.5万千瓦）1号机组建成投产，2号机组于1958年3月10日建成投产。发电厂于1954年1月开始筹建，是国家“一五”期间156项重点建设工程项目之一。

一九五八年

1月1日 连通陕西、山西、河南三省的潼关黄河铁路便桥举行试通车仪式。黄河铁路便桥全长1070米，总投资460万元。

1月15日—20日 陕西省第一次扫除文盲积极分子代表会议召开。会议提出，在第二个五年计划期间，基本扫除全省职工中的文盲，扫除70%农民和市民中的文盲。1958年，全省农村掀起了扫除文盲运动高潮，有500多万名农民参加识字学习，其中有390多万人摆脱文盲状态。

4月21日 秦川牌万能拖拉机在国营西安机器制造厂试制成功，这是西北地区制造的第一台拖拉机。

5月1日 西安电影制片厂建成。这是西北地区最大的电影生产基地，也是全国有影响的电影制片厂之一。1987年10月，吴天明执导的《老井》获东京国际电影节最佳故事片金麒麟奖，是中国第一次在国际电影节上获得最高荣誉。1988年2月，张艺谋执导的《红高粱》获得 第38届柏林国际电影节金熊奖，成为首部获得此奖的亚洲电影，也是中国电影走向世界的标志。

5月17日 省委、省人委联合作出指示，要求加快陕西省造林工作的步伐。确定1958年除完成绿化宅旁、村旁、路旁、水旁的任务外，夏、秋、冬三季全省再造林500万亩；力争在三年或稍长一点的时间内，绿化一切可能绿化的荒山荒地，使森林覆盖率由21.2%增加到32.4%。

6月20日 岐山县五丈原引水渠工程竣工。工程位于高店人民公社，于当年3月28日开工，群众投工8.8万个，奋战70天引石头河水上原，既可供人畜饮水，又可灌溉田地约600亩。该公社社长出席全国农业社会主义建设先进代表会议，受到国务院嘉奖。

7月1日 西安电力电容器厂建成投产。该厂是国家“一五”期间的156项重点项目之一，总投资1342万元，于1953年开始筹建，设计生产能力年产油浸纸介质电力电容器100万千乏。1959年，年产量达到了129万千乏，超过了原设计水平。1961年由仿苏产品全面转向自行设计。1963年，研制成功中国第一台500千伏标准电容器，填补了国内空白。1966年，研制成功当时世界上电压等级最高的1000千伏标准电容器，为中国独立发展超高压电容器产品开辟了道路。

7月9日—8月14日 民航西安航空站使用安–2型飞机在榆林毛乌素沙漠首次试播种沙蒿4.5万亩。

9月20日 省委作出《关于人民公社若干问题的指示》。文件指出，全省农村基本实现了人民公社化。在原3.1万多个小型农业合作社的基础上，合并建立了1673个人民公社，参加公社的农户共323.2万户，占到全省总农户的99.2%。公社的规模一般每社平均1930户。

10月8日 陕西第一座6吨空气侧吹转炉在西安钢厂建成投产，炼出陕西历史上第一炉钢。

本年 陕西机械制造厂在阎良开工兴建。1959年，中国飞行试验研究院在阎良成立。经过多年发展，阎良已成为中国民用、军用飞机研制生产基地之一，被称为“中国飞机城”。

一九五九年

1 月 1 日　西（安）宝（鸡）南线正式通车，全长 173.4 千米。1990 年年底，西（安）宝（鸡）北线建成，全长 167.5 千米，有二级路 15.2 千米，三级路 152.3 千米。

4 月 27 日　省委、省人委联合印发《关于做好当前粮食供应工作的紧急指示》，要求各级党委和人民委员会必须迅速地将国家已经根据各地情况增加的农村粮食销售指标，下达到生产队，安排好缺粮社、队的口粮，以保证农业生产。

同月　渭惠渠高原抽水灌溉工程竣工。这是当时全省最大的抽渭上原灌溉工程，工程从渭惠渠总干渠 17 千米处分引部分水量（最大引水流量为 22 立方米 / 秒），流入一条与总干渠并行的、长达 103.95 千米的渭北高原抽水干渠中，沿渠分设泵站，灌溉关中地区西部渭河以北广大塬区台地共 96 万亩农田。1963 年进行了改建扩建。

5 月 15 日　按照省委《关于分配私人自留地以利发展猪鸡鹅鸭问题的决定》，全省对凡是能够饲养猪鸡鹅鸭的农户，留给土地，种植饲料作物；其自留地也由各个农户自行管理经营，可固定长期使用。

6 月 1 日　西安—榆林航班通航，系全省开通的首条航班。而后，西安与安康市、汉中市等也陆续通航。

7 月 21 日　陕西省最大的炼铁厂——西安八一铁厂（1972 年 3 月改为西安钢铁厂）建成投产，炼出第一炉铁水。该厂于当年 4 月 1

日动工兴建，年产生铁能力 10 万吨。

9 月 自本月起，至 1960 年 8 月，一年来榆林地区治沙成绩显著。根据沙区四县（神木、榆林、靖边、定边）统计，共造防风固沙林、护田林等 301 万余亩，搭障蔽 1144 万米，育苗 1.5 万亩，采种 26.9 万公斤，种沙蒿等固沙草类 93.7 万余亩，其中飞机播种 64.29 万亩，封沙育草、育林 69.8 万亩，引水拉沙平地 8.3 万亩，排水改良后湿滩地 18.1 万亩。此外，还考察沙漠地区 2857 万亩，其中沙区 1809 万亩，与沙区相连的黄土丘陵盖沙区 946 万亩。

10 月 24 日 根据省人委《关于对农村孤老烈属实行定期定量补助的通知》，全省开展对农村丧失劳动能力、生活有困难的孤老烈属实行定期、定量补助办法，补助标准以稍高于当地一般社员的生活水平为原则。

11 月 28 日 陕西省耀县水泥厂建成投产，设计年生产能力 69.7 万吨，其生产规模为当时全国第一。

一九六〇年

1月5日　省人委印发《关于贯彻国务院〈关于统一我国计量制度的命令〉的指示》，指出国务院明令公布国际公制为中国的基本计量制度，并保留市制，废除英制，逐步淘汰杂制，统一计量单位的中文名称。至此，陕西省计量单位逐渐统一。

3月10日　西安医学院克山病研究组临床组组长王世臣主治医师，首次应用5克维生素C静脉注射，使一例急重型克山病并发心源性休克及完全性房室传导阻滞患者迅速得救。此后，用同样方法对211例克山病患者进行抢救，并观察研究，病死率得以明显下降，从而开创了“以改善心肌及全身代谢为主”的治疗克山病的科学方法。该研究成果荣获1978年全国科学大会奖。

4月28日　全国最大的现代化综合性热工仪表厂——西安仪表厂建成，并正式投入生产。该厂筹建于1954年6月1日，1957年破土动工，是中国“一五”期间兴建的重点工程项目之一。投产后，每年可为国家生产仪表40多万只，供应冶金、电力、石油、化工等部门。

4月下旬　国家主席刘少奇在西安、宝鸡两地进行视察，并对陕西省工农业生产、技术革新和技术革命等作了重要指示。

同月　西安、宝鸡、铜川、咸阳四个大、中城市先后实现城市人民公社化，共成立25个城市人民公社。

8月21日　省委决定在偏远贫瘠山区实行价格保护政策，共计

19个品种被纳入保护范围。其中对白糖、红糖、食盐、煤油、火柴的销售价格规定了最高限价；对蜂蜜、黑木耳、鲜蛋、桐油、生漆、大麻等15个农副产品的收购价格规定了最低限价；对若干工农产品的购销价格实行全省一价和一县一价。

9月27日 省委决定从10月份起，省委、省人委各部、委、厅、局的干部，除特殊情况和机关一些工作人员外，一律实行“三三制”领导方法。即：1/3的干部下放到基层蹲点；1/3的干部经常到基层检查工作；1/3的干部留在机关办理日常业务。下去蹲点的干部，主要到穷社穷队、落后社、落后队和落后厂矿以及其他薄弱的基层单位去，帮助做好工作；蹲点干部必须坚持和群众同吃、同住、同劳动、同商量，深入调查研究，认真总结经验。规定一年轮换一次。至11月中旬，省级机关已有1389名干部深入基层进行劳动锻炼。

11月26日 陕西省开始大力推行简化汉字和汉字注音工作。要求全省各地所有报刊、牌匾、路标、包装、广告标语等上面的文字，一律使用简化字，所有牌匾、包装、广告标语等均应加注汉语拼音。

12月22日 省民政厅印发《关于认真贯彻省委〈关于加强浮肿病防治工作的紧急指示〉的通知》。《通知》要求各级民政部门坚决贯彻省委《紧急指示》，协助卫生部门积极开展防治工作。对于缺钱无力治疗的患者，用救济款补助解决。

本年 陕西省完成了荒地资源普查工作。查明全省共有荒地1978万亩，其中宜农、宜牧、宜林荒地分别为388万亩、684万亩和906万亩。

一九六一年

3月1日 陕西对毛巾（包括枕巾）、汗衫、背心、枕芯、枕套、袜子、麻布、风雨衣、蚊帐布、人造棉布等10个品类商品，由即日起实行凭布票供应。

4月15日 省委实行收购重要经济作物奖励粮食的政策。对于以种植重要经济作物为主的生产队，在保证其口粮的前提条件下，国家在收购经济作物时，额外以粮食作为给予出售经济作物的生产大队或生产队的奖励。1961年7月至1962年6月底，国家共拨付给陕西省经济作物奖励粮食6879.05万斤。

6月下旬 汉中、商洛连降大雨致水灾。汉中发动10万人防洪抢险，商洛有30万人投入防洪战斗。

7月22日 省委彻查无偿平调农民财物问题。要求坚决纠正无偿平调农民财物的错误，彻底退赔。1961年5月，全省共查处平调款总额为3.6亿元。

10月2日 陕西省创办的第一所为农村培养知识青年的新型政治学校——西安公学开学。该校是一所“抗大”式的政治学校，是为适应大办农业、大办粮食，加强农业第一线的需要而创办的。第一期由省高等学校招生委员会统一录取400多名学生，经过7个月的学习后，于夏收前派往农村。

10月7日 国务院总理周恩来在西安视察期间指出，人民公社的基本核算单位下放到生产队，这并不改变社会主义的生产关系。实行作业组包工，可以打破作业组之间和个人之间的平均主义。集体经济是方向，不能动摇。有些地方，实行锄草包工到户，这不能叫单干。有一部分农活，包工到户，既不改变所有制，也不影响分配，是允许的。

12月13日—22日　省人委在西安召开全省主要城市、工矿区蔬菜工作会议。会议确定今后城市工矿区的蔬菜工作，必须贯彻城市工矿区近郊农业生产“以菜为纲”“就地生产、就地供应、划片包干、保证自给”“自力更生为主，力争外援为辅”的方针；必须认真贯彻“菜、豆、薯”并举的方针。

一九六二年

1月24日 《陕西省内河航道养护管理试行办法》颁布。《办法》根据“统一领导，分级管理”的原则，明确了内河航道养护的基本任务是定期进行扫床清理、疏浚整治。

3月10日 陕西省、地、县各级开始举行干部大会，传达七千人大会精神，联系实际总结经验教训，开展批评与自我批评，全面纠正“大跃进”的错误。

4月11日 陕西省农村人民公社基本核算单位下放到生产队的工作全面铺开。全省30109个生产大队中，决定以生产队为基本核算单位的有28549个，占94.8%；仍然以大队为基本核算单位的有783个，占2.6%。

5月14日 省人委决定，从1962年夏季分配开始，对农村口粮实行基本口粮和按劳动工分分配口粮相结合的办法，或实行按劳动工分分配加照顾的办法。对现金分配贯彻“少扣多分”的原则。

6月19日 陕西省要求施行公路绿化，规定沿线宜林地区应栽行道树，培育成风景林、用材林、果树林；易被风沙大雪侵害的路面，栽植防护林。

9月1日 陕西省根据“统一领导，分级管理”的原则，开始实施将现有公路划给省、县和人民公社分别负责管理和养护的政策。

11月4日 省人委转发国务院《关于从事井下、高空、高温、特别繁重体力劳动者或者其他有损身体健康工作的工商业者退休条件问题的批复》，凡在国营、公私合营企业从事井下、高空、高温工作的资产阶级工商业者，男年满55周岁，女年满45周岁，体弱多病，不宜连续工作，工龄满5年的，经本人申请，可以退休。

11月15日 省人委转发国务院批准中央工商行政管理局《关于国营商业、公私合营商业、供销合作社、合作商店和合作小组的小商小贩下农村参加农业生产的意见的报告》，要求全省各地参照执行。对合作商店下放的小商小贩的生产补助费标准，最低15—50元，企业条件好的，可以多发，但最多不可超过国营商业、公私合营商业和供销合作社下放人员的标准。

一九六三年

2月22日　省人委启动群众性的春季造林、护林运动。要求各地切实把生产和护林结合起来，加强护林造林工作的领导。

3月27日　省委发布关于开展增产节约和“五反”运动的部署计划，决定在全省县以上机关、企业、事业单位，分三期开展增产节约和反对贪污盗窃、反对投机倒把、反对铺张浪费、反对分散主义、反对官僚主义的运动。

4月13日　省人委发出《关于发布〈陕西省工商企业登记管理试行办法〉的通知》。开展对已开业的城乡工商企业进行全面登记，对投机倒把活动进行坚决取缔。

6月　省委按中共中央部署，在全省分期分批开展了社会主义教育运动。运动于1967年1月结束。

7月4日　省人委发出《关于进一步做好安置工作　认真解决被精减人员生活困难的通知》。《通知》要求，各市、县人民委员会都应当以负责到底的精神，迅速责成有关部门，对被减人员的安置情况和生活、生产上的困难进行检查，摸清急需解决的问题，切实解决。对被减人员提出的房子问题、口粮问题、医疗费等急需解决的实际问题，应积极负责解决。对回城市的被减人员，除口粮按市民的供应办法供应外，对收入少、生活困难的，当地民政部门应予救济。做好处理被减人员的来信、来访工作。

7月29日　针对多地大旱的灾情，省人委要求立即开展防旱抗旱斗争。各地利用现有一切水利设施，加快灌溉进度，尽可能地扩大灌溉面积。其中，蓝田县伏旱 50 余天，浐河、沣河、灞河、潏河断流。临潼县自上年 11 月 6 日至本年 4 月 27 日连旱 155 天，灾情尤重，夏粮减产 1594.6 万公斤。

一九六四年

1月18日　陕西省农业科学技术工作会议在西安召开。会议于2月13日结束。这次会议是陕西省农业科学技术工作史上的第一次大会，会议根据全国农业科学技术工作会议精神，结合陕西省情况，研究制定了《陕西省发展农业科学技术工作的长远规划》，提出了关中粮棉高产、陕北水土保持等10项综合性的研究任务。

6月30日零时　陕西省第二次全国人口普查工作结束。普查结果：全省总户数423.4万户；总人口2076.7万人，较1953年第一次人口普查时增长30.8%，其中，男性1089.7万人，女性987.0万人。

8月29日　黄河中游水土保持委员会在西安召开黄河中游水土流失重点区第三次会议。会议于9月10日结束。会议确定“巩固提高，广泛地总结经验，条件具备的地区放手发展”的水土保持方针，并提出1965年黄河中游地区，大修农田基本建设、造林种草、以大队为单位建立苗圃和草籽基地、封沟和育林、育草、治沟治坡、大力培训农民技术员、发展新点、科学研究小流域治理等10项任务。同年，国务院将原计划的42个重点县扩大到100个，陕西省的重点县也由17个增至46个。

一九六五年

2月15日 省卫生厅组织由西安医科大学（现交大医学院）专家教授、应届毕业生及省级医疗卫生机构的主治医师、医护技师共600多人组成巡回医疗队，到陕北、陕南、关中14个县（市）为农民防病治病。此次派往农村的巡回医疗队、防治队（组）共770多个，城市医务人员300多名。1966年3月，再次开展省级和西安市农村医疗队、卫生工作队整训，共1800名医务人员赴农村一线。7月17日，全省省级首批卫生人员208名到农村长期蹲点安家落户。截至1970年，省卫生界有2700多名城镇医务工作者到农村安家落户；全省84%的生产大队建立和巩固了合作医疗制度，培养了4万多名赤脚医生和7.9万多名不脱产的卫生员。

2月20日 省人委开展大规模高质量育苗造林运动。要求所有机关、学校、厂矿、团体、部队，对驻地附近的城镇和荒山、荒坡、河流两岸，都要有计划地育苗造林，分片包干，长期负责；各级领导机关，要带头育苗造林。

6月23日 省委作出加强三线建设工作的决定。即，加强陕西省三线建设的组织领导；把三线建设项目作为基本建设的重点；大力增产地方建设材料；加强公路建设和运输工作；积极做好生活服务；切实做好保卫保密及思想政治工作。

7月10日 省委、省人委决定成立农业建设师，采取军垦形式，开垦荒地，建设农场，发展生产。农业建设师人员主要为城市待业青年，复员、转业军人。后经中共中央、国务院批准成立农业建设第14师，负责建设三门峡库区农场、大荔农场和南泥湾农场。

同月 根据国务院《关于精减退职的老职工生活困难救济问题的通知》规定，本月起，救济费标准由原标准工资30%提高为40%。

9月11日—28日 全国第二届运动会在北京举行。陕西代表队在男子自选小口径步枪50米40发卧射、航模、飞碟射击项目中获得冠军。

12月9日 陕西第一座预应力钢筋混凝土公路桥——耿镇渭河大桥建成通车。

本年 根据教育部全国农村半农半读教育会议精神，全省在各市、县因地制宜地举办了各种形式的耕读小学，特别是一些教育比较落后的边远山区、原来没有学校的村队，也办起了耕读小学。如，佛坪县开办耕读小学36所，洛南县开办368所。学龄儿童入学率由新中国成立初的38%，大幅上升到83.5%。学校数、学生数也较1949年增长292.2%、348.1%。

本年 陕西大规模三线建设开始。这场规模宏大的建设，从1965年开始到1979年结束，历经15年。1966年1月11日，中共中央批准成立西北局三线建设委员会，统一领导和组织三线建设工作。1968年省革委会成立后，为加强对三线建设的领导，于1968年12月5日，决定成立基本建设指挥部。其后，在三线建设任务比较重的宝鸡、汉中、安康、咸阳、渭南、商洛、西安等地市的革委会内也成立了相应的基本建设指挥机构。1969年4月7日，兰州军区召开陕、甘、宁、青四省（区）三线建设座谈会。会议对陕西提出，适当发展关中、汉中地区；积极发展商洛、安康、陕北地区；在工业类型上，重点发展以汉钢和特殊钢厂为中心的钢铁工业，以渭北黑腰带为中心的煤炭工业以及国防、机械、化工、电子、仪器、仪表工业，大力开发水利电力资源，相应地发展轻工业。至此，三线建设进一步在陕铺开。从 1971 年开始，整个 20 世纪 70 年代是陕西三线建设的高潮时期。其间虽有 10 年“文化大革命”的干扰和破坏，但由于国家重点投资和广大干部、群众的努力，三线建设仍取得了显著成就。这个时期全省基本建设投资规模为 161.39 亿元，这在陕西是空前的。经过这样大规模的建设，基本上改变了陕西工业主要集中在西安、宝鸡、咸阳三个城市的格局。由于建设项目重点向关中陇海铁路沿线、渭北和陕南伸展，加之新建的 47 个工矿区、镇（其中万人以上的区、镇就有 22 个）中，分布在关中 24 个，陕南 21 个，陕北 2 个，汉中、韩城、渭南已变成了初具规模的新兴工业城市，形成陕西工业的新格局，对建设关中，开发陕南陕北，振兴陕西经济，产生了深远影响。

一九六六年

1月17日　省人委在西安召开“反对浪费、厉行节约”动员大会。号召各机关、企业、事业单位，充分发动群众，迅速掀起一个以节约煤炭、电力等物资为中心的增产节约群众运动。

1月26日　省委通报纠正少数社、队出现的“平调风”。通报指出，凡是无偿抽调土地、劳动力和物资的，一旦发现，马上纠正；随意摊派，盖戏楼、买戏装等挥霍浪费行为，要严格批评，坚决制止；对于基层干部和其他一些人员的补贴，必须按照《农村人民公社工作条例（修正草案）》（即《六十条》）的规定，从严掌握；需要给予补贴的，都要经过社员民主讨论，坚决反对巧立名目、乱给补贴的做法。

3月28日　省委决定从省、地、县三级抽调8000名干部到农村长期蹲点。

同日　陕西省渭北煤炭工业公司徐家沟矿井正式投入生产。该矿井为一对竖井，是中国自己设计、自己制造设备、自己施工建设的中型矿井，设计年产量为45万吨，是当时国内同类型矿井中生产系统完整、机械化程度比较高的矿井之一。

5月28日　新中国成立后陕西在汉江修建的第一座永久性公路大桥——汉中下水渡（亦称大河坎）汉江大桥建成通车。该大桥是钢筋混凝土公路大桥，长430多米。大桥的建成，结束了汉中、南郑两县人民渡河往来的难题。

9月16日 第一机械工业部决定1966年将一批企业迁入陕西。第一批迁入18个，第二批迁入48个。

本年 陕西省在农村实行合作医疗制度。至1979年年底，全省生产大队均推行了合作医疗制度，基本上解决农村群众就近看病难的问题。

一九六七年

1月8日 红旗机械厂试制成功“涡喷-8”发动机，标志着中国已掌握大型涡轮喷气发动机制造技术。

2月 陕西县乡公路第一座大桥——长百米的横山县小河畔石拱桥建成。

4月27日 国家计委批准，上海惠工缝纫机厂内迁陕西，组建陕西缝纫机厂。1970年7月陕西缝纫机厂动工兴建，总投资1910万元。1972年6月一期工程竣工投产，1980年12月通过国家验收，全部投产。

9月27日 省林业厅发出紧急通知，要求贯彻执行中共中央、国务院、中央军委、中央文革小组《关于加强山林保护管理、制止破坏山林树木的通知》。

一九六八年

5月1日 陕西省革命委员会（以下简称“省革委会”）在西安成立。下设4大组：办事组、政工组、生产组、政法组。

6月4日 省革委会生产组发出《关于改进几种商品供应办法的通知》。针对部分人民生活必需品供应暂时紧张的情况，提出临时供应措施：煤油采取以灯限量；火柴实行按户结合人口多少分等供应；卷烟、肥皂实行凭证供应。

8月 陕西省知识青年上山下乡的安置工作开始启动。12月，陕西省各地城镇出现知识青年上山下乡高潮。截至1968年年底，全省已有30余万名（其中包括城镇知识青年6.9万余名）知识青年下到农村插队劳动。

11月 陕西省第一座现代化的中型氮肥厂——宝鸡氮肥厂建成投产。该厂于1965年9月破土动工，设计规模为年产合成氨4.5万吨，碳酸氢铵18万吨。

本年 陕西汽车制造厂在岐山县始建，1975年建成投产。1988年更名为陕西汽车制造总厂，总部迁至西安市。2002年，整体改制为陕西汽车控股集团有限公司。截至2020年，资产总额760亿元，主要从事全系列商用车和汽车零部件制造的研发、生产、销售及汽车售后服务市场。

一九六九年

1月9日 首批北京知识青年1000多人到达延安，并于10日到达延安县农村插队落户。这次来延安的共有3万余名北京市的初、高中毕业生。

同月 陕西落实广播站不再向群众收取收听费政策。

5月1日 陕西第一座千米以上公路大桥——渭南渭河公路大桥建成通车。大桥59孔，全长1489.58米，连接了西潼公路和渭北高原多条公路干线。

8月30日 渭河水位突然猛涨，将在渭河滩上放羊的15名少年围困在小沙岛上，情况危急。宝鸡石油机械厂和建工部五局第二安装公司的工人，城郊的农民，解放军8145部队工兵连、8352部队的指战员共33人冲过洪水，分别从北岸和南岸游上小沙岛，但因水急浪高，无法实现帮助15名少年强渡登岸的计划。31日晨，空军7537部队派出两架直升机救援，遇险少年全部脱险。

9月26日 北京—西安电视传送取得成功。至此，西安与北京、天津、太原四地可收看中央电视台（原北京电视台）电视节目。

本年初 陕西省开始推广合作医疗制度。至当年年底，全省40.7%的大队办起合作医疗站，27个县实现了合作医疗化。至1979年年底，全省建立合作医疗站占大队总数96.45%，实行合作医疗制度的占大队总数86.9%。从1980年9月，农村合作医疗工作座谈会之后，开始从实际出发，不搞一刀切，强调在群众自愿的基础上办好合作医疗站。

一九七〇年

4月1日 渭南东方红电力抽水灌溉二期扩建工程建成放水。该工程西起临潼县石川河，东至大荔县沙苑地区，长达50多千米；南至渭河畔，北至蒲城原，宽30多千米。全工程分八级抽水，累计扬程达86米。建筑总干渠、干渠、支渠440多千米。这项工程是陕西省第一座电力抽水灌溉工程，它的建成使临潼、蒲城、大荔、渭南和富平等5个主产粮棉县的118万亩旱地变成水浇地。

5月 陕西省兴平化肥厂建成投产。该厂是陕西省当时唯一以生产硝酸铵为主导的重点企业。该厂1965年开始建设，第一期工程设计能力为年产合成氨5万吨，硝酸铵11万吨。后引进以重油为原料生产合成氨，发展为全国最大的硝酸铵系列产品生产基地之一，是中国化工500强企业，资产总额近83亿元。

6月3日 中国第一台33万伏高压空气开关在西安高压开关厂试制成功并投入生产，对加速中国电力工业的发展作出重大贡献。

6月26日 西安—宝鸡铁路复线建成通车。西宝复线是陇海铁路运输的控制区段，全长145千米。

8月 陕西省各市、县的有线广播放大站全部实现广播载波化。

9月25日 省革委会作出《关于更广泛更深入地开展“农业学大寨”群众运动的决定》。至此，陕西掀起农业学大寨高潮。

10月 安（康）旬（阳）公路全线贯通。至此，陕西最后一个不通公路的县——旬阳县通了汽车。

12月26日 中国第一代自主研发的“延安牌”SX250重型军用越野车在陕西汽车制造厂下线，结束中国军队有炮无车的历史。

同月 宝鸡石油机械厂试制成功国内第一台5000米直流电驱动钻机，并在“五七”油田试钻井深5163米，超出设计要求。

本年 由西安市中医医院方云鹏医师总结的“蓝田头针”（后改为“陕西头皮针”）疗法在全省推广应用。1973年《头针》一书由陕西科技出版社出版，后更名《头皮针》再版。1984年12月，联合国亚太地区卫生组织在马尼拉宣传中国“头皮针”并向世界推广。

一九七一年

1月25日 根据党中央确定的一、二、三线战略布局及三线建设的主要任务，陕西省《关于1970年“三线”建设项目定点情况的报告》提出，1971年安排的中央和省属主要三线建设项目共63个，其中新建45个（工厂22个、科研机构2个、战备仓库11个、军事和通信设施5个、其他5个），改建、扩建18个。总投资约4.04亿元，职工32480人，建筑面积115万平方米。其中，15个项目是在西安地区新建、改建或扩建的，其余项目均分布于宝鸡、凤县、汉阴、城固、柞水、华县、华阴、蓝田、铜川、临潼、韩城、蒲城、眉县、淳化、岐山等县。

5月9日 陕西省农业技术推广工作会议在武功县杨陵镇召开，全省大部分县恢复和建立了农业推广机构，有1/4的人民公社有了社办农业技术推广站。

7月15日 宝鸡峡引渭灌溉工程通水。宝鸡峡总灌渠长220千米。经宝鸡市区、眉县、扶风、武功、乾县、礼泉、泾阳等地，将渭河水引入泾河。它的建成，使渭北旱塬的170多万亩农田变成水浇地。

本年 西安变压器电炉厂研制成功中国第一台330千伏安/220千伏铝合金换位导线自耦变压器；西安电力机械制造公司研制成功330千伏成套高压输变电设备；西安高压电器研究所研制成功中国第一台110千伏SF6全封闭组合电器。

本年　省卫生局在《关于加强战备，巩固、发展农村合作医疗保健，战时卫勤工作的通知》中提出：赤脚医生和民兵卫生员是一支革命化的农村队伍，各地、县、地段医院、公社卫生院，都要把巩固合作医疗，培养、提高赤脚医生和民兵卫生员作为一项重要任务。此后又对赤脚医生、卫生员的人选、任务、培训、劳动报酬都作了规定。至 1984 年，全省赤脚医生共计 57837 人（其中获乡村医生证书 21605 人、获赤脚医生证书 21998 人），生产队卫生员 35463 人，农村接生员 30094 人。

一九七二年

2月下旬 各高等院校开始进行第一批工农兵学员的招生工作。招生对象为：具有两年以上实践经验、有初中以上文化程度、年龄在20岁左右的工人、贫下中农、解放军战士、干部和下乡、回乡两年以上的知识青年。5月，第一批7000余名工农兵学员进入西北工业大学、西安交通大学等14所高等院校学习。至1976年，全省各类大学共招收工农兵学员3.5万余名。

3月2日 省革委会发出《关于做好城市、工矿区蔬菜工作的通知》。《通知》要求各地认真贯彻“以粮为纲，全面发展”的方针，按国家计划种植蔬菜，保证城市和工矿区的供应。对蔬菜专业队、粮菜兼作队所需的化肥、口粮等给予优惠政策；商业部门要改善经营管理，执行合同，搞好供应。

6月16日 中国自行设计、制造和施工的第一条超高压输电线——刘天关（刘家峡—天水—关中）输电线建成并开始送电。这条高压输电线全长533千米，西起甘肃省永靖县境内的刘家峡水电站，东至陕西眉县，经过甘肃天水和陕西宝鸡两个地区，横跨14个县。沿途设有秦安、汤峪两个大变电站。它的电压为33万伏，输电能力为42万千瓦。这项输变电工程是中国当时距离最长、电压最高、输电量最大的输变电工程，缓解了西北地区的能源紧张状况。

9月25日 陕北榆林等地发生严重干旱，省委动员和组织社会车辆、司机、修理工等，调运粮食，支援陕北人民的抗旱斗争。至次年9月底，省委抽调省汽车运输一、二大队和省建设委员会汽车团等单位汽车1080辆，由铜川、孝义、阳坊口、青铜峡向陕北灾区各县运送救灾粮，共计20万吨。

本年 省公路局机械修配厂试制成功全国第一台碎石机——颚式碎石机。

一九七三年

4月30日 宝鸡石油机械厂自行设计试制成功国内第一台大型深井直流电驱动钻机，该机打出当时国内最深的一口深油井。

5月16日 西安市长安县石砭峪水库实施定向爆破筑坝成功，这是中国水利建设史上一次较大的定向爆破。

6月8日—11日 国务院总理周恩来陪同越南共产党总书记黎笋、总理范文同访问西安和延安。访问期间，周总理对陕西的工作作了许多指示，着重安排加快延安生产建设问题。

6月24日—7月15日 "户县农民画展"在西安举行，共展出122位业余作者的350多幅作品；作品形式有中国画、年画、连环画、版画、剪纸、宣传画等。同年10月，"户县农民画展"与"全国连环画、中国画展"同时在中国美术馆展出，得到各方面的好评。随后国务院文化组决定画展在全国八大城市巡回展出。1973年12月到1974年7月，历时8个月，140幅户县农民画先后在哈尔滨、合肥、上海、南宁、昆明、乌鲁木齐、太原、西安展出，参观总人数200多万人次，展览取得巨大成功。同期，户县农民画相继被作为邮票、年画在全国出版发行。在户县农民画展的影响和推动下，全国多地举办了农民画展。

8月4日 陕西省大型火力发电厂——秦岭电厂（一期）建成。第一台12.5万千瓦双水内冷发电机组已正式投产发电。二、三期工程于1986年建成。秦岭电厂总装机容量为105万千瓦，是西北首家百万级火电厂。

10月20日 省革委会批转《陕西省计划生育工作会议纪要》，制定生育政策，提倡晚婚。

一九七四年

2月14日　省革委会发出《关于开放农村粮食集市贸易的通知》，要求活跃集市贸易。

3月　临潼县晏寨公社西杨村社员在村南打井时发现兵马俑。陕西省文管会派员进行考古钻探，发现举世瞩目的秦始皇兵马俑一号坑。该坑呈东西向的长方形，长230米，宽62米，距地表4.5—6.5米，总面积14260平方米，总计约有陶俑、陶马6000余件，排成以战车和步兵组合的长方阵。武士俑高1.82米，陶马与真马大小类似。这批陶俑距今2100多年，在考古发现史上是罕见的。1976年五六月又先后发现2号和3号兵马俑坑。1979年在此建成秦始皇兵马俑博物馆。

10月下旬—11月初　省水电局在吴堡县召开陕北地区农田基本建设现场会。会议期间，参观了吴堡、绥德、米脂、子洲、子长等县21个先进单位和地方的农田水利建设现场。从1970年起，吴堡县委领导全县人民苦干4年，使“三田”达到人均1.8亩，粮食总产量由1800万斤增加到3200多万斤。

12月11日—12日　省委在西安召开山区工作会议。会议指出，建设社会主义新山区，必须坚持“以粮为纲，全面发展”的方针；要注意解决好造地、修路、造林、发展五小工业、医治地方病、机械化和加强文化教育工作等问题；还要增加对山区建设的支援。会议强调，建设社会主义新山区，必须加强党的领导，要解决干部不安心山区工作的问题，特别是要改变领导干部怕进山的不良倾向。

12 月 19 日　省革委会启动开展农村扫盲和业余教育活动。扫盲工作以扫除基层干部、党团员和青壮年中的文盲为重点。

一九七五年

7月1日 宝（鸡）成（都）铁路全线完成电气化改造，成为中国第一条电气化铁路。宝成铁路全长668.2千米，1952年7月动工修建，1956年7月全线完工接轨，1958年1月1日正式通车运营，1958年6月开始进行电气化改造。实现电气化后，货物运输能力较改造前提高一倍以上。它的建成标志着中国铁路运输事业向现代化跨进了一步。

7月28日 陕西省第一座大型水电工程——石泉水电站建成投产。电站坝高65米，装机3台，总容量13.5万千瓦，年发电量6.5亿千瓦时。该电站的建成，对增强陕西省电力供应和改变陕南山区的面貌，发挥着重要作用。

9月26日 陕南石泉至西安枣园的22万伏高压输电线路——石洋周枣线及相应的变电工程建成投产。该线路全长300千米，沿线设有洋县变电站、周至开关站、枣园变电站。该项目的建成，使陕西省南北电网直接连通。

11月22日 宝鸡石油机械厂试制成功7千米电测车，这是中国自产的第一台超深井电测车。当年还试制成功海洋电测绞车和海洋平台井架，标志着中国石油钻采设备制造已由陆地向海洋方向发展。

12月 陕西55个县（市）实现了社社通公路。其中延安、渭南地区各县所有公社都通了公路。

本年 中国第一块指针式石英电子手表在西安研制成功。1976

年 2 月 12 日，西安基本建成全国现代化钟表工业基地。包括 2 个手表厂、2 个钟表元件厂、1 个钟表机械厂和 1 个钟表工业研究所。

一九七六年

7月 省革委会批转省农办《关于大力实行种植革命、推广间作套种、多种多收的报告》，决定在全省因地制宜、有计划、有步骤地推广间作套种技术，使农田产值大幅提升。

8月3日 陕西省成立了抗震救灾指挥部，组织支援唐山灾区的抗震救灾，接待、安排来陕治疗的伤病员。据统计，全省参加抢救治疗灾区伤员医务人员共22057人，接收唐山震区伤病员9083人，先后安排在百余个医疗单位(医院)治疗。

12月 省革委会民政局发出《关于对在乡退伍老红军定期定量补助的通知》，确定了在乡退伍老红军的划分范围和定期定量补助标准。

本年 西安变压器电炉厂研制成功中国第一台20吨无芯工频感应熔炼炉。该厂是中国第二个五年计划期间的重点建设项目，也是中国电力变压器和工业电炉制造业的大型骨干工厂之一。

一九七七年

3月 青、甘、宁、内蒙古、陕、晋、豫、鲁沿黄河8省（区）组成协作组，统一规划、项目、方法、指挥，对黄河“三废”污染等进行调查。4月，陕西省卫生防疫站对黄河陕西段进行了“三废”污染等调查，其成果于1978年获全国科学大会奖。同时对省内无定河、洛河、渭河、汉江、嘉陵江等26条江河进行了连续5年的调查。这两项调查在中国历史上属首次。

5月28日 西安导航技术研究所研制成功中国第一台长河二号/3262型低频授时发射系统，精度从毫秒级提高到微秒级，填补了国内一项空白。

6月25日 阳安铁路电气化工程竣工。该铁路全长356千米。1969年动工兴建，1972年10月完成铺轨并临时营运，1973年9月开始进行电气化改造。该铁路西起阳平关，东至安康县，横贯勉县、汉中、城固、西乡、石泉、汉阴等6县。实现电气化后，运输能力提高，对提高人民生活和加强陕南建设具有重要意义。

10月25日 省革委会发出《关于认真贯彻〈国务院关于调整部分职工工资的通知〉的通知》。国务院决定，从1977年10月1日起，提高部分职工的工资，重点是工作多年工资偏低的职工。

同月 陕西女子排球队在1977年全国女子排球联赛中，荣获冠军，这是陕西省第一次夺得排球比赛的全国冠军。

11月8日 省革委会发出《关于1977年高等学校、中专、技工学校招生工作若干具体问题的规定》。《规定》要求，必须认真执行国务院批准的教育部关于1977年高等学校招生工作的意见，全省招生工作从1977年11月开始，1978年1月底结束。高等学校与中专、技工学校的招生工作同时分别进行。教育部从1977年起，对“文化大革命”期间实行的高等学校招生制度进行改革，改变过去的“自愿报名、群众推荐、领导批准、学校复审”的招生办法，实行“德、智、体全面衡量，择优录取”的招生原则，采取自愿报名，统一文化考试，地市初选，学校录取，省、市、自治区批准的办法。1978年2月4日，陕西高等学校录取新生工作结束。全国120所院校在陕西共录新生8200人。

一九七八年

1月15日—27日 省委在西安召开地市市委书记会议，传达全国计划工作会议精神，研究如何贯彻《关于加快工业发展的若干问题》，集中讨论整顿企业问题。

2月17日 国务院转发教育部《关于恢复和办好全国重点高等学校的报告》，确定全国重点高等学校88所。其中陕西地区5所，即西安交通大学、西北工业大学、西北大学、西北电讯工程学院、西北轻工业学院。12月28日，全国恢复增设169所普通高等学校，其中陕西7所，即西北建筑工程学院、陕西工学院、西北纺织工学院、延安医学院、华山冶金医学专科学校、咸阳师范专科学校、渭南师范专科学校。

4月23日—30日 省委在西安召开全省科学大会。各条战线的科技代表1400余人出席大会，会议传达学习全国科学大会精神，讨论《1978—1985年全省发展科学技术的规划》；表彰107个先进集体、505个先进科技工作者以及1151项优秀科技成果。

5月20日 省委发出《关于目前农村经济政策中若干问题的规定（试行草案）》。《规定（试行草案）》共17条，对农村所有制、贯彻“以粮为纲、全面发展”的方针、加快社队企业发展速度、加强农村生产责任制和认真做好收益分配、大力发展社员家庭副业生产以及尊重生产队、大队自主权等问题，作出了政策规定。

6月1日 襄渝铁路建成通车。该铁路全长915.6千米，起自湖北襄樊，终于重庆市，途经陕西白河、旬阳、安康、紫阳，是连接中南、西北、西南地区的大动脉。1970 年 3 月，襄渝铁路陕西省境内工程开工。

同月 陕西贯彻落实《国务院关于安置老弱病残干部的暂行办法》《国务院关于工人退休、退职的暂行办法》。规定，经过医院证明完全丧失工作能力，又不具备退休条件的干部，应当退职。退职后，按月发给相当于本人标准工资 40% 的生活费，低于 20 元的，按 20 元发给。不具备退休条件，由医院证明，并经劳动鉴定委员会确认，完全丧失劳动能力的工人，应该退职。退职后，按月发给相当于本人标准工资 40% 的生活费，低于 20 元的，按 20 元发给。

7 月 7 日 省革委会批转农业局报告，全省实行种子生产专业化、加工机械化、质量标准化和品种布局区域化，以县为单位组织统一供种。

10 月 15 日 省委发布《关于退还被占用校舍问题的决定》。《决定》要求不论任何单位，凡占用学校的房屋、土地、家具、设备、车辆等，都应无条件地尽快退还学校，凡占用大学和重点中、小学的校舍，至迟于本年年底以前全部退还，占用中专和一般中、小学校舍的，至迟在 1979 年 8 月底全部退还。任何单位不得以任何借口拖延和抵制，逾期不退还者，要严肃处理。

11 月 6 日 省委为了落实党中央关于抓好老革命根据地建设的指示，加强对陕北建设工作的领导，决定成立陕西省陕北革命建设委员会。其任务是代表省委和省革委会领导延安、榆林地区和耀县、彬县、淳化、旬邑等老区的经济建设工作。办公室设在绥德县（后迁至西安）。

11 月 15 日 省委发出《关于认真解决当前农村经济政策中几个突出问题的指示》，重申“三级所有，队为基础”，贯彻按劳分配，粮食分配实行“三兼顾”（即兼顾国家、集体和个人）原则。

11月25日 国务院批转国家林业总局关于在三北（西北、华北、东北）风沙危害、水土流失重点地区建设大型防护林的规划。榆林、延安、铜川和渭北共有49个县（市）列入防护林体系区域内。

12月23日—31日 省委召开常委（扩大）会议，传达学习中央工作会议和中共十一届三中全会精神。会议一致拥护中共十一届三中全会把全党工作的着重点转移到社会主义现代化建设上来的战略决策及其他决议。会议围绕全党工作着重点的转移，讨论全省当前的若干工作问题。决定广泛宣传中共十一届三中全会精神，抓紧“揭批查”运动，搞好当前工农业生产。

12月29日 省委发出关于认真做好摘帽人员安置工作的通知。此次全省应摘帽子人数为2684人，截至当日已经摘掉右派帽子2588人，占应摘帽子人数的96.4%，标志着摘掉右派分子帽子的工作即将结束。

本年 陕西省开始实施“重点县医院建设”。省财政按照三年一个建设周期，确定一定数量的县，实施重点县医院建设项目。2003年开始，陕西先后利用国债资金项目、农村卫生服务体系建设项目、贫困县医院建设项目及专项资金实施县级医院房屋和设备装备建设，投入资金由2003年的700万元，增加到2007年的3.56亿元、2009年的10.23亿元。全省县级医疗卫生单位的基本条件得到明显改善。

本年 工农业生产得到进一步恢复和发展。农林牧渔业总产值36.27亿元，工业总产值96.48亿元。财政收入19.76亿元。随着经济的恢复，人民生活有所改善。农村人民公社社员每人平均从集体分得粮食211公斤，从集体分配收入68.3元。职工全年平均工资654元。

一九七九年

1月1日　中共中央、国务院自即日起，每年给陕北革命老区拨专款5000万元，10年不变。

1月8日—21日　省委召开三级干部会议，贯彻落实中共十一届三中全会精神，重点讨论全省工作重点转移问题。会议作出了关于解决陕西历史上遗留的若干重大问题的决定，澄清了若干历史问题。

1月12日　陕西省召开首次外贸工作会议。会议传达全国外贸工作会议精神，学习中共中央关于外贸工作的指示，讨论外贸在加快实现“四化”中的地位和作用。会议落实全省外贸收购和出口计划，制定1980年到1985年外贸工作发展规划。

同月　省教育局、计划委员会发出《关于贯彻执行教育部、国家计委〈关于评选特级教师的暂行规定〉的通知》，对陕西省评选特级教师的目的、意义、评选对象、评选办法等作出明确规定。1980年6月28日，首批21位中小学教师被省政府授予“特级教师”称号。其中，中学特级教师9人，小学特级教师12人。

3月2日—5日　全国青年植树造林大会在延安召开。会议表彰和奖励了林业建设青少年先进集体和个人。倡议全国青少年积极响应党中央、国务院号召，为绿化祖国、建设北方“绿色万里长城”贡献青春。

3月7日　省委决定成立纠正“三案”(即冤、假、错案)领导小组。全省共复查“文化大革命”以前各种案件33万多起，对19

万多起冤、假、错案予以平反；改正了错划的7500多名右派分子；对“四清”和“文化大革命”中被错划为地主、富农成分的6万多农户予以改正成分，并给长期劳动守法的11.3万多名地主、富农分子摘了帽子；在宣布原工商业者已经改造成为劳动者的同时，把被划的1.5万多名小商小贩和手工业者从资产阶级工商业者中区分出来。此外，还相继落实了知识分子政策、民族政策、宗教政策、侨务政策和对原国民党投诚起义人员的政策。各民主党派的组织也得到了恢复。

4月5日—21日　省委召开地、市委工业书记会议。会议在学习中央指示的基础上，着重讨论进一步贯彻中共十一届三中全会精神，落实和调整计划任务，部署开展增产节约运动。

4月10日　省财政局、省劳动局、省人民银行下发《关于实行奖励和计件工资制度的意见》。《意见》提出，没有实行奖励和计件工资制度的企业单位，经过批准，都可以实行；提取奖金比例，全面完成8项指标与供货合同的，按职工标准工资的10%～12%提取；企业可自行决定其他奖励形式；实行奖励制度后，不取消职工原有附加工资，即“固定收入”。

5月11日—24日　省委在西安召开工作会议。会议根据中央四月会议提出的“调整、改革、整顿、提高”的方针，讨论调整陕西省国民经济任务。会议分析陕西省国民经济重大比例关系失调的状况，提出三年调整的任务和措施。

6月　省革委会在《陕西省计划生育工作若干问题的试行规定》中首次对独生子女及家庭明确了奖励和优先优惠措施。1981年4月，陕西实行领取“独生子女证”者，可享受产假三个月。1991年修订的《陕西省计划生育条例》颁布，规定独生子女者额外可一次性发给奖金200—500元。对独生子女父母和有困难的双女户父母逐步实行养老保险，建立和健全计划生育社会保障制度。2002年修订的《陕西省人口与计划生育条例》，规定领取“独生子女父母光荣证”者可一次性发给奖金 2000 元。独生子女发生意外伤残、死亡，其父母不再生育或者收养子女的，由当地人民政府对其家庭给予一次性补助 5000—10000 元，或者定期给予适当的生活补助。

9 月 15 日—27 日　省革委会发出《关于扩大国营工业企业自主权试点的通知》，决定在 36 个省、地（市）属企业，实行改革管理体制、扩大企业自主权的试点。

9 月 15 日—30 日　全国第四届运动会在北京举行。陕西省体育代表团有 222 名运动员参加比赛，获得金牌 9 枚、银牌 10 枚、铜牌 12 枚；获得 40 个项目的 4 至 6 名。其中，打破 3 项航空模型世界纪录，平 1 项射击世界纪录，打破 2 项田径亚洲纪录。

11 月 13 日　省委发出《关于认真贯彻〈中共中央关于加快农业发展若干问题的决定〉的通知》。《通知》提出要狠抓农村经济政策的落实，特别要突出地抓一下按劳分配，建立健全生产责任制，改进财务管理，尊重生产队自主权和发展社员家庭副业的落实工作。1980 年 4 月，省委发出《〈关于目前农村工作的若干问题〉的通知》。《通知》提出积极推行以统一经营，联产到组、到劳，进而包产到户，以家庭承包为主的生产责任制，确立了以经营农业为主的农民家庭经济。6 月 22 日，省委决定在全省推行农业生产联产承包责任制，允许包产到户。这种变革，得到农村干部和广大农民的支持和拥护，到 1982 年迅速扩大至全省大部分地区。1983 年，承包责任制进一步扩大到林、牧、副和农机、水利、水保等各个领域。全省 70% 以上的生产队建立了各种形式的联产承包责任制。

12 月 23 日—29 日　陕西省第五届人民代表大会第二次会议召开。会议作出决定，改陕西省革命委员会为陕西省人民政府，同时，决定设立陕西省人大常委会。新成立的陕西省人民政府受省人大常委会监督，对省人大常委会和国务院负责并报告工作。新的省人民政府由省长、副省长、各厅（局）长及委员会主任组成，实行省长负责制。省人民政府任期和省人大任期一致，每届5年。

本年 陕西省对全省1/3的低产穷队，施行农业税减免，减轻农民负担。

一九八〇年

1月8日 省委决定开展全省经济大调查。经济调查以工业、财贸为主，组织工业经济组，计划、劳动组，基建组，农业组，财贸组，综合组等6大调查组，分别对关中、陕南、陕北城镇、农村、工矿区等进行了调查。

1月17日—25日 陕西省劳动工资工作会议在西安举行。会议要求，调资升级坚持“各尽所能，按劳分配”的原则，按照劳动态度、技术高低、贡献大小进行考核，并以贡献大小为主要考核标准，择优升级，反对平均主义。会议决定，全省各地区、各部门调资升级工作分批稳步进行，凡年底以前完成调资升级工作的，升级工资均从1979年11月1日起执行。

4月19日 陕西省改革财政体制，实行“划分收支、分级包干”财政管理新体制。省委、省政府规定，从当年起，按照隶属关系，明确划分省、地（市）、县各级财政收支范围，在此基础上，实行分级包干，自行安排收支预算，自求收支平衡。包干基数一定5年不变。“分灶吃饭”，权责结合，有利于调动各级理财的积极性。

5月15日 省委发布《关于加强科学技术工作若干问题的决定》。《决定》主要内容包括：关于调整科研计划、调整和整顿科研机构问题；关于积极解决科研人员政治上、工作上和生活上的困难问题；加强科技干部管理问题；关于培养科研干部和科技管理干部问题；关于确保科研经费问题；关于科研基地和科研服务事业的建设问题；关于扩大独立科研机构自主权问题；关于组织推广科技成果应用问题；关于加强军口科研与民口科研的协作问题；关于加强党对科技工作的领导问题。

5月16日 省政府发出《关于进一步扩大国营工业企业经营管理自主权的通知》。《通知》主要内容包括：企业在保证完成国家计划的前提下，有权根据市场需要，制订自己的补充生产计划，努力生产社会需要的产品；有自力更生进行挖潜、革新、改造和研制新产品的自主权；企业超计划产品、计划外产品和零次品，有权在省内外自销、展销和委托代销；企业有权申请出口自己的产品，并按有关规定取得外汇分成，有权参加外贸部门同外商的谈判，并签订合同；企业在编制定员内，有权自定组织机构和任免中层干部，有权根据国家分配的劳动指标和招工指标，制定考工标准，考核择优录用新职工；企业有权拒绝接受额外负担等。

5月31日 省防治地方病领导小组扩大会议宣布，陕西省基本控制和消灭地方性甲状腺肿病。据检查验收，全省1313个病区公社，有1307个达到基本控制和消灭地方性甲状腺肿病的标准，占病区公社总数的99.6%。

6月下旬 陕北革命建设委员会发布《关于放宽政策、发展陕北农业的规定》。《规定》指出集体或者社员个人，无论是田间管理还是多种经营，均应实行联系产量计算报酬的生产责任制。对于单家独户，实行包产到户；国有荒山、荒地、荒沙、国营林场，近期无力造林的，可划给社队营造林木，地权不变，谁造谁有。集体所有荒山、荒地、荒沙，可划给社员造林，签订合同，收益分成；允许社员个人饲养大家畜和猪羊，饲养数量不要限制，要给饲养大牲畜的社员划拨饲料地；县办农副产品加工企业，可以下放给社队去办，也可以下放给社队合办，收益分成。

7月1日—3日 中央军委主席邓小平视察陕西。

7月24日 省政府发布《关于加强物价管理暂行规定》，就稳定物价、保证市场供应、管好集贸市场、严肃物价纪律等作出12条规定。

8月20日—21日 中共中央总书记胡耀邦视察榆林地区。

9月13日 省委、省政府转发《全省劳动就业会议纪要》。《纪要》指出，今后城镇知识青年不再上山下乡。为解决城镇知青就业，省委、省政府要求大力发展城镇集体经济和个体经济，发展以知青为主体的集体所有制场（厂）和农工商联合企业，办好劳动服务公司，大力开展职业技术培训，改革中等教育结构，并由省政府成立劳动就业领导小组。1979年6月，省革委会在市、市辖区、城镇待业人员较多的县，相继建立劳动服务公司，列为地方劳动部门的附属事业单位，主管劳动就业工作。

本年 陕西省大旱，各级政府抽调干部10800人到抗旱第一线。省政府抽调汽车286辆，地、市、县抽调汽车687辆、拖拉机7183辆，支援抗旱，解决人畜用水困难问题。气象部门与军航、民航配合进行人工降雨24架次，使部分地区旱情得到缓解。

一九八一年

1月3日 省政府转发《关于发展城镇集体商业服务业若干问题的试行规定》《关于恢复和发展城镇个体商业服务业若干问题的试行规定》。分别就城镇集体、个体商业服务业的经营方向和组织形式、所有权和自主权、收益和分配制度及依法管理等问题作出了政策规定。

2月24日 省委、省政府发出《关于1981年农业生产和农村工作的安排》。文件指出，专业承包联产计酬责任制，是农业集体经济的一种很好的组织形式和比较科学的生产管理制度，应普遍提倡和推广。在一些边远山区，贫困落后的“三靠队”（吃粮靠返销、用钱靠贷款、生活靠救济的生产队）可实施包产到户或包干到户。

3月7日 省委发出《关于开展文明礼貌月活动的通知》。《通知》要求全省共产党员、共青团员、各行各业广大干部群众，响应中共中央号召，广泛开展以讲文明、讲礼貌、讲卫生、讲秩序、讲道德和心灵美、语言美、行为美、环境美教育作为重点的文明礼貌活动。全省的“五讲四美”活动随之广泛展开。1982年中共十二大以后，全省开展了热爱祖国、热爱社会主义、热爱党的“三热爱”活动。它与原“五讲四美”活动，汇合成“五讲四美三热爱”的统一的活动。

3月16日 省政府批准恢复和发展高等学校函授教育和夜大。

4月4日 省政府颁布《陕西省科学技术研究成果奖励办法》。《办法》规定，凡承担省科技发展计划任务或为解决国民经济建设中的科学技术问题所取得的重要科技成果，均可申请评奖。授奖成果，按其经济效果、应用范围、技术水平与学术价值，分为一等、二等、三等 3 个等级。各个等级给予颁发奖状、受奖证书和奖金。

4 月 7 日—13 日 省政府在西安召开农民教育工作会议。会议总结 1976 年以来农民教育工作的经验，提出发展农民教育的 4 项任务，即：继续开展教育，争取三到五年全省 60%的县达到基本无文盲；积极发展业余初级和中等教育；广泛开展农业技术教育；大力举办县级农业技术学校，为社队培养农业技术骨干。

4 月 27 日 省委、省政府发布《关于落实民族政策几个问题的意见》。《意见》要求，增设清真饮食网点，照顾回民饮食需要；落实关于每月发给禁猪少数民族职工 5 元伙食补助费；对在“四清”“文化大革命”中被下放的少数民族成员予以适当照顾；适当解决少数民族教育补助费、医疗减免费和生产补助费；尊重回族群众的生活习惯；少数民族青年在招工、招生、招兵中应有所照顾，不得歧视、排斥等。

5 月 1 日 陕西省第一个计划生育地方性法规——《陕西省计划生育暂行条例》施行。《条例》提倡晚婚、晚育、少生、优生，提倡一对夫妇只生一个孩子，严格控制生育二胎。但对人口稀少的边远山区和少数民族，可间隔四年安排第二胎生育。

5 月 4 日—7 日 省委召开常委扩大会议。会议正式作出《关于适当扩大自留地的通知》《关于贯彻党中央、国务院指示精神，大力发展农村多种经营的通知》《关于农业生产责任制问题的座谈纪要》等文件。

7 月 19 日 省委、省政府宣布，小麦生产区应执行统一经营联产到劳责任制，也可选择适合各地情况的其他责任制形式。

8 月—9 月 汉中、宝鸡等多地先后发生暴雨洪水灾害，30 多个县受灾。全省秋粮受灾面积有2000多万亩，死亡牲口8000多头。中共中央、国务院发来慰问电，指派中国人民解放军进行抢险，并调拨了大量救灾物资。省委成立生产救灾委员会，领导救灾工作。9月，省委、省政府联合动员和组织干部、群众和驻军400多万人，投入抗洪抢险斗争。驻陕部队和省军区派出抢险救灾的连队39个，16000多人次；运输车辆1000余台次；出动飞机200多架次，空投物资59180公斤；派出医疗队7支114人，治病1.56万人；汉中、宝鸡先后有10.5万多名群众被洪水围困，地、县和社队干部迅速采取抢救措施，使灾民全部脱险。在抗洪救灾中，各地帮助灾民搭庵棚和动员厂矿企业、机关单位腾房，解决30多万人的临时住房问题。

10月20日　省政府发出《关于新扩大的自留地、饲料地农业税征收办法的通知》。《通知》规定新扩大的自留地、饲料地的农业税，由生产队分配给耕种这部分土地的社员负担。

11月15日　省政府决定对遭受重灾的国营工业企业和各类集体工业企业免征从受灾之月至年底的工商税。重灾社队、社员和城镇居民为开展生产自救，销售自产商品和提供劳务、服务收入，免征从受灾之月至1982年6月底的工商税。同时，受重灾的企业、社队和个人过去欠缴的税款，可按情况给予减免。

11月20日　陕西省农业委员会颁布《关于农业科技推广奖励暂行办法》，确定建立农业科技推广成果奖。

12月24日　省政府决定恢复和建立“周末卫生日”制度，规定每星期六下午，全省各地市、工矿区、游览区和县城机关、学校、部队、厂矿、企业、事业单位和街道居委会，一律参加以搞好卫生为内容的义务劳动。截至2021年，“周末卫生日”制度仍在一定范围内施行。

一九八二年

1月10日—16日 省委召开工作会议，重点研究稳定和完善农业生产责任制问题。会议强调了坚持因地制宜、分类指导方针，正确认识和对待包干到户责任制。7月，省委下发《关于落实农村联产承包责任制的通知》，要求到年底，全省普遍实现家庭联产承包责任制。

1月17日 省儿童福利会在西安成立。儿童福利会的任务是：广泛开展宣传活动，开展保健、家庭教育研究工作，组织倡导为儿童兴办福利事业，维护儿童合法权益和切身利益。

2月1日 省委发出《关于贯彻执行中共中央〈关于关心人民群众文化生活的指示〉的通知》。《通知》要求积极而有步骤地进行群众文化设施的建设；坚持业余、小型、自愿、多样和节约的原则，把群众文化生活充分活跃起来；各级文化事业单位和专业文化艺术团体，除适当照顾城市外，都要面向农村；繁荣群众文艺创作，加强群众文化队伍建设；各级党委要把搞好群众文化生活列入党委议事日程，抓紧抓好。

2月12日 省政府就恢复和发展城镇个体经济等问题，作出11条具体政策性规定。

3月5日 省委、省政府召开全民义务植树造林广播动员大会。当月，全省开展第一次义务植树活动。

7月1日零时 陕西省第三次全国人口普查工作结束。全省常住人口为28904423人，全省45个民族，总户数615.5万户。其中，男性1496.9万人，占总人口51.8%；女性1393.5万人，占总人口48.2%，性别比为107.4。

8月12日—17日 省委、省政府召开全省宗教工作会议，传达了全国宗教工作会议精神，下发《关于陕西省宗教工作情况和今明两年安排意见的报告》。全省全面落实宗教信仰自由政策，复查纠正宗教界人士的冤、假、错案。1979—1985年年底，全省共有402名宗教界人士的冤、假、错案得到了平反纠正。开放宗教活动场所与落实宗教房产。当年即恢复开放寺、观、教堂114所，宗教活动点239处。全省有59个信教群众的县（市、区），其中48个有了宗教活动场所，信教群众开始过上了正常的宗教生活。

9月8日 省委召开的全省知识分子工作会议结束并形成《全省知识分子工作会议纪要》。《纪要》提出改进和加强知识分子工作的10条意见，包括领导干部要带头清除轻视教育科学文化和歧视知识分子的错误观念，重视和支持知识分子工作；切实把知识分子当作自家人看待，政治上给予充分信任，真正做到一视同仁。要注意在知识分子中发展党员；给知识分子特别是中年知识分子创造必要的工作条件，大胆提拔年富力强的优秀知识分子担任各级领导职务，并使他们有职有权等。

11月10日 省委、省政府要求全面制止乱砍滥伐森林并要严肃处理一切乱砍滥伐事件；对乔山、黄龙山、关山、秦岭、巴山等5大森林区及毗邻秦岭山区的关中渭河以南各县的木材自由市场一律关闭。12日，省政府颁布《陕西省森林保护管理暂行办法》。

12月3日 陕西彩色显像管总厂（厂址咸阳市）正式投产。该厂是国家“六五”和“七五”期间重点引进建设和扩建的项目，是国家唯一从生产荧光粉、荫罩、玻壳和其他零部件到彩色显像管总装配的综合性企业，也是国家电子行业特大型企业。工厂占地146万平方米，总建筑面积56万平方米。工厂建设一期工程1979年4月29日动工；扩建工程1988年1月11日动工，1991年12月3日竣工投产。1993年4月12日，陕西彩色显像管总厂建设的高分辨率彩色显像管工业性试验线通过国家验收。该试验线是国家“八五”计划重点科研项目，它的建成投产填补了国内空白。

本年 省政府通过《陕西省自然保护区区划方案》。共区划自然保护区(点)22个，面积23.22万公顷，占全省土地面积的1.1%。

一九八三年

1月13日—15日 省委、省政府召开陕南山区建设会议。会议通过省委、省政府作出的《关于加速陕南山区建设若干政策的决定》。《决定》共11条，对放宽林业、畜牧业、加工业、采掘业、合作商业和个体商业，多种经营重点户、专业户，以及稳定山区干部队伍等方面的政策作出具体规定。会议要求陕南各级领导，必须统一认识，把领导重心转移到抓多种经营生产上来。

2月11日 陕西省女子足球队在广州举行的首届中国女子足球锦标赛中获得冠军。

2月22日 省委常委扩大会议决定，农业战线普遍推行联产承包责任制。1984年3月11日，榆林地区放宽政策，把639万亩荒山、荒坡、荒沟、荒滩、荒沙作为自留山划给44万户农民种草种树，并宣布谁造谁有，长期不变，允许继承。

3月4日—10日 省委召开农村教育工作会议，作出《关于加强和改革农村教育的决定》。《决定》要求把工作重点放在改革农村中等教育结构和普及小学教育上面。会议要求，到1985年全省农村普通高中和职业中学招收初中毕业生人数比例要达到7∶3。要继续压缩高中，调整初中。经过调整、整顿，1984年全省共有普通中学3085所，其中高中702所。中学总数比1976年减少一半，但比1949年增加了25倍多。在校学生1633200人，比1976年减少3万人，而比1949年增加了40.4倍。每万人口中有中学生557人。同时，还恢复和发展农业、职业中学165所，在校学生40970人。初步改变了中等教育结构单一化的状况，规模和布局开始趋于合理。

7月31日 安康城区遭受百年不遇的洪水袭击。洪水溢过老城堤坝，城内水深8—12米，800多人死亡，直接经济损失达4亿元。8月1日，省委、省政府成立工作组抵达安康查看灾情，指导抗洪救灾。全省先后组织44个单位派出县团级以上干部94人、专家和技术人员208人、技术工人362人到安康参加抢险救灾。兰州军区派出3700多人，400台车辆，13个医疗队，参加抢救工作。空军在恶劣气象条件下，出动飞机94架次侦察灾情，空投救灾物资63吨和大批救生器材。8月1日—2日，抢救出被洪水围困的职工、群众2.3万名。先后清理抢救出价值5000多万元的物资。为解决大量灾民夜宿露天的问题，搭建临时庵棚就地安置灾民3万多人，其余4.2万多名灾民，由国家每人每天供粮0.5公斤、补助0.5元生活费，安置到附近社队或投亲靠友。8月9日，国务院副总理万里、李鹏亲赴安康视察，代表党和政府慰问灾区人民。国务院紧急拨款1亿元恢复、重建安康城。

8月4日—6日 中共中央总书记胡耀邦视察延安地区，并出席农牧渔业部在延安召开的北方旱地农业工作会议。胡耀邦指出要实现中国北方生态系统的良性循环，干旱地区大力种树种草是根本出路。9月7日，省委、省政府作出《关于开展大规模种草种树，彻底改变干旱地区农业落后面貌的决定》。

9月12日 省教育厅、省公安厅、省司法厅、省高级人民法院、省检察院转发教育部、公安部、司法部、最高人民法院、最高人民检察院联合发出《关于坚决刹住侮辱、殴打、伤害教师邪风的紧急通知》。《通知》要求各地对侮辱、殴打、伤害教师的犯罪分子或流氓团伙，依法“从重从快，一网打尽”，坚决打击。

12 月 25 日　西安市西郊管道煤气一期工程是全省第一批管道煤气到户工程，用气户 2094 户。

一九八四年

4月13日 省委召开常委会会议，形成《关于大力促进农村商品生产发展的若干问题的纪要》。《纪要》分别就发展农村商品生产的目标和方针，发展乡镇企业和开展多种经营，支持专业户、专业村、专业队、专业市场的发展，改革商品流通体制，开发农村智力，进一步放宽山区经济政策等问题确定一系列政策措施。

4月14日 陕西省加快推进小学的“一无两有”（校校无危房、班班有教室、人人有课桌凳）。省财政厅、省教育厅分配各地、市当年中、小学危房修缮补助费950万元。7月13日，省财政厅、省教育厅印发《关于分配老、少、边、穷地区普及小学教育补助费的通知》，一次性分配补助费400万元。1988年年底，全省基本实现了小学的“一无两有”，104个县（区）基本达到了教育部规定的普及初等教育的标准。

5月6日 省委公布《关于1983年地方病防治工作情况和工作意见的报告》。《报告》指出，1983年陕西省防治地方病工作以防治氟中毒为重点。巩固了地方性甲状腺肿病的防治成果，该病的新发和复发得到基本控制。对大骨节病、克山病采取综合防治措施。其中为预防克山病，促进服硒措施推广，服硒人数已扩大到39万多人，克山病急发和死亡人数下降到历年最低水平，28个病区县、市都已控制了发病。1983年全省用于改水防氟工程投资168万元，已使病区84900多人饮上了合格低氟水。各地还采用中西药物对3270多例氟骨病患者进行治疗，在缓解症状、恢复生产和劳动能力方面，收到较好效果。

6月1日 省政府对现有农牧事业单位和科技推广部门进行改革，决定逐步将事业管理改为企业管理，并积极创造条件，使其向经济实体过渡。

6月上旬 全省启动建设粮、棉、油菜籽、烤烟、果品、奶山羊、秦川优质肉牛、茶叶、蚕茧、羊毛、肉、绒等10个商品基地。

6月23日 省政府发出通知，要求认真贯彻执行《国务院关于进一步扩大企业自主权的暂行规定》。通知补充规定：凡属企业的超计划产品可以自销。优质名牌产品，可以在国家定价的基础上以不超过15%的幅度加价销售。企业留成资金暂按上年核定的比例提取：大、中型企业不超过50万元，小型企业不超过20万元，企业可自主安排使用。国营小企业（固定资产在300万元以下，利润在30万元以下）可实行“全民所有，集体经营，国家征税，自负盈亏”的办法。凡经整顿验收合格的企业，厂长可行使3%的晋级权。对有特殊贡献的职工可给予晋级，贡献特大、成绩特优的职工，一次可以晋升两级。

7月1日 陕西省执行《民政部、财政部关于调整革命残废人员抚恤标准的通知》，要求提高对革命伤残人员（包括革命伤残军人、伤残人民警察、伤残工作人员、参战伤残民兵民工）的抚恤标准。

7月2日 省政府颁布《关于改革劳动人事工资制度的若干规定》。《规定》主要包括：全面推行劳动合同制；下放招收职工权力；可承包企业生活服务和辅助性生产劳动，举办集体生产服务事业；支援乡镇企业等。

7月20日 省委农村工作部发出《关于稳定和完善土地承包几个问题的通知》。《通知》规定：土地承包期各地一般应在15年以上，部分贫困山区可以更长一些。土地调整要在原基本核算单位的范围内进行，坚持“大稳定、小调整”的原则，留出5%～15%的机动地，提倡投标承包或由种植专业户承包，并鼓励土地逐步向种田能手集中。

8月17日 省委、省政府作出《关于依靠科学技术振兴陕西经济的决定》，首次明确提出了“科技兴陕”的战略口号。

同月 西安市劳动局建立西安市技术工人开放交流服务中心，开展技术工人交流服务活动。这是全国第一家打破劳动力“统包统配”，运用市场机制进行劳务交流的组织。

同月 省委、省政府发出《关于保护农村专业户合法权益的若干规定》，促进了“两户”（重点户和专业户）的发展。当年全省“两户”已发展到80.4万户，占全省总农户的15.3%。其中养鸡专业户有15万余户，养鸡900多万只，养鸡数占社会存栏总数的38.1%。

12月1日—10日 陕西省举办第一届国际经济技术合作洽谈会。日本、美国、瑞士等25个国家和地区的200位商人应邀参会。签订合同116项，成交金额为3.41亿美元；签订协议书38项，金额为6.16亿美元；签订意向书36项，金额为1.48亿美元；签订备忘录4项，金额为697万美元。

12月27日 《陕西日报》报道：西安市雁塔区鱼化村，摆脱小农经济思想的影响，走农工商综合经营之路。1984年，全村企业总收入突破1000万元，成为陕西省第一个年收入过千万元的村庄。

同月 陕西省首次表彰山区模范教师。225名山区模范教师被省政府授予“陕西省山区模范教师”称号。其中25名优秀教师被省政府授予“陕西省劳动模范”光荣称号。在225名教师中，公办教师114名，民办教师111名。经省政府批准，114名公办教师从1985年1月起，晋升一级工资；111名民办教师于1984年年底招收为公办教师。

本年　陕西省按照《中共中央、国务院〈关于实行政社分开、建立乡政府的通知〉》要求，完成政社分设。此后，建立乡镇政府和各种合作经济形式的工作在全省展开，人民公社体制逐渐被废除。

本年　省委农村工作部发出《关于稳定和完善土地承包几个问题的通知》，鼓励农民进行开发性承包，承包期可以延至20年或者更长一些时间，承包范围内的土地所有权不变，归个人的林、草有继承权。

本年　陕西省第一所民办高等院校——西安培华女子大学成立，开创了社会力量办学的先河。此后，陕西民办高校教育迅速发展，规模不断壮大。截至2000年6月2日，陕西省在西安挂牌成立的民办高校有4所——西安翻译学院、西安外事学院、西安欧亚学院、西京大学。

一九八五年

1月1日 陕西省不再向农民下达农产品统购派购任务。从1985年起实行合同定购和市场收购。

1月2日 陕西在西安、咸阳、宝鸡、铜川、汉中、延安、渭南、韩城等8个城市开展公有住宅补贴出售给个人的试点。规定补贴出售的住宅应首先出售给无建房能力单位的职工。个人购买住宅，原则上支付售价的1/3。

1月2日—4日 省政府召开秦巴山区专员、县长会议。会议研究了贯彻中共中央、国务院《关于帮助贫困地区尽快改变面貌的通知》的相关事项。国家决定3年内无偿支援陕西省1.79亿元的物资。省级财政拨付4100万元，专门帮助开发秦巴山区。

3月27日 省委办公厅批转了司法厅党组和省委宣传部《关于用五年时间向全省公民基本普及法律常识的报告和规划》。陕西省1986年开始实施“一五”普法，到2021年，共实施八个五年普法规划。

4月 省委、省政府转发了《陕西省人畜饮水、防氟改水经验交流会议纪要》，强调要认真帮助山区尽快解决人畜饮水和防氟改水问题，既是发展农村经济的大事，更是解除人民群众疾苦、造福子孙后代的当务之急。

同月 陕西省县、乡（镇）普遍成立由党政领导挂帅的扶贫领导小组，10个地（市）都相继成立扶贫领导机构。陕西省各级民政部门把改革救灾救济，大力开展扶贫工作，作为农村经济体制改革的配套工程来抓。推行救灾与扶贫相结合，发放救灾款有偿与无偿相结合和有灾救灾无灾扶贫的办法，将过去单纯对贫困户实行生活救济，转变为扶持贫困户发展生产、勤劳致富。

5月13日　陕西省首批援助西藏医疗队19人从西安出发奔赴西藏那曲地区。医疗队服务期为1年。

5月20日　全省城市放开猪肉销售价格，并给居民以适当补贴。市场物资供应不断增多，商品种类不断丰富。

同月　国产最大的多用途运输机——运－8，在陕西飞机制造公司投入批量生产。“运－8”运输机拥有各类改进改型共计近30种，是国产飞机中发展专业机型最多、改进改型潜力最大的机种，特别是多种特种专业机型的成功研制生产，填补了多项空白，为中国航空事业的发展和国防建设作出了重要贡献。

6月1日　新丰渭河公路大桥建成通车。这座桥位于临潼县新丰镇“鸿门宴”遗址北侧3千米处渭河上，桥长1145米，宽10.5米，于1983年开工建设。新丰渭河大桥和新（丰）阎（良）公路的建成，使阎良到临潼不再途经耿镇渭河大桥，公路里程缩短40多千米。

6月15日—19日　中共中央总书记胡耀邦在府谷、神木、宜川、黄龙、白水、澄城、韩城、合阳、蒲城等县农村视察工作，对农村经济发展的方向及治穷致富等问题作了重要指示。

7月12日　省委、省政府发出《关于坚决纠正乱办大、中专学校（班）的通知》。《通知》规定，凡未按国家规定程序报经批准的所谓大、中专学校（班），国家不承认其毕业生学历，所发毕业证书、学业证书、结业证书、学历证明，一律无效。

9月6日　省委召开常委扩大会议，决定从省、地、市、县级机关抽调5000名干部到农村蹲点，省级各厅局包县，推动农村各项改革。

9月10日 省委、省政府举行第一届教师节庆祝大会，大会宣布省政府授予29名优秀教师为“省劳动模范”称号的决定。

9月11日 省工资改革领导小组、劳动人事厅根据《国务院关于国营企业工资改革问题的通知》和劳动人事部等颁布的《国营企业工资改革试行办法》，制定《陕西省关于企业工资改革的实施办法》。《实施办法》改革了1956年建立的工资制度，解决了很多工资方面积累的问题，如职工的工资同企业的生产经营脱节，同本人的劳动技能、劳动贡献联系不密切，平均主义，吃“大锅饭”等问题；劳酬不符的现象比较普遍；工资标准过多过繁，人员之间的工资关系不合理；地区的工资类区与当地的物价和生活费用不相适应；工资管理体制集中过多，统得过死，企业没有工资分配自主权等。

9月15日 省委、省政府决定，由省财政增拨1000万元补助专款，用于普通教师培训和高校扩大招生。陕北建设专款和陕南扶贫专款、多种经营专款都要划出适当比例，用于发展当地教育事业，支持职业技术教育。

9月11日—25日 陕西省首届技术成果交易会在西安举办。交易会期间，参观和洽谈业务者达10万余人，总成交额2亿多元。

9月29日 省委、省政府作出决定，由省、地、县三级财政拨款3000万元，提高民办教师补助费。11月19日，省教育厅、劳动人事厅、财政厅印发《关于提高民办教师待遇问题的若干规定》。本年所需补助款，已由省、地、县三级财政调剂解决。从1986年起将所需补助款列入地方财政预算。

同月 吴旗、榆林和安康3个卫星电视接收站建成。这是陕西建设的第一批卫星地面接收站，主要设备是国务院为解决“老、少、边”地区群众看电视难而提供的。

10月22日—23日 中共中央总书记胡耀邦视察商洛及潼关。

11月18日 省委、省政府发出《关于贯彻〈中共中央、国务院关于制止向农民乱派款、乱收费的通知〉的通知》，要求各地以布告形式，张贴中央通知，让农民监督执行。

11月21日 省委、省政府就贯彻《中共中央关于教育体制改革的决定》发出通知，要求各地积极推进教育体制改革，加速陕西教育事业发展步伐。强调要有步骤地实施九年制义务教育，大力发展中等职业技术教育，加速发展适应陕西多方面需要的高等教育。12月22日—23日，省委、省政府召开重视教育的部分县委书记、县长会议，交流搞好教育工作、改善办学条件的经验。

12月11日 《陕西日报》报道，西安市未央区谭家乡成为陕西省第一个乡镇企业年产值突破亿元大关的乡。

同月 陕西省基本实现村村有初级小学，乡乡有完全小学和初级中学，县县有完全中学，建立了全日制中小学教育网。普通中学达到3103所，在校学生170.3万名，比1949年增加42.2倍；普通小学38815所，在校学生367.9万名，增加4.1倍；幼儿园903所，在园幼儿38.6万名，增加1121倍。

本年 中共中央、国务院批准实施旨在依靠科学技术促进农村经济发展的“星火计划”后，陕西省即启动“星火计划”试点。1986年，全省全面实施“星火计划”。1988年起，“星火计划”纳入科技兴陕计划。逐步建立了省、地、县“星火计划”管理体系，明确了各级管理机构的主要任务，制定了一系列规章制度，主要有：陕西省“星火计划”有偿拨款偿还办法、项目验收办法、验收合格证书、奖励办法及实施细则、星火发展基金会试行办法等。

本年 陕西省三北防护林建设一期工程（1978—1985年）共造林91.8万公顷。其中，人工造林85.84万公顷，飞播造林3.37万公顷，封山育林 2.59 万公顷。

本年　省教育厅根据教育部、国家计委的援藏要求，在临潼华清中学设立初中西藏班，每年从西藏招收 100 名藏族学生，共招 13 届 1057 名学生。1989 年，又在乾县师范学校设立中师西藏班，共招 8 届 455 名学生。各类民族班的开办，为少数民族和民族地区培养了一批人才，促进了民族地区的文化建设，为民族平等、民族团结和各民族共同繁荣作出了贡献。

本年　陕西省进一步落实知识分子政策，高校属于冤、假、错案的 3516 人全部平反，被错划为右派分子的 1240 人全部得到纠正。

一九八六年

2月17日—20日 省政府在安康召开第一次秦巴山区扶贫工作会议。会议遵照党中央、国务院“分别情况，分级负责，分批治理”的方针，决定从1986年起，扶贫工作的重点要转向尚未解决温饱的最贫困的乡和特困户。秦巴山区首先要重点解决困难最大的523个贫困乡、32万多个特困户的脱贫问题。集中3年，分批治理，使其基本解决温饱问题，摆脱靠救济过日子的局面。

2月20日—28日 省政府通过《鼓励企业出口创汇八条优惠政策》。主要包括出口创汇企业的留成部分按规定全部留给企业，超计划出口外汇按“倒三七”分成的办法执行，省上统一调用企业外汇时，调1元外汇补贴1元人民币；以1985年出口创汇实绩为基数，在基数内每创汇1美元，奖励人民币3分钱，超基数创汇1美元，奖励人民币1角钱，一定3年不变等。

3月9日 《陕西日报》报道：从1986年起，省财政每年拿出1400万元，用于减免贫困户的农业税，连续3年不变，并给陕南老区450万元的生产发展资金。

3月29日 “秦川牛”被国务院列入国家“七五”期间商品生产基地建设计划，省政府根据国家计划，决定在“七五”期间逐步把蒲城、渭南、乾县、礼泉、周至、扶风、岐山、凤翔建成基地县，带动、辐射连片关中西部。

4月29日 陕西第一座森林公园——楼观台森林公园开园。

6月1日　西安市青少年宫举行开宫典礼。它是西安市乃至陕西省的校外教育的重要窗口。

6月30日　西安市电子工业区开工奠基，占地316.6公顷。至1990年年底，电子工业区建设粗具规模。道路、供水、排水、供电等市政配套设施基本建成。第一区的西安卫光电工厂建成投产，当年完成工业总产值1793.9万元，利税总额98.2万元；六一八研究所完成迁建，当年实现总收入3250万元。根据规划，工业区是具有现代先进水平的电子元器件科研生产基地、高技术产业聚集地。

7月16日　省委、省政府批准成立省级老年大学——陕西老年大学。

8月22日　西安电影制片厂摄制的影片《野山》《黑炮事件》分别获1985年金鸡奖、优秀影片奖。

9月1日　陕西省执行《关于教龄津贴、护士工龄津贴作为计发离退休费待遇的通知》。凡国家规定实行教龄津贴和护士工龄津贴单位的工作人员，离休、退休时享有教龄津贴或护士工龄津贴的，其享有的教龄津贴或护士工龄津贴，可与本人的基本工资、职务工资、工龄津贴合并作为计发离休、退休待遇的基数。

9月30日　省政府根据国务院发布的改革劳动制度四个规定，制定颁发《陕西省国营企业实行劳动合同制实施办法》《陕西省国营企业招用工人实施办法》《陕西省国营企业辞退违纪职工实施办法》《陕西省国营企业职工待业保险实施办法》。对新招工人实行劳动合同制，废除“子女顶替”和“内招”办法，实行“面向社会、公开招收、全面考核、择优录用”，实行职工待业保险等作出规定。这是对固定工制度的重大改革，是新中国成立以来劳动制度的一次重大改革。

10月　西安资金市场开业。11月，西安资金中心市场开业。这两个市场也成为陕西境内最早开办有价证券转让业务的机构。

11月5日—8日 省政府在咸阳召开全省第一次中外合营企业工作会议，研究贯彻国务院《关于鼓励外商投资的规定》，推进三资企业发展问题。陕西省就改善投资环境和改善中外合营企业生产条件，提出了14条措施。主要包括：解放思想，放宽政策，抓住有利时机扩大吸收外资；加强对引进外资工作的统一领导，成立省政府利用外资领导小组；简化外商投资企业审批手续，提高办事效率；西安市成立利用外资联合办公室，办理西安市利用外资工作事宜；做好利用外资的规划工作，认真筛选好项目；妥善解决中外合营企业所需的各项资金；分别不同情况解决中外合营企业外汇不平衡问题；外贸部门要简化手续，积极为中外合营企业的产品出口外销创造方便条件；对需要进口的产品，省内中外合营企业已批量生产、性能质量达到国外同类产品水平、价格适宜的，可实行进口替代；生产国家限制进口产品的中外合营企业，其内销部分及所需要进口散件应纳入年度生产和进口计划；改进物资供应工作，成立陕西省设备供应公司，对由物资部门掌握的物资与国营企业同等价格优先供货；中外合营企业的洽谈、签约、合同审批和对外履约方面的业务，由省对外经济贸易委员会归口管理；尊重中外合营企业的自主权，保护外商的合法利益，维护中方的合法权益；妥善安排好外商及其家属、子女生活，使其安心工作，无后顾之忧等。1987年9月7日，省政府发布《关于鼓励外商投资的若干规定》。

一九八七年

2月13日 省委办公厅、省政府办公厅印发《关于做好专项贴息贷款发放与重点贫困县经济开发工作的通知》，对国家专项贴息贷款扶持贫困地区经济开发和县办工业贷款工作作出安排。

3月20日 陕西省农垦工作会议结束。会议决定在全省农垦场站推广家庭农场承包制。但对于不适宜搞家庭农场的库区，可由作业站与机组签订合同，亦应实行责任制。

5月16日 省委、省政府决定成立陕西省贫困地区经济开发领导小组。领导小组下设办公室（二级局建制），负责办理日常工作。撤销省秦巴山区工作领导小组办公室。陕北建委仍负责陕北、关中老区县的工作；省贫困地区经济开发领导小组办公室负责秦巴山区、关中贫困地区的工作。

5月20日—28日 陕西省首届艺术节优秀剧目展览演出在西安举行，来自全省10个地市代表团的14台节目参演。北京市、天津市、辽宁省、青海省等14个省（市、区）文化厅负责人前来观摩演出活动。

5月23日 陕西省工资改革领导小组、陕西省劳动人事厅、陕西省教育厅发布《关于贯彻实施国务院〈关于提高中小学教师工资待遇的通知〉中若干具体问题的规定》。从1987年10月起，全省中小学和幼儿园教师现行的各级工资标准（基础工资、职务工资之和）均提高10%。民办中小学教师的公助补贴等级标准提高5元。

5月28日 省政府发出《关于深入开展横向经济联合促进改革搞活企业的通知》。1986年以来，陕西省通过各种形式的联合，引进资金6亿元，协进、协出物资总额8亿元，新组建经济联合体1930个，已建立1200多个科研生产联合体和7个区域经济技术协作区。条块分割、部门封锁、城乡分离、科研与生产脱节的局面开始扭转。

6月22日 省委、省政府召开的卫生工作会议授权宣布：严重危害陕西人民健康的天花、古典生物型霍乱、鼠疫、黑热病、斑疹伤寒等8种急性传染病已被消灭或基本被消灭。陕西是全国第一个基本控制住地方性甲状腺肿病的省。永寿县是全国第一个基本控制住大骨节病新发的县。全省婴儿死亡率已由新中国成立初的200‰下降到40‰以下。人均寿命由新中国成立初的35岁提高到68.5岁。

9月1日 《陕西省义务教育实施办法》施行，这是新中国成立以来全省第一个关于教育的地方性法规。《办法》规定，全省1990年基本普及初等教育，1990—2005年按地区、分步骤地普及初级中等教育。对各级政府在学校的设置和保护、提高教师社会地位和生活待遇，教师队伍的建设和师资培训、教育经费的筹措等方面作出了具体规定。要求，县（区）、乡（镇）人民政府应当统筹规划、合理设置小学和初级中等学校，并创造条件办弱智儿童、少年的特殊教育学校（班）。1988年，省教育厅《关于办好弱智儿童辅读学校（班）的通知》要求，按照国家教委制订的教学计划规定，陆续在一些小学试办弱智儿童辅读班，有的盲聋哑学校也招生试办智障班。至1989年，全省所有市（县、区）已基本普及初等教育。全省小学共有37349所，在校学生3510965名。学龄儿童入学率达到98.09%，在校学生巩固率达到96.29%。其中，全省已办起智障班19个，招收学生152名，专职教师19人。弱智儿童得到了与普通儿童平等受教育的机会。1990年，全省小学升初中的比例达到86.81%，大中城市和经济条件较好的地方，初中入学率已基本达到普及九年义务教育的要求。

9月11日 咸阳市礼泉县被国务院确定为全国农村改革试验区。1989年，宝鸡县、大荔县、汉中市也相继成为全国农村改革试验区。

10月25日 陕西省开始向百岁以上的老人每月发10元保健费。

11月8日 省财政厅执行《财政部关于国营企业职工待业保险基金和退休养老基金预算管理暂行办法》。1988年7月12日，省财政厅转发财政部《关于加强国营企业待业保险基金和退休养老基金财务管理的暂行规定》，并作了补充规定。

本年 陕西省首届艺术节举办。艺术节每三年举办一次，由省政府主办，省文化厅等单位协办。它是陕西省规格最高、规模最大的艺术盛会，是以戏剧、音乐、舞蹈、歌剧、舞剧、话剧等舞台艺术为主，包括秦腔艺术展、美术书法展等各种艺术形式的大荟萃。截至2021年，艺术节已连续举办九届。

一九八八年

1月2日 省政府宣布关于发展乡镇企业10项优惠政策。主要包括：新办的乡镇企业，关中地区免税1年，陕南、陕北免税3年；为大工业扩散、定点加工生产配套产品和零部件的，产品税按增值税征收；乡镇企业新开发的产品，可免征产品税2年；乡镇企业聘用技术人员，待遇从优，报酬自定；从县以外引进资金开办的乡办企业，免税期满后，再减半征收所得税3年；联办的乡镇企业，免税期满后，关中地区免征所得税1年，陕南、陕北免征所得税3年；允许乡镇企业从销售总额中提取1%税前列支，作为经济协作经费；乡镇企业以议价购进原料的，允许产品以议价销售，一般利润率应控制在20%以内；乡镇企业按规定从销售收入中提取1%的管理费，陕南、陕北全部留给县、乡使用；乡镇企业筹集资金入股，实行保息、分红、还本、技术入股以及开发的新产品可按销售收入的1%～5%或减税后利润的10%～20%分成。

2月9日 为从根本上解决猪肉蔬菜供求矛盾，省政府决定：从1988年开始，用3年时间，在关中、陕南建立21个商品猪基地县，建立12个商品菜基地县。3月31日，省政府发出《关于建立商品猪生产基地县的若干规定》。全省确定宝鸡、扶风等21个县（市）为省商品猪生产基地县。

2月22日 省科委发布《陕西省星火奖励办法》。“星火计划”是1985年国家科委为把先进适用的科学技术推广、普及到中小企业、乡镇企业和广大农村，建立科技先导示范企业，培养农民技术人才，发展农村商品经济，推动科学技术的全面发展而提出，并编制了“促进地方经济振兴技术开发计划”。陕西逐步建立了省、地、县“星火计划”管理体系。先后在宝鸡市渭滨区、咸阳市秦都区开始建设星火技术密集区，其中宝鸡渭滨星火技术密集区被列为国家级星火技术密集区之一。1989 年 11 月，在泰国曼谷举办的中国适用技术与成果博览会上，陕西有 44 个“星火计划”项目参展，获金牌 6 枚、银牌 12 枚，签订协议 7 份，总成交额 5000 万元。截至 1989 年年底，全省共开发新产品 236 个，新增产值 9 亿元，新增利税 1.7 亿元，创汇节汇 1282.4 万美元，培训各类技术人才 50 余万人。

3 月 16 日—18 日　陕西省住房制度改革工作会议召开，研究陕西省住房制度改革的实施问题。从此，陕西的城镇住房制度改革工作开始起步。1990 年 1 月出台《陕西省出售城镇公有住房试行办法》，1992 年 2 月颁布《陕西省城镇住房制度改革总体方案》，1994 年 10 月 29 日发出《关于贯彻执行〈国务院关于深化城镇住房制度改革的决定〉的通知》。按照全面推行住房公积金制度、积极推进租金制度的改革、稳步出售公有住房、积极扶持加快经济适用住房的开发建设等要求。截至 1995 年年底，全省已有 70% 以上的单位建立起住房公积金制度；建立了动态的售房价格和房租调整机制，全省各地、市累计出售公有住房 4500 多万平方米（其中以成本价向职工出售住房 960 万平方米），占可出售公有住宅总量的 80% 以上；按照住房建设投资由国家、集体、个人三方合理负担的原则，全省房改部门共批准职工集资建房 1800 万平方米，总投资 135 亿元，个人集资占总投资的 50% 以上。

3 月 31 日　陕西对农村信用社的改革原则作了规定，信用社在遵守国家金融法规政策的前提下，实行自主经营、独立核算、自负盈亏、自担风险的经营方针，坚持信贷资金以存定贷、多存多贷、自求平衡和按比例管理的原则。信用社贷款对象主要是农村各种承包户、专业户（重点户）、个体经济户、经济联合体、乡镇企业等生产经营单位以及有经营收入和还款保证的农村文教、卫生、科研等事业单位。

4月16日 国务院召开会议，听取陕南秦巴山区汉中、安康、商洛扶贫开发工作汇报。会后，财政部决定从1988年起，连续两年每年给陕南贫困山区减免农业税1100万元；将1988年度陕南上缴的能源交通基金定额税减免500万元，留给陕南用于山区道路建设。人民银行决定给陕南贫困山区增拨低息贷款1200万元，扶持陕南经济建设。国家计委决定1989年给陕南山区安排一部分工业品，作为以工代赈修建山区道路。中国社会科学院、中国建设银行分别决定将商洛、安康作为扶贫联系点。

7月9日 省人民检察院首次在全省各地、市、县人民检察院均设立举报中心。

7月14日 《陕西日报》报道，陕西省抽调6000余名地、市机关干部下乡蹲点扶贫。这是陕西省第三批干部下乡蹲点扶贫工作队。据统计，全省10个地、市的81个县，共抽调下乡干部6641名，其中地、市机关5510人，局处级344人，科级1758人，专业技术人员1572人，大专以上文化程度1317人。蹲点干部共组成373个工作队、1743个工作组，分别驻81个县、759个乡（镇）、898个村和193个企业开展帮扶工作。

9月17日 陕西省布氏杆菌病疫区考核工作历时10年基本结束。全省102个布氏杆菌病疫源县（市、区）中有101个县（市、区）达到了布氏杆菌控制区标准。

9月26日 省政府颁布《陕西省国营大中型商业企业承包经营

责任制暂行办法》，决定国有大中型企业按照两权分离的原则，一律实行承包制经营。

同月 东雷一期抽黄灌溉工程进行技术鉴定验收。至此，历时12年的电力抽黄灌溉工程基本建成。该工程1974年10月完成初步设计，1976年11月正式兴建，1980年至1987年5月枢纽及东雷、新民、南乌牛、加西等4个抽水灌溉系统先后建成投入运行。投入运行以来，一级站累计抽水4.63亿立方米，累计灌溉农田182.66万亩。

10月26日 省政府发布《陕西省自然保护区管理暂行办法》，规定保护的珍贵动植物有110种。

11月12日 陕西省政府常务会议决定抓好“双十”项目，以增强农业后劲，开发多种经营。项目包括：东雷二期抽黄灌溉工程，宝鸡峡、泾惠渠、交口三大灌区的更新改造，渭北旱塬中低产田改造，杏子河流域综合治理，建设30万吨合成氨厂，改建9个小化肥厂，发展8个农药品种生产厂，加强良种繁育推广体系建设，推广配方施肥、田间套作、粮食作物地膜覆盖栽培新技术等。开发多种经营的10个项目是：110万亩优质烟叶基地配套建设，150万亩优质苹果基地配套建设，33万亩优质丰产花椒基地建设，600万只笼养鸡基地建设，30万亩优质辣椒基地建设，200万只肉兔基地建设，21个养猪基地建设，12个蔬菜基地建设，百万只良种羊基地建设，6万亩库面化养鱼和网箱养鱼建设。

12月28日 陇海铁路郑州至宝鸡电气化工程全线竣工并通车。至此，郑州至兰州间全长1187千米铁路干线全部实现电气化机车牵引。陕西省成为当时全国电气化铁路里程最长的省份之一。

下半年 省教育厅制定《陕西省实施燎原计划方案》。“燎原计划”的主要任务是在做好普及义务教育工作的基础上，充分发挥农村各级各类学校在智力、技术方面的相对优势，与农业、科技等部门结合，与农科院校挂钩，积极开展与当地建设密切结合的实用技术和管理知识的教育，开展以推广当地适用技术为主的试验示范、技术培训、信息服务等多种形式的活动，有组织、有计划地逐步建立起一批经济与教育协调发展的县和示范乡，把科学技术传送到家家户户，使科技星火形成燎原之势。到 1988 年 12 月，全省有 62 个县的 145 个乡（镇）落实了“燎原计划”项目，并选择了 50 个乡（镇）进行试点，投放了 330 万元的低息贷款予以扶持。1991 年，全省建立“燎原计划”示范乡、校 115 个，培训人数 32.6 万余人；职工参加学习教育 104.7 万人。“八五”期间，农村文化技术学校每年完成约 200 万人的农民培训。

本年　陕西省启动部分地、市计划生育养老保险工作试点工作。1991 年 3 月，省计生委、人保陕西分公司联合印发《陕西省计划生育养老保险试行办法》，重点为农村双女户结扎夫妇和独生子女父母办理计划生育养老保险。截至当年 10 月中旬，全省共有 6.8 万多户办理了多种计划生育保险，其中双女结扎户养老保险 2.3 万户，投保总金额 1200 多万元。

一九八九年

1月4日 省政府召开计划和体制改革工作会议，贯彻中共十三届三中全会精神，要求把建设和改革的重点放到治理经济环境、整顿经济秩序上，通过治理整顿，调整经济结构，促进经济稳定协调发展。

1月5日 省政府办公厅印发《关于认真抓好省级经济工作部门联县扶贫工作的通知》，确定组织省上56个经济部门对33个重点贫困县（不含蓝田县）和14个一般贫困县进行联县扶持，一定三年不变。

1月中旬 省政府发布《陕西省关于对不按时送适龄儿童接受义务教育和招用童工的处罚办法》。《办法》规定，适龄儿童、少年未经乡（镇）人民政府或街道办事处批准，不按时入学或中途辍学者，由乡（镇）人民政府或街道办事处对其父母或其他监护人进行批评教育，经教育无效，除责令其送子女或被监护人入学外，并按以下标准处以罚款：农村每人（次）每学年度罚款30元至60元；城市每人（次）每学年度罚款50元至100元。对招用应该接受义务教育的儿童、少年就业的组织或个人，由当地乡（镇）人民政府或街道办事处给予批评教育，责令退回并不再招用。同时，每招1人处以500元至5000元的罚款。情节严重的提请工商行政管理部门令其停止营业或吊销营业执照。

4月4日—24日 经联合国儿童基金会、世界卫生组织、卫生部组成评审团全面检查。宣布陕西儿童计划免疫接种率达 85%。

4 月 18 日 省政府发出《关于建立农业发展基金的通知》。决定，从 1989 年起，省、地（市）、县三级逐步建立农业发展基金，由各级政府纳入预算，列收列支，专款专用。《通知》就农业发展基金的资金来源及使用范围等问题，作了原则性规定。

5 月 22 日 《陕西日报》报道：经过 4 年艰苦的封锁扑灭，传入陕西省的国际检疫性害虫——美国白蛾已经得到有效控制。

5 月 31 日 省政府颁发《科技兴陕纲要》。“51251”工程计划把科技攻关、火炬、星火等科技发展计划同技术改造、丰收、扶贫等社会经济发展计划有机地结合起来，促使科技与经济融为一体，协调发展。主要内容包括：动员和组织 5 万名科技人员进入经济建设主战场，技术承包 1 万个产品技术开发项目和 2000 万亩的种植业、养殖业，实现年新增产值 50 亿元、利税 10 亿元的目标。到 1989 年年底，参与农业科技承包和工业产品开发的科技人员共有 3.2 万人，安排工业技术开发项目 2500 项、多种经营项目 11 项，承包种植业面积 3200 万亩，全省靠科技进步实现新增工农业总产值 15.9 亿元，新增利税 3.1 亿元。

6 月 22 日 陕参 1 井日产天然气 28.3 万立方米高产工业气流，揭开了鄂尔多斯盆地中部大规模天然气勘探序幕，陕北靖边气田被发现。1996 年 5 月，榆林气田被发现。陕西大气田的发现、建成，使陕西成为重要的能源基地。

上半年 1988 年全国第一次“火炬计划”工作会议后，省科委即组织成立了“火炬计划”办公室，并对全省高技术产业、产品和项目进行了全面调查研究，编制了《1988—1989 年陕西省火炬计划》。以微电子技术、计算机技术、信息技术、激光技术、新型材料、生物工程、机电一体化、新能源和高效节能为重点，共安排 39 个项目，其中 14 项为国家级“火炬计划”项目。

9 月 9 日—13 日 中共中央总书记江泽民在延安和西安视察。11 日，在陕北老区经济开发座谈会上发表重要讲话，要求各级党组织和政府部门把帮助老、少、边穷地区人民尽快脱贫致富，作为一项重要的政治任务和经济任务来抓。要发扬自力更生、艰苦奋斗的延安精神，把过去单纯的救济式的扶贫变为新的经济开发式的扶贫。

10 月 9 日 包（头）神（木）铁路建成通车，是神府东胜煤田煤炭外运的北通道。包神铁路全长 171 千米，原设计运煤能力为 1000 万吨。

10 月 11 日—13 日 省政府在洛川县召开深化农村改革现场会，提出要完善家庭联产承包责任制，因地制宜地推广洛川县的土地“双田制”经验，适应农村商品经济发展需要，建立健全农村社会化服务体系。

12 月 4 日 陕北广播电视微波干线工程全部竣工并正式开通。陕北广播电视微波干线，全长 757 千米，沿线建有 15 个微波中转站，纵贯西安、延安、榆林 20 个地（市）、县，扩大了广播电视的覆盖范围。

同月 西（安）三（原）一级公路全线通车。西三公路于 1984 年 7 月 1 日动工建设，全长 34.57 千米，设计时速 100 千米。这是陕西首次利用世界银行贷款、采用国际招标形式修建的工程项目。它的通车实现了陕西高等级公路“零”的突破。

本年 国家建设全国分组实验网，简称“三八”网，即 3 个交换局、8 个接入局。西安电信局是 8 个接入局之一。陕西开建由 32 端口集中器组成的分组交换实验网，正式拉开了全省数据通信建设和发展的序幕。

本年 省人大常委会、省政府相继颁布《农村五保户供养暂行规定》和《农村敬老院管理试行办法》，将五保工作纳入了法制化轨道。

一九九〇年

1月6日　根据省委决定，省政府成立陕西省贫困地区经济开发顾问小组，在省贫困地区经济开发领导小组的领导下，开展调查研究，了解和反映贫困地区经济开发情况，对扶贫开发中的重大问题提供咨询和建议，协助领导小组搞好扶贫资金、物资、项目等方面的协调工作。

3月1日—4日　全省重点企业和企业技术进步工作会议在西安召开。会议确定150个重点企业，包括改革超前试点企业、第一类税利大户、创汇大户、能源重点企业、支农重点企业和第二类税利大户。会议确定对150户重点企业要实行倾斜政策，在能源、资金、原材料、运输等方面给予优先安排，支持加快技术进步，深化改革，扩大创汇。

5月10日　《陕西省实施〈军人抚恤优待条例〉办法》颁布实施，使优待工作进一步走向法制化、制度化和社会化。

5月20日—26日　西北五省（区）首届卫生工作研讨会在西安召开。会议主要探讨西北地区如何搞好初级卫生保健工作。会议期间，参会者实地考察黄陵、蒲城、大荔20个县（乡、村）的卫生单位和改水工程、改厕工作以及农村办产院的情况。

5月30日　陕西省渭北农业综合开发会议召开。经国家农业综合开发领导小组批准，从1990年开始至1992年将陕西省渭北部分地方列入国家重点农业综合开发地区，3年投入1.5亿多元，集中对

150 万亩低产田进行改造。

6 月 1 日—3 日 国家科委及其驻陕北扶贫团、省陕北建委、省科委在延安联合召开落实陕北地区科技扶贫项目现场办公会。

7 月 1 日零时 陕西省第四次全国人口普查工作结束。全省总户数 782.5 万户，常住人口为 32882403 人。其中，男性 1707.0 万人，女性 1851.2 万人。

7 月 5 日 9 时—6 日 15 时 留坝、略阳、宁强、勉县降雨量达 133—173 毫米，致使汉江上游河道出现超限洪水。汉中地区共有 1.2 万余人被洪水围困，26 人死亡，17 万亩农田被毁，万余间房屋进水，2000 余间房屋倒塌。受灾最重的略阳和勉县，交通、电力、通信基本中断，沿江两岸约千米堤坝发生决堤和洪水浸漫。汉中地委、行署召开紧急会议，动员广大干部群众和解放军官兵迅速投入防洪抢险中去。5 日—6 日，陕西省凤县普降大雨，山洪暴发，嘉陵江水位猛涨。省委、省政府召开紧急会议，布置汉中及宝鸡部分县抗洪救灾工作，决定组织省委、省政府救灾慰问团，赴汉中、宝鸡灾区了解灾情，慰问灾民，帮助灾区群众开展救灾工作。8 月 9 日，省委、省政府发出了认真做好生产救灾工作的指示。

同月 省教委与省财政厅、省人事厅联合下发了《关于农村年老病残民办教师生活补助费的暂行规定》。《规定》指出，凡 1981 年 7 月底以前任教至今，经整顿考核由县教育行政部门发给任用证或试用证书，男教师年满 60 周岁，女教师年满 55 周岁，且连续任教满 15 年的；男教师年满 55 周岁，女教师年满 50 周岁，且连续任教满 15 年，经县（市）以上医院证明，县（市）教育部门确认丧失工作能力的；因公致残，经县（市）以上医院证明，县（市）教育部门确认丧失工作能力的，均给予补助。补助费由教师所在学校的乡镇每月按时发给，直至去世。连续任教满 25 年以上的，按本人在岗补助费的 75%

发给；连续任教满15年以上的，按本人在岗月补助费的70%发给；连续任教虽不满15年的，但系因公致残的可按本人在岗月补助费的60%发给。这些教师领取的生活补助费，月不足40元的，按40元发给。获得全国劳动模范、省劳动模范称号，离开工作岗位时仍保持荣誉的，补助标准可分别提高10%和15%；因公致残丧失劳动能力的，还可再提高5%。符合规定领取生活补助费的民办教师，医疗保健待遇与原单位在职民办教师同等对待。

9月18日 省政府转发省体改委《关于我省全民所有制企业推行第二轮承包的意见》。陕西省绝大多数全民所有制企业的第一轮承包将于本年底到期，次年就要转入第二轮承包。《意见》要求，根据“稳定政策、兴利除弊、分类指导、多作贡献”的精神，按照增强企业活力，正确处理国家、企业、职工三者利益关系的原则，要切实抓好两个承包期的衔接；认真兑现承包合同；合理确定承包基数；稳定和优选经营者；区别不同情况确定承包形式和期限；积极推行全员风险抵押承包试点；坚持厂长负责制，认真落实企业自主权；加强对企业承包工作的领导。

10月8日—12日 第二届西部商品交易会在汉中举办。交易会简称“西交会”，是陕甘川宁毗邻地区经济联合会于1989年共同创建的一个大跨度、开放型、综合性商品交易会。“西交会”采取轮办和申办相结合的办法，每年举办一届。首届“西交会”于1989年8月在甘肃省天水市举办。本届是首次在陕西举办，参展商品共14大类1.3万多种，会上签订合同7372份，实现成交总额16.55亿元。截至2021年，中国西部商品交易会已召开29届。

11月4日 北起府谷县墙头乡，南至潼关县港口镇，中经榆林、延安、渭南3个地区13个县（市）、69个乡（镇）的黄河防护林工程竣工。全长739千米，宽5千米，规划造林面积115.78万亩，实际造林面积 128.5 万亩，森林覆盖率由原来的 13.4%提高到 34.3%。

11 月 13 日 西安电影制片厂滕文骥因导演《黄河谣》，获得加拿大第 14 届蒙特利尔国际电影节"最佳导演奖"。

11 月 16 日—22 日 国务院总理李鹏视察陕西。要求加强企业改革，提高企业效益。

11 月 30 日 陕西省第一个万亩井灌工程在岐山县五丈原镇竣工。

12 月 26 日 陕西省扶贫基金会在西安成立。由财政部和省财政厅拨付费用。基金管理实行保值、增值，滚动发展的原则，采取开发创收发展扶贫资金，开展扶贫帮困工作。省扶贫基金会的宗旨是：资助促进陕西贫困地区经济社会发展，接受办理扶贫援助、捐赠和委托的扶贫济困事宜，增强同国内外扶贫组织和人士的友好合作，多渠道开发、拓展和壮大扶贫基金。

12 月 27 日 西（安）临（潼）高速公路建成。这是陕西省第一条高速公路，也是中国西部修建的第一条高速公路。全长 23.89 千米，宽 13 米，设计时速每小时 120 千米，设计交通量每昼夜 2.5 万辆。本工程于 1986 年 12 月 25 日开工建设。

本年 陕西省 1986—1990 年完成三北防护林工程任务 1261.23 万亩，森林覆盖率达到 28.5%。其中，人工造林 980.6 万亩，飞播造林合格面积 43.63 万亩，封山育林可望成林面积 237 万亩。

本年 陕西省有中医机构 117 个，基本实现县县有中医医院(中医门诊部)的目标。

一九九一年

2月21日 省政府印发《陕西省农村实现“2000年人人享有卫生保健”概略规划》。《规则》明确提出全省2000年实现农村初级卫生保健目标的最低标准。这标志着陕西省全面实施“农村初级卫生保健”。《规划》把初级卫生保健纳入县、乡（镇）政府工作目标和当地的社会经济发展计划，县政府卫生事业拨款占年度财政总支出的比例，健康教育普及率，行政村卫生室覆盖率，集资医疗覆盖率，“安全水”普及率，“卫生厕所”普及率，县、乡（镇）、村办工业企业有害作业点卫生合格率，食品卫生合格率，婴儿死亡率，孕产妇死亡率，儿童“四苗”单苗接种率，缺陷人口出生率，法定报告传染病发病率，地方病防治等15项基本指标引入其中，基本涵盖了农村卫生工作的主要内容。经过各级政府和卫生部门的不懈努力和扎实工作，2000年，全省以县（市）为单位实现初级卫生保健合格或基本合格。

3月8日 陕西省著名作家路遥创作的长篇小说《平凡的世界》获得第三届茅盾文学奖。

4月1日 73名江苏来陕西交流干部抵达西安。这是在关心陕西革命老区扶贫工作的老干部倡导下，经中央组织部批准，来陕开展省际干部交流。其中厅级以上干部6名、处级干部36名、科技干部31名。6日，来陕交流干部赴汉中、安康、商洛、宝鸡四个地（市）挂职工作。

5月4日 西安杨森制药有限公司在西安举行开工典礼。该公司成立于1985年10月,1986年6月3日奠基，是由陕西省医药总公司、陕西汉江医药股份有限公司、中国医药工业公司、中国医药对外贸易总公司与美国强生公司所属的比利时杨森制药公司合资兴建的先进制药企业。公司总部设在北京，工厂在西安。杨森公司是当时全国最大的中外合资制药企业，从1989年试投产后，已生产出世界上畅销的8种抗寄生虫、抗真菌和治疗精神病等药品，年销售额超过5亿元。

5月9日—10日　陕西省农科院生物技术室在小麦染色体工程研究中取得的两项重大突破性成果通过技术鉴定。该室经过12年努力，在世界上首次获得小麦稳定自交结实缺体系统19个，并在国内首次利用单体育成小麦新品系。

6月14日　由国务院批准的西安高新技术产业开发区正式开工。该开发区位于西安南郊，区辖范围16平方千米，开发区内以高等院校、科研单位为主体。2006年西安高新技术产业开发区被科技部纳入建成世界一流科技园区的6个试点园区之一。2015年8月，国务院正式批复同意西安高新技术产业开发区建设国家自主创新示范区。2017年4月，陕西自贸区正式挂牌，高新功能区作为陕西自贸区面积最大、以特殊监管区区外保税等通关模式创新为特色的核心片区正式启动建设。

6月20日　陕西历史博物馆开馆。该馆是全国第一座国家级的现代化大型博物馆，于1987年7月1日动工兴建，被列入国家“七五”重点建设项目。馆区占地6.5万平方米。建筑面积5.56万平方米，文物库区面积8000平方米，展厅面积1.1万平方米。馆藏文物上起远古人类初始阶段使用的简单石器，下至当代社会生活中的各类见证物，时间跨度长达100多万年。该馆馆藏文物170余万件（组），重点陈列原始社会和周、秦、汉、唐鼎盛时期的代表性文物。

8月5日 省财政厅、省贫困地区经济开发领导小组、农行陕西分行、人民银行陕西分行印发《关于省定重点贫困县新增扶贫专项贷款有关事项的通知》。《通知》指出，国务院决定对1989年全县农村人均纯收入300元以下的贫困县增加扶贫专项贷款；陕西省安康等12个县被列入扶持县，每年安排2000万元；此项贷款的管理按35个重点贫困县所用专项贴息贷款管理办法执行。

同日 “陕西振兴书画社”在西安成立。这是陕西省第一家农民书画社。

9月1日 西安咸阳国际机场竣工并启用。西安咸阳国际机场是国家“七五”期间重点建设项目。经国务院批准，1987年8月20日正式动工兴建，机场占地564公顷，为4E级民用机场。

9月6日 渭河电厂3号30万千瓦机组试运成功，并网发电。该电厂位于咸阳市东郊，1966年8月20日动工，1970年12月26日并网发电；2号机组1971年9月投入生产。一期工程年发电量约6亿千瓦时。

10月2日 国家旅游局主办，陕西省旅游局承办的“1992中国友好观光年丝绸之路”首游式在西安举行。来自英国、法国等24个国家和地区的1700名海外游客参加此次活动。

10月16日—19日 全国贫困山区经济开发经验交流会在陕西白河召开。会议主题是，总结交流贫困山区修田造地的经验，研究如何用好以工代赈搞好山区农田基本建设，为“八五”期间实现“两个稳定”打好基础。全国23个省、自治区经济开发领导小组负责人、国务院有关部门负责人共150多人出席会议。

12月9日 西北残疾儿童康复培训中心大楼在西安竣工。培训中心主要承担西北五省（区）残疾儿童医护人员培训、聋儿语训、特教培训以及残疾儿童门诊和手术治疗等任务。

本年 西安市启动对城区低洼危旧房屋改造工作。先后改造完成45处旧房屋，面积达230万平方米。2008年,《西安市棚户区改造管理办法》《西安市棚户区改造项目资金管理程序》等规范性文件下发，指导棚户区改造工作。截至2010年年底，西安市二环内的18处棚户区拆除工作全部完成，对应的安置楼已全部动工兴建，总面积达412.2万平方米，已竣工142.63万平方米，完成投资139亿元。

一九九二年

1月3日 第四军医大学（今中国人民解放军空军军医大学）神经解剖学教授鞠躬、中科院西北水土保持研究所土壤研究员朱显谟、中科院西安黄土与第四纪地质研究室地质学家安芷生、中国兵器工业第206研究所雷达与通信系统研究员王越、西北工业大学铸造学教授周尧和、西安交通大学电子器材与器件教授姚熹、西安电子科技大学雷达与信号处理教授保铮、中科院西安光学精密机械研究所瞬态光学教授侯洵等8位科技专家当选中国科学院学部委员。

2月8日 《陕西日报》以《互设“窗口”互为“基地”，苏陕干部交流成果显著》为题，报道苏陕对口帮扶的31县（市）已签订经济技术合作协议，洽谈工业合作项目200项，总投资1.88亿元，互引资金1084万元。

2月9日 中国自行设计建设的第一个大型远程无线电导航系统——“长河二号”工程南海台组，经过西安导航技术研究所20多年的努力建成。至此，中国成为世界上除美国之外能独立生产成套先进远程导航设备的国家。这项重大科技成果，使中国对海洋导航范围由500海里扩展到地波1000海里，天波2000海里以上。中国长波远程高精度导航定位技术跃居当代国际先进水平。

2月29日 省政府在西安召开破“三铁”（铁饭碗、铁交椅、铁工资）、转机制动员大会。会议指出打破“三铁”是转换企业内部机制，搞活大中型企业的关键性措施，宣布省政府破“三铁”转机制的四条安排意见，安排100名厅级干部赴企业帮助破“三铁”转机制。

3月4日 延安和榆林两地区54名干部前往山东省潍坊市和济宁市（县）挂职学习。这是继苏陕干部交流之后，陕西省为促进陕北老区经济发展采取的一项重大措施。

5月 陕西省企业职工养老保险统筹工作会议召开。制定下发《关于在全省进一步开展企业职工养老保险制度改革的安排意见和全省统筹方案》，就全省社会养老保险制度改革的指导原则、实施步骤、全民统筹、集体统筹、“三资”企业养老保险、企业补充养老保险、基金管理配套工作等都作了全面具体的规定，使全省社会养老保险制度改革工作有了一个统一的法规性文件。

7月13日 宝成铁路恢复全线通车。6月25日，宝成铁路马蹄湾至徐家坪区间190千米处发生山体滑塌，塌下近20万方土石，宝成铁路被迫中断行车。事件发生后，国务院总理李鹏、副总理朱镕基亲自过问并作出指示，铁道部、陕西省领导现场指挥，2000名铁路员工和民工奋战16个昼夜，提前14天完成修建任务。

7月25日 《陕西省实施〈中华人民共和国环境保护法〉办法》正式实施。该办法于2004年8月3日第一次修订。2020年6月11日进行第二次修订，此次修订进一步明确了政府对环境保护的监督管理职责，完善了生态保护红线等环境保护基本制度。在环境法规的实施中，对违法的单位或个人，根据其违法行为的性质、危害后果和主观因素的不同，要追究法律责任，分别给予刑事、行政、民事三种不同的法律制裁。

8月1日 西（安）延（安）铁路正式通车。西延铁路于1973年1月正式动工兴建，1991年12月26日全线贯通，全程311.6千米。南起陇海铁路的新丰镇，在张桥与侯（马）西（安）铁路共线至钟家村站，向北行经蒲城、白水、澄城、宜君、黄陵、洛川、富县、甘泉到达延安十里铺。

11月7日 国务院同意将延安地区扶贫综合开发改革试验区列为全国农村改革试验区。要求陕西省采取有力措施，切实加强对改革试验区工作的领导，充分利用当地资源优势，抓住扶贫开发从补助型向效益型转变这个关键，以科技开发为先导，以主导产业开发为重点，深化改革，逐步理顺各方面关系，加快脱贫致富的步伐，为贫困地区经济综合开发改革积累经验。

11月15日 中国第一所由中国留学生捐资兴建的延安市延长县木芽村希望小学举行了隆重的落成典礼。木芽村原村办小学没有自己的校舍，40名学生和两名教师挤在借来的两间土窑洞和一间马棚改建的教室里。由于贫穷，交不起学费，先后有9名学生失学。《中国青年报》报道此事后，日本大阪大学的中国留学生首先捐款5万日元。接着，日本关西地区的中国留学生又募集50万日元，全部投入木芽村小学一、二期工程。

同日 陕西农村资金市场在西安正式成立。该市场经省人民银行陕西分行批准，由农业银行陕西分行牵头，依托西北，辐射全国，实行会员制，优先解决入网成员行的资金需要，采取基金额度“存一借二”、利率优惠等措施，为各地成员行提供金融服务。

12月24日 安康水电站机组全部投产。电站于1978年正式开工，1989年12月下闸蓄水，1990年12月12日第一台机组投产发电，该电站总投资24亿元，装机容量80万千瓦，年发电量28亿千瓦时。

本年 共青团陕西省委实施“希望工程”，旨在通过社会集资，建立救助贫困地区失学少年基金，资助品学兼优而又因家庭困难失学的孩子。此后，各社会组织、民间团体和私营企业相继开展“春蕾计划”“文化扶贫”“光彩事业”“幸福工程”“贫困农户自立工程”“青年志愿者支教扶贫接力计划”等多种形式的扶贫活动。截至 2019 年，仅陕西“希望工程”共募集资金突破 3 亿元，资助家庭经济困难大、中、小学生 8 万多名，建设希望小学 900 余所，建立希望卫生室 150 所、希望卫生院 10 所。

一九九三年

1月5日　省政府批转《关于定边氟中毒考察情况及治理意见的报告》。《报告》要求，明确治理目标，限期完成治理任务，进一步治理定边、靖边氟病区，贯彻防病治病与脱贫致富相结合的方针，继续采取改水、打水窖、搬迁住户和治疗氟病等行之有效的措施，力争3年完成治理任务，5年解决氟害。

2月14日　省贫困地区经济开发领导小组办公室、省农办、省科委、省教委、省科协、省新闻出版局、陕西科学技术出版社联合发出倡议："第二届科技之春"活动中，全省各单位和个人给贫困地区捐赠书刊，为贫困地区农民创造学习科技、文化的条件，以推进脱贫致富、科技兴农的步伐。

2月21日　陕西省统一代码工作会议在西安结束。会议决定将在全省企事业单位和社会团体实行统一代码标识制度。实行这项制度旨在加强国家对社会经济活动的宏观管理和有效监督，防止和解决诸如官商不分、政企不分、偷税漏税、银行账户混乱、机构重复设置等问题，并为实现计算机自动化管理和信息交换提供技术保证。

3月22日　省政府发出《关于调整农林特产税税率的通知》，从1993年起调整部分农村特产税率：海水、淡水养殖收入由10%降到8%，其中，水珍品收入由15%降为8%。水果收入为10%，果用瓜收入由10%降为8%，原木收入由8%降为7%。

3月30日　《陕西省劳动鉴定组织管理试行办法》施行，全省劳动鉴定工作逐步规范化、制度化。

4月19日 被国家列为“863”高科技计划的人工智能机器人分系统“遥控移动式作业机器人电随动主从机械手”在西安航空发动机公司研制成功，并通过国家科委等单位的联合鉴定，各项技术性能指标均达到或超过国外同类产品的先进水平，填补了国内空白。

4月29日 第一辆西安奥拓微型轿车在西安秦川机械厂下线。它填补了西北地区轿车生产的空白。1996年12月，企业更名为西安秦川汽车有限公司。2003年1月，深圳比亚迪股份公司将其收购，3月更名为比亚迪汽车股份有限公司。截至2020年6月，比亚迪公司市值已达7181亿元人民币。

5月16日 西安900兆移动电话系统顺利开通。900兆移动电话系统引进的是当时世界上最先进的技术与设备，首期工程开通1个基站，有80个信道、2000台手持机。

6月9日—15日 中共中央总书记、国家主席、中央军委主席江泽民在陕西汉中、宝鸡、咸阳和西安等地进行考察，强调坚持党的基本路线，进一步深化改革，加快建立社会主义市场经济体制。

6月19日 西安交通大学研制成功的一种增热节能新技术，在西安通过国家建设部主持的技术鉴定。这种增热节能技术，与燃气、电热等多种热水器配套使用，可节能40%，并能大幅度减少有害气体，降低环境污染。

7月12日 中国证券监督管理委员会正式复审批准西北第一家社会募集股份制企业——西安市解放百货股份有限公司股票上市，并在深圳证券交易所挂牌交易。

7月30日 由省委宣传部、陕西电视台联合摄制的23集大型室内剧《半边楼》获得1992年度中国电视“飞天奖”连续剧一等奖。这是陕西省首次获此奖项。

9月13日 省政府发出通知，要求各地制止小煤矿乱挖乱采，确保煤矿安全生产。全省对未取得采矿许可证、安全生产条件合格证和营业执照的，一律停止开采，对危及国营煤矿安全生产、进入重要建筑物以及河流、公路、铁道、保安煤柱内的小煤矿，要无条件关闭。

9月15日 第七届全国运动会在北京落幕，陕西体育代表团212名运动员参加成都、北京2个赛区15个项目的决赛。其中，哈小燕以65.44米的成绩，夺得全运会女子标枪冠军。

9月29日 靖（边）榆（林）天然气输气管线建成通气。靖榆输气管线全长58千米，年通气能力为1.1亿立方米。这是陕甘宁气田的第一条输气管线，标志着陕北靖边气田已由初期勘探转入开发利用阶段，为整个陕甘宁盆地世界级气田的开发拉开序幕。

10月20日 “固体火箭发动机可靠性随机仿真”技术在西北工业大学研究成功。这一成果填补了国内外空白，表明中国在这一研究领域达到20世纪90年代国际先进水平。

11月8日 陕西省粮食总公司粮食批发市场正式开业，陕西省首届粮食交易会同时举办。

12月1日 省委、省政府发出《关于印发陕西农村奔小康规划》的通知。此后连续多年省政府对小康乡（镇）先进党委、小康村先进党组织进行表彰，并命名表彰小康示范村。

12月11日 由陕西省体育运动学校和西安新城汽车配件公司联办的新城汽车配件公司足球俱乐部宣告成立。这是陕西省第一家足球俱乐部。1996年2月28日，陕西国力足球俱乐部正式成立。1997年，国力足球俱乐部进入甲B行列，成为西北地区第一支甲级职业球队。

12月12日 西安市区电话号码由6位数升至7位数获得成功。升位后西安市电话号码资源由原来的70万个增加到700万个。2003

年 12 月 6 日，西安市固定电话号码升为 8 位数。2006 年 9 月 16 日，咸阳本地网并入西安本地网后，形成固定电话公用（029）长途区号、移动电话同一业务区的新本地网。通过并网，两地用户每年可节约话费达 2 亿元。

本年 省委教育工委、省教委开始制定和实施陕西高校“211”工程建设规划。帮助西北大学做好进入“211”工程申报预审权的工作，西北大学被国家教委列为全国 6 所综合改革试点院校之一。1994 年，省政府和省教委成立两级“211”工程协调领导小组，负责高校进入“211”工程的协调工作。1996 年，西北大学、西安交通大学、西北工业大学、西安电子科技大学、西安公路交通大学和第四军医大学相继通过部门预审、国家立项论证，陕西共有 6 所高校进入国家“211”工程，数量居全国第四位。2006 年，陕西师范大学和西北农林科技大学两校进入“211”工程重点建设院校行列，至此，陕西共有“211”工程院校 8 所。在“985”工程建设方面，1999 年，西安交通大学进入“985”工程建设行列，2002—2004 年，西北工业大学、西北农林科技大学相继进入“985”工程建设行列。

一九九四年

1月5日—6日　陕西省对0—4岁儿童进行消灭脊髓灰质炎强化免疫工作。截至当年，全省260万0—4个月龄儿童已得到强化免疫。

2月12日　西北工业大学研制成功亚洲最大的NF-3低速翼型风洞。该风洞流场性能稳定，精确度达到国际先进水平，是中国航空工业发展史上一项具有战略意义的科研成果。

2月16日　由500名青年农民组成的“陕西青年致富人才赴鲁实践团”赴山东学习。这项活动属于团中央跨世纪人才工程，赴鲁人员是来自延安、榆林两地区的共青团员，由山东省牟平县（今已撤销）西关镇农工贸公司安排到所属20余家企业工作2—3年。

3月1日　陕西省职工实行每天8小时、平均每周44小时工作制。规定3月1日起第一周星期六、星期日为休息日，第二周星期日为休息日，依此循环。1995年5月1日起实行职工每天工作8小时、每周工作5天的工作制。

3月3日　国家计委确定在陕西省再建立3个国家工程研究中心，连同1993年开工建设的3个研究中心、6个工程研究中心，总投资3.5亿元。这6个工程研究中心是西安交通大学“流体机械及压缩机”工程研究中心、电力部西安热工研究所“电站锅炉煤的清洁燃烧”工程研究中心、邮电部第十研究所“电信交换及软件支持系统”工程研究中心、邮电部第四研究所“数字无绳电话系统”工程研究中心、西北有色金属研究院“稀有金属材料加工”工程研究中心、西安电力电子研究所“电力电子”工程研究中心。

3月29日 国家科委确定100项全国经济效益超亿元的科技成果，西安交通大学的“全可控涡”节能压缩机转子技术和“火电厂热系统节能新技术”2项重大科技成果，以其累计经济效益超过3亿元被列入国家级重点推广计划“百强”之列。

同月 省政府印发《关于加强农村卫生工作的决定》。着重把加快农村卫生事业发展作为保护和增进全省农民健康、促进农村经济上台阶、实现小康目标的重要措施。4月上旬，省政府主持召开了全省农村卫生工作会议，把农村卫生工作列入重要议事日程，先后出台了一系列加强农村卫生工作的政策。自此，各级政府把实施初级卫生保健、加强农村卫生建设、增进农民健康作为农村奔小康的有力措施，纳入国民经济和社会发展总体规划，列入“八七”攻坚扶贫计划。

4月中旬 陕西省扶贫工作会议召开，传达落实《国家“八七”扶贫攻坚计划》，并制订《陕西省“五七”扶贫攻坚计划》。确定用7年时间基本解决全省500万农村贫困人口的温饱问题。截至2000年年底，全省贫困地区农村贫困人口的温饱问题得到了基本解决，“五七”扶贫攻坚计划确定的各项战略目标基本实现。

4月22日 省八届人大常委会通过了《陕西省实施〈中华人民共和国未成年人保护法〉办法》。《办法》作为未成年人保护领域的综合性法律，对未成年人享有的权利、未成年人保护的基本原则和未成年人保护的责任主体等作出明确规定。

6月1日 陕西省首家金融审判庭正式挂牌对外办公。这个由西安市中级人民法院新组建的审判庭，专门受理以信贷纠纷为主，包括股票、证券、保险等方面的金融类案件。

6月3日 持续40多天的严重干旱，使陕西省2500多万亩作物受旱，180万人、70多万头大家畜饮水发生困难。省政府下拨200万元抗旱资金，要求把抗旱作为农村的第一位工作。

6月8日 国家教委、陕西省教委决定：西安交通大学、西安音乐学院和西安美术学院从1994年起实行“招生并轨”改革试点。这是招生并轨改革在陕首次开展。

8月14日 陕北部分地区连降暴雨。这次暴雨历时短，强度大，降雨面广，致使定边、靖边、子洲等县城相继进水，红柳河、无定河、大理河等河流洪水猛涨，吴旗县西郊水库决堤，靖边县新桥水库告急。吴旗、志丹、安塞、延安等县（市）最大日降雨量达50—100毫米。省委、省政府及时派出工作组赶赴灾区，省军区研究新桥水库抢险工作。26日，省委听取灾情及抗灾救灾工作汇报，安排部署抗灾救灾工作。

9月10日 西（安）兰（州）乌（鲁木齐）光缆通信干线全线贯通。该工程全长3130千米、总投资为7.9亿元，是国家“八五”期间重点建设项目，也是西北地区的第一条大容量数字通信干线。该光缆是大西北的信息神经中枢，也是东起中国上海，西至德国法兰克福，途经14个国家，全长3.1万多千米的亚欧陆地光缆通信干线的组成部分。

9月19日 财政部安排拨款3000万元用于治理延安市的大气污染。

9月21日 西安市高陵县20万亩吨粮田通过省级验收，以亩产1012.9公斤的成绩成为西北第一个、全国第四个吨粮县。

同日 西（安）成（都）、郑（州）西（安）两条光纤光缆通信干线工程，在西安分别通过国家级和部级工程竣工验收并宣布投入运行。这两条光缆通信干线工程全长1596千米、总投资为3.41亿元，是国家和邮电部重点建设项目。

9月28日 渭南市沙王渭河大桥竣工。该项目是陕西省“八五”

重点建设项目，于1991年10月31日动工兴建。大桥全长2294米，总投资5000多万元，是当时陕西省最长的公路桥梁。

10月2日—16日 第12届亚运会在日本广岛举行。中国体育代表团5名陕西运动员获得了3枚金牌、1枚银牌、1枚铜牌。其中，射击选手王玉锦在女子飞碟双向多项比赛中夺得金牌，并刷新了该项目的世界纪录，成为陕西在国际综合大赛中打破奥运会项目世界纪录的第一人。赛艇选手黄晓平在男子单人双桨2000米、射击选手周丹红在女子50米标准步枪3×20团体赛获得金牌。

10月18日—23日 首届中国杨陵农科城技术成果博览会在杨陵举办。经过六天的洽谈交易，共签订技术成果交易合同、意向书1175项，金额达7.3亿元；销售名、优、新、特产品85种，金额达3.5亿元；人才市场接待各类专业技术人员16857人次；选定31个项目为陕西省农村优先发展的支柱产业；评出农业科技企业家146名，首次设立以古代农师后稷命名的金像奖。本届博览会由国家科委和陕西省政府共同举办，全国18个省（市）派出48个代表团参加。经过二十几年发展，农高会已成为中国农业高新科技领域最具权威和影响力的综合展会。

10月19日 省政府下发《关于在我省城市实施“安居工程”的意见》，对制定安居工程政策的依据、实施范围、资金来源、供应对象、住宅标准、选点规划、施工管理、组织领导等都作了规定。西安、宝鸡、汉中、铜川等城市的安居工程已经起步。西安市明德门17万平方米安居工程小区于1995年竣工。

12月15日 312国道麻街岭隧道正式通车。至此，陕西省第一条山区高等级公路——312国道小商原至商州市二级公路全线贯通。

12月20日 安康港竣工通航。这是西北地区规模最大的内河港口工程，总投资650万元，建有客货泊位3个，年吞吐量达25万吨，年进出港旅客达 24 万人次。

12 月 22 日 《陕西省儿童计划免疫条例》正式颁布实施。《条例》着重预防、控制和消除儿童相应传染病的发生和流行，保障儿童身体健康。

12 月 24 日 铜川市沮河取水工程试通水成功。铜川市由原来的月供水量3.1万吨，增加到5万吨，全面缓解了市区供水紧张的局面。

一九九五年

1月1日 《关于企业全面实行劳动合同制的通知》正式实施。规定从1995年起，全省各类所有制企业现有全部职工均应与企业签订劳动合同，全面实行劳动合同制，依法建立劳动关系。

1月25日 国家重点建设项目——陕西渭河电厂扩建工程五号机组试运成功并网发电。这是继三、四号机组发电后建设的又一台30万千瓦机组。

2月28日 陕西有线电视台正式开播。陕西有线电视台信号覆盖面西到武功、东到蒲城、北到富平、南到秦岭，入网用户已达12万户，能转播传送中央和地方电视台节目9套、自办节目2套。

3月31日 省政府召开建立现代企业制度试点工作会议，西安仪表厂（集团）等22户企业成为陕西首批试点单位。

6月4日 陕西所有县城市内电话交换全部实现自动化和程控化，市话总容量达到79万门，其中程控电话76万门。

6月8日 宝（鸡）中（卫）电气化铁路正式通车投入运营。宝中铁路全长498.19千米，穿越陕西省的宝鸡、凤翔、千阳、陇县和甘肃、宁夏的14个市（县），为国家新建单线Ⅰ级干线电气化铁路，预留复线条件，设计年运输能力为1800万吨。

6月上旬 省政府主要领导向国家教委、财政部专题汇报普及九年义务教育工作，争取国家对“普九”工作的支持。国家教委、财政部决定，从1995年起到1998年三年间，拨付陕西实施“普九”工作补助专款1.4亿元。1996年2月17日，陕西省洛南县等14个县（市、区）普及九年义务教育、扫除青壮年文盲工作通过国家教委认可标准。至此，全省有29个县（市、区）达到国家规定的“两基”标准，人口覆盖面超过全省人口的1/3。

6月26日　省政府决定，为逐步解决民办教师问题，全省选招1.1万名公办教师。从1995年起，除中央每年下达的民办转公办指标外，陕西省每年安排4000—5000名专项指标，按照教师资格标准招转符合条件的民办教师，到2000年按照“招、转、辞、退、关”五字方针，基本解决民办教师问题。

6月29日　省政府拨出100万元专款实施人工降雨，应对陕西出现的新中国成立以来最严重的干旱。7月7日，省委召开常委会议，听取旱情及抗旱救灾和防汛工作汇报，专题研究抗旱救灾问题。7月10日，省委、省政府召开全省抗旱救灾紧急电话会议。

7月11日　西安交通大学林宗虎教授，西北工业大学张立同教授、傅恒志教授，中科院西安光机所薛鸣球教授，中科院西北水保所山仑研究员，西安203所王兴治研究员，省电子工业局吴祖垲教授级高级工程师等7人当选为中国工程院院士。

7月25日　榆林治沙工程正式通过国家验收。该工程分布在榆林、神木、府谷等县（市）的95个乡（镇），改变了“沙逼人退”的被动局面。该工程从1989年开始实施，共治理荒沙410万亩，植被覆盖率36.1%。

8月1日　省教委转发国家教委《关于深入推进农村教育综合改革的意见》。《意见》为了贯彻“科教兴国”战略，落实《中国教育改革和发展纲要》及其实施意见，结合全国农村教育改革和发展的实际，深入推进农村教育综合改革。

8月3日　《陕西省深化城镇企业职工养老保险制度改革试行办

法》正式实施。陕西省成为全国出台省级养老保险制度改革办法较早的省份之一，并在全省建立了社会统筹与个人账户相结合的养老保险新模式。全省社会养老保险覆盖面已扩大到城镇各类劳动者。

9月7日 省政府举行新闻发布会，宣布全省已提前完成“八五”教师住房建设“双百万”目标，即城镇中小学教师住房建设100万平方米、普通高校教师住房建设100万平方米，3.7万户教师喜住新房。

10月10日 西北第一家银行省辖电子汇兑网络系统在省工商银行开通。工行的运行资金在途时间由过去的平均4天减少到1天。自2016年12月1日起，省内辖区银行为客户提供实时转账、普通转账、次日转账等多种转账方式。个人转账可根据时效和安全性考虑，选择不同转账方式。

10月16日 第四军医大学陈志南教授研制出新型抗肝癌单克隆抗体——“生物导弹”。这是国家“863”高技术研究的重大成果之一，此项研究成果达到国际先进水平。

10月17日 全国1994年度精神文明建设“五个一工程”入选作品揭晓。陕西报送的电影《步入辉煌》、电视剧《秦川牛》、图书《跨世纪的一代：中国少年“五自”丛书》、文章《邓小平的国格论》入选。

12月5日 西（安）宝（鸡）高速公路全线通车。西安至宝鸡高速公路是国家“八五”重点工程和全国近期规划“两纵两横”公路网主骨架310国道（连云港至霍尔果斯）的重要一段，东起西安后围寨，沿渭河北岸、陇海铁路南侧布设，西至宝鸡市斗中路，全长155千米，于1992年4月动工兴建。西宝高速公路的开通，使西安至宝鸡的行车时间由原来4个半小时缩短为2个小时。

12月21日—26日 中共中央总书记、国家主席、中央军委主席江泽民到陕西商州、丹凤等地视察。慰问受灾农民和困难企业职工，要求关心贫困地区群众生活。

本年 陕西省三北防护林建设二期工程（1986—1995年）共造林147.23万公顷。其中，人工造林103.7万公顷，飞播造林11.07万公顷，封山育林19万公顷。

本年 陕西省开始进行城市居民最低生活保障（以下简称“城市低保”）试点。2002年实现“应保尽保”，2010年全年实施城市低保86.37万人，支出保障金22.56亿元。

本年 陕西省国民经济生产总值首次突破千亿元大关，达到1036.85亿元，提前实现了国民生产总值比1980年翻两番的战略目标。

一九九六年

1月1日 省政府决定从1996年起实施"甘露工程"，用3年时间解决全省412.7万农村人口的饮水问题。1997年7月5日，陕西省又与水利部合作，推进"甘露工程"建设。截至1998年年底，"甘露工程"一期计划全面完成，3年共投入10.1亿元，建成各类供水工程27.9万处，解决了422.7万人的饮水问题，发展集雨窖面积6700多公顷，对改善贫困山区群众生活、促进经济发展、改善环境面貌起到显著作用。

1月5日 省卫生厅在全省范围内组织开展强化口服脊髓灰质炎疫苗工作。全省共设服苗点3.46万个，服苗率为99.6%。

1月6日 中国最大的特大型现代化矿井——大柳塔煤矿一期360万吨工程竣工，并通过国家验收正式投入生产。大柳塔煤矿位于神木县大柳塔镇，始建于1987年10月，原设计年生产能力600万吨，分两期建设完成。

1月24日—2月8日 黄河小北干流大荔段发生一次罕见的冰冻封河。受流凌堆积封堵，黄河大荔雨林上段至潼关三河口约7千米，水位急剧壅高1.5米左右。1月26日和27日，大荔雨林河堤工程上段相继决口两处，且多处串沟，河水大量漫滩。这是继1877年和1929年之后出现的第三次严重凌汛，淹没土地17万亩，雨林乡1—5村及解放军某部雨林基地三个单位被洪水围困。灾情发生后，省委、省政府组成工作组奔赴灾区指挥抢险工作，慰问受灾群众。空军多次派出飞机对河道积冰实施轰炸。2 月 8 日，黄河冰凌封河险情初步得到控制。淹没区群众全部安全撤离，无一人伤亡。

3 月 9 日　省委、省政府决定，全省选派 1 万名党政机关干部到 1 万个村任职，实施“双万工程”。选派干部工作任务是，按照中央提出的“五个好”目标，加强农村以党支部为核心的村级组织建设；解决农民群众关心的问题；建立健全村级各项规章制度；完成上级党委分配的各项工作任务。

4 月 4 日　陕西省印发《陕西省实施〈基本农田保护条例〉细则》。《细则》明确了基本农田保护管理部门及其职责，并且规定一切单位和个人都有保护基本农田的义务，有权对侵占、破坏保护区的基本农田以及其他违反《条例》和本细则的行为进行检举、控告。

5 月　省民政厅在兴平市和澄城县开展全省建立农村居民最低生活保障制度试点工作。1997 年 5 月 13 日，全省第一批最低生活保障金率先在兴平市冉庄乡 3601 名农村低保对象中发放，标志着农村居民最低生活保障制度在陕西开始推行。截至 1999 年 6 月底，全省 107 个县、市、区全部建立了农村最低生活保障制度，保障人数 18.96 万人。

6 月 13 日　西安大唐电信有限公司研制开发的 SP30 移动交换机与美国摩托罗拉 CDMA 超级基站系统连接，并在系统上打通了第一个 CDMA 电话，标志着第一台国产移动交换机 SP30 开发成功。

6 月 18 日　神（木）朔（州）运煤铁路开始通车运营。神朔铁路西起陕西神木，东至山西朔州，全长 274 千米，设计初期运力 2000 万吨，总投资 54.8 亿元。

7 月 24 日　中国西安人才市场正式开业。西安人才市场是人事部、陕西省人民政府、西安市人民政府共同组建的全国第七个国家级区域性人才市场。该市场与西北各省区、新疆生产建设兵团和陕西省各地市实现联网，对促进就业招工提供了新平台。

7月25日 陕西省扶贫基金会设立陕南贫困地区学龄儿童助学基金。基金会从基金总额中划出1000万元，从1996—2001年，5年时间内每年用基金增值的100万元作为助学基金，无偿资助陕南1万名贫困学龄儿童继续学业。

8月10日 中直机关11部委赴陕定点扶贫工作座谈会在西安召开。据不完全统计，中直机关11部委从单位经费中挤出609万元，引进资金1.27亿元，帮助项目107个，新增产值4.74亿元；举办培训班116期，培训6600余人；捐资助学303万元，新建、扩建希望小学30多所；捐赠医疗、教学设备价值188.5万元、面粉120吨、被褥衣物3万多件。

8月21日 省计生委发出《关于重视解决基层计划生育执法中有关问题的通知》，指出个别地方在计划生育执法中操之过急，忽视正确执法和文明执法，出现了一些过激行为和过头做法，要求在工作人员中广泛开展文明执法和职业道德教育。

8月29日 陕西省公用计算机互联网、公用传真存储转发网向全省提供服务，标志着全省信息高速公路正式开通。

10月29日 全省投资3.04亿元建设的全省广播电视传输覆盖网工作全面启动。这是全省广电事业发展史上规模最大、投资最多的一项工程。

11月14日 省委、省政府决定，把省级单位的联县扶贫活动扩大到全省所有党政机关、民主党派、人民团体、武警消防部队、工商企业、科研院所、大专院校以及中央、国家驻陕单位，将参扶单位分别安排到50个国定贫困县的贫困村开展定点扶贫，到2000年，群众不脱贫，单位不脱钩。

11月14日—16日 陕西省扶贫开发工作会议召开。传达贯彻中央扶贫开发工作会议精神，安排部署全省的扶贫攻坚工作。12 月 31 日，省委、省政府印发《关于尽快解决全省农村贫困人口温饱问题的实施方案》，确定到 2000 年全省扶贫开发工作的奋斗目标是：基本解决 393.8 万农村贫困人口的温饱问题。1996 年全省共有 92.7 万贫困人口解决了温饱；1997 年全省有 107 万贫困人口越过了温饱线；1998 年全省有 70 万贫困人口解决了温饱；1999 年全省有 77 万农村贫困人口解决了温饱；2000 年全省有 49 万贫困人口解决了温饱。

12 月 27 日　延炼实业集团公司 15 万吨 / 年炼油重整—抽提联合装置一次试车成功，顺利生产出合格的 90# 汽油，从而结束了陕西省不能生产高标号汽油的历史。

本年　黑河引水一期工程完工。1987 年 8 月 1 日，黑河引水一期工程动工兴建。工程包括建设输水暗管（总长 85 千米）、净水厂和市区配水管网（日供水 60 万吨），将黑河、田峪河、石砭峪水库的水采取无压流动方式引入西安市内。1990 年 8 月 30 日，黑河引水一期一段工程建成，正式向市区供水，日供水量可达万吨，初步解决了西安水荒问题。

本年　临（潼）渭（南）高速公路竣工通车。该公路是西临高速公路的延伸，全长 40.77 千米，设计时速 120 千米，于 1994 年 9 月 8 日动工建设。

一九九七年

1月14日 省政府与世界银行秦巴扶贫评估团达成秦巴山区扶贫贷款协议。秦巴山区世界银行贷款项目的扶贫目标选择汉中、安康、商洛三市的10个县的201个乡（镇）为项目区，受益总农户23.46万户。项目内容包括土地与农户开户、农村企业开户、基础设施、劳务输出、贫困与项目监测、机构建设和农户小额信贷等7大类15个方面363个子项目。

2月1日 省委、省政府印发《关于认真学习贯彻落实〈中共中央、国务院关于切实做好减轻农民负担工作的决定〉的通知》。《通知》中针对扶贫工作指出，要认真落实中央和省上制定的对贫困地区的各项税收优惠政策，减免贫困户的税费负担。

2月21日 省政府颁布《关于加快汉江梯级开发带动陕南经济发展的决定》。《决定》肯定了加快开发汉江资源的战略意义，指出以汉江梯级开发为龙头，带动综合开发，加快陕南发展的基本思路，制定出汉江上游梯级开发的实施方案。

3月11日 省委、省政府决定，为广泛动员社会力量开展扶贫攻坚，从1997年起，将省级机关、企事业单位开展的“三帮一联”县扶贫改为定点联县联乡包村扶贫（简称“两联一包”扶贫）。要求省级机关、企事业单位及有条件的驻陕部队都要积极参加“两联一包”扶贫工作，每个单位至少包扶一个贫困村，要把解决群众的温饱工作任务落实到户，实行责任包干，限期解决温饱，不解决温饱不脱钩。

3月18日 “陕西卫视”开播，覆盖全世界50多个国家。这为陕西打开了更大的宣传窗口。

4月3日 第一届东西部合作与投资贸易洽谈会（简称“西洽会”）在西安举行。洽谈会历时7天，共签订横向联合项目合同305个，总投资额36.04亿元；签订项目协议306个，总投资额40.04亿元。后经多年发展，西洽会已成为国内知名的品牌展会，扩大了西部地区的对外开放。

4月17日 陕西省房改工作会议结束。会议要求全面推行住房公积金制度；抓好安居工程建设，推进住房商品化、市场化和社会化进程；各单位一律不准全额用公款投资建设职工住房，提倡以政策扶持城镇职工以成本价集资建房。

4月28日—29日 陕西省首届人才智力扶贫交流大会在西安举行。全省共有10个地市、37个贫困县和一批企事业单位组团参会，最终有2152人和用人单位达成意向协议，达成交流协议93项技术项目。

4月29日 省委、省政府印发《关于贯彻落实〈中共中央、国务院关于卫生改革与发展的决定〉的实施意见》。《实施意见》提出，到2000年，初步建立起具有中国特色的包括卫生服务、医疗保险、卫生执法监督的卫生体系，基本实现人人享有初级卫生保健，居民健康水平进一步提高。到2010年，建立起适应社会主义市场经济体制和人民健康需求的、比较完善的卫生保健服务体系。

5月22日 咸（阳）乾（县）一级公路开工。该公路是“九五”重点建设工程之一，是312国道陕西段的重要组成部分，全长50.5千米，路基宽24.5米。

6月7日 国家验收组对榆林粮食基地开发项目进行竣工验收。该项目于1996年3月启动实施。共完成各类机电井453眼，衬砌各类渠道247千米，改造中低产田4.1万亩，开垦宜林荒沙地1.4万亩，营造防护林和经济林0.9万亩，取得显著的经济效益和社会效益。

6月18日 省委、省政府决定成立国家杨凌农业高新技术产业示范区管委会，全面领导示范区的工作。7月29日，杨凌农业高新技术产业示范区成立大会在杨陵举行。经国务院批准，杨凌农业高新技术产业示范区纳入国家高新技术产业开发区序列管理。2000年8月，杨凌农业高新技术产业示范区被科技部、外交部确认为第二批中国亚太经合组织科技工业园区。

6月21日 东雷抽黄续建工程全线贯通。该工程于1990年7月22日开工，总投资11亿元，是陕西首次利用世界银行贷款建设的大型电力抽水灌溉工程，也是陕西省“八五”期间20项兴陕工程之一。工程位于关中东部渭北旱塬，从黄河合阳段太里湾取水，设计灌区面积126.5万亩，可解决30万人饮用水问题。

6月29日 靖西天然气管道工程通气点火仪式分别在西安、延安、铜川、咸阳举行。7月2日，西安市天然气置换点火成功。该工程北起榆林靖边，南至西安、咸阳，途经15个市（县）全长488.5千米，总投资8亿多元。该工程于1996年3月开工建设。1997年已经造福西安、咸阳两市，2万多户城市居民用上了天然气。一期工程可输气5.6亿立方米，二期工程可输气7.5亿立方米。

7月1日 省政府决定在全省全面实行收费资金收支统管，实行“单位开票、银行收款、统一开户、收支统管”的管理办法。

7月14日—15日 国家科委火炬办在西安召开中国国际企业孵化器第一次工作会议，研究确定西安、苏州、北京、重庆、天津、武汉、成都、上海为国际企业孵化器试点单位。

9月2日 全国精神文明建设“五个一工程”入选作品揭晓。陕西省选送的电影《一棵树》、电视剧《毛泽东在陕北》、秦腔剧《蔡伦》、广播剧《延安之声》、歌曲《黄河鼓震》、图书《延安精神与社会主义精神文明建设》、文章《让党旗在共同致富中飘扬》等7部作品入选。

9月3日 全省信息化工作会议在西安召开。全省信息化建设取得初步成效。网络建设方面，全省已铺光缆干线9523千米，已建成具有一定规模和容量的计算机广域网30个以上。电子工业产值在"八五"期间年平均增长25%，电子工业成为全省一大支柱产业。

9月4日 陕西省重点建设项目——全省广播电视传输覆盖网陕南微波干线正式开通。新开通的西安—汉中、西安—安康、西安—商洛3条全长584.25千米的数字微波干线，采用国际最先进的数字微波传输方式。

9月7日 陕北天然气进京输气管线与北京市天然气市内城市管网正式连接串通，陕西靖边的天然气输送北京。该线全长868.6千米，每年可向北京输送3亿—7亿立方米的天然气。陕气进京极大地缓解了北京燃气供应紧张状况。

10月7日 《陕西日报》报道，咸阳偏转集团在美国纽约证券交易商协会电子股票系统上市，成为中国电子行业在美国的第一家上市企业，同时也是中国西北地区首家在海外上市的企业。

10月12日—24日 第八届全国运动会在上海举办。陕西省运动员获金牌1.5枚。

11月11日 定边供水工程建成。该工程从黄河抽水到定边，引水流量为2立方米/秒。沿途建有13级泵站，总扬程530米。渠道总长190千米，总投资2.4亿元。该工程建成后，可解决当地13万人、33.8万头大家畜的饮水问题，还可新增灌溉面积6.9万亩，改善群众生产条件。

12月4日 省委、省政府颁布《关于放开搞活国有小企业的决定》《关于大力发展非公有制经济的决定》，两个决定促进了陕西国有中小企业及非公有经济的快速发展。

12月28日 由水利部、省政府、延安市政府联合投资修建的延安供水工程提前建成供水。该供水工程投资1.45亿元，全长52千米，年供水量1500万吨。

本年 根据省民宗委、省教委联合印发《关于重新认定我省民族学校有关问题的通知》精神，各地（市）重新认定了全省民族中小学，并在一些重点中学和大学设立了民族预科部和民族班。截至2010年年底，全省有民族幼儿园19所、民族小学37所，单设民族中学4所，普通中学设民族班3个，有大学民族部、预科部11个。民族小学学龄人口入学率达99.68%，在校师生达8907人；初中入学率达97.95%，在校学生数为5787人，入学率较30年前大幅提高。全省接受各种职业教育的少数民族在校学生共有1983人。

本年 针对全省相当数量的企业经营困难、效益滑坡、部分离退休人员生活无保障等问题，省政府颁发了《关于保障困难企业离退休人员基本生活的通知》，对困难企业离退休人员离退休金采取垫付和缓缴的办法，保证了2.2万名企业离休人员和40万名退休人员的养老金落到实处。

一九九八年

4月20日 陕西作家陈忠实的长篇小说《白鹿原》获得第四届茅盾文学奖。

5月7日 《陕西日报》报道，全省近5年为“希望工程”筹资总额超过5000万元，新建希望小学300余所、希望书库280余个、三辰影库30个，救助失学儿童3万余名。

6月1日 全国残疾人小额信贷扶贫到户现场会在西安召开。会议指出，陕西省要进一步加大扶贫力度，用3年左右时间，基本解决30万名有能力参加劳动的贫困残疾人和20万名缺乏劳动能力的特困残疾人的温饱问题。

6月3日 合阳县10.8万亩地膜小麦获得丰收。1996年合阳县引进甘肃地膜小麦栽种技术并试种获得成功，亩产量比普种小麦增加87.5公斤。1997年种植面积扩大到10.8万亩，据测地膜小麦亩产增加100公斤、增收100元、节水100立方米。8月13日，省委、省政府发出《关于在全省大力推广地膜小麦的通知》，决定在全省大力推广合阳县的经验，大面积种植地膜小麦。

7月11日 省政府发出《关于在全省建立城市居民最低生活保障制度的通知》，要求1998年年底以前，所有设区市和县级市以及一半以上的县政府所在地的镇都要建立城市居民最低生活保障制度。1999年年底，全省县城所在地的镇全部建立城市居民最低生活保障制度。这标志着陕西城市居民最低生活保障制度的确立。

7月21日 经国家计委批准，榆林、神木、府谷3县（市）首批进入国家生态环境重点建设区。

8月1日 国家公众数字移动通信网“133”（CDMA）网在陕西省西安市开通试放号。西安成为全国第三个开通“133”网的城市。

8月8日 西安市市容环境卫生管理局与永安保险公司为保洁员办理了雇主责任伤害保险。“马路天使”第一次有了人身保险。

8月12日 省委、省政府决定，分别资助受洪涝灾害的湖北、江西两省各100万元。20日，向遭受洪涝灾害的湖南、安徽、江苏、黑龙江、吉林、内蒙古6省（区）再次捐赠600万元。

9月20日 长庆气田第一净化厂产品净化气投产取得一次性成功。长庆气田第一净化厂于1996年4月18日在靖边县动工，拉开了陕甘宁中部、全国最大整装气田开发的序幕。陕甘宁中部大气田探明储量2300亿立方米、资源量3.6亿立方米，占全国远景储量的1/10。靖边天然气净化厂是陕甘宁中部大气田开发的骨架工程，担负着向北京、西安、银川等地外输气的脱硫、脱水任务。净化厂总投资6亿元，一期工程投产后年处理能力达15亿立方米，为全国最大的天然气净化厂。

9月28日 省政府印发《陕西省人民政府关于加快经济适用住房建设的决定》。《决定》就经济适用住房的范围、标准、计划、建设、价格、信贷、物业管理、组织领导等进行了规范和阐述，是一份可操作的政策指导性文件。

10月9日—21日 第九届全国书市在西安举办。本届书市展馆使用面积2.18万平方米，设计摊位928个，汇集出版物26.09万种，接待35个代表团，共有500余家出版社，150家音像、电子出版单位和2500家发行单位的代表参加。外地客商2.2万人，接待读者139.5万人次。出版物成交额达7884.32万册（盘），计6.73亿元。

12月9日 省电力公司直供直管的33个县（市、区）全部实现了村村通电，农村通电率达到95.45%，提前两年完成电力扶贫共富工程。

同月 黄帝陵整修一期工程竣工。该工程于1992年8月开工，累计投资8300多万元。施工单位为陕西省第八建筑工程公司。完成的项目有入口广场、印池、轩辕桥、桥北广场、龙尾道、庙前广场、轩辕庙门、陵区道路、棂星门、陵道、神道，以及绿化工程等22项。

一九九九年

1月1日 教育部和财政部完成对陕西省实施“国家贫困地区义务教育工程”情况抽检。该工程覆盖8个贫困县、1243个乡镇、6649所中小学。共落实资金77835.3万元，新建项目学校126所，改扩建学校4609所。

2月23日 西安市碑林区太乙路法律服务所被司法部授予“司法部部级文明法律服务所”称号，成为全国首批百家文明法律服务所之一，也是陕西省唯一获此荣誉的基层法律服务所。

3月5日 “保护母亲河——跨世纪的绿色希望工程”在陕西省全面启动。根据全国重点绿化工程安排，陕西省承担3万亩造林任务。这是由共青团中央等联合发起的一项社会性公益活动，旨在最大限度地动员和组织青少年乃至社会各界的力量，积极推进生态环境的保护和建设。

3月23日 省政府颁布《关于城镇职工医疗保险制度改革总体规划的通知》。《通知》要求，1999年年底前，在全省基本建立起城镇职工基本医疗保险制度。覆盖全省城镇所有用人单位，包括企业（国有、集体、外商投资、私营）、机关、事业单位、社会团体、民办非企业单位及其职工和城镇个体经济组织业主及其从业人员。建立基本医疗保险统筹基金和个人账户。建立基金的管理和监督机制。

4月28日 绛（帐）法（门寺）汤（峪）二级旅游汽车专用公路建成通车。绛法汤二级旅游汽车专用公路是陕西省“九五”重点建设项目，全长 34.03 千米，路基宽度 11 米，设计时速 80 千米，总投资 2.39 亿元。

5 月 27 日　省九届人大常务委员会审议通过《关于加强农村卫生工作的决议》。《决议》针对农村卫生工作基础薄弱、经费投入严重不足、农村缺医少药、农民因病致贫返贫等问题，提出逐年加大农村卫生投入。保证农村卫生机构基本建设、设备采购经费按时足额到位，落实各级财政每年要从新增财力中拿出 10% 的资金重点用于农村卫生、预防保健、中医药和医学科技教育的规定，对预防保健人员的工资及业务经费予以全额保证，严格执行国家规定卫生机构享有的各项优惠政策。

6 月 3 日　第四军医大学西京医院为河南农民杨润生进行活体小肠移植获得成功。这种手术被医学界视为器官移植领域的制高点。此前，只有美、英、日 3 国能做，仅有 5 例成功，在中国尚属空白。

6 月 9 日　西北首例试管婴儿在西安医科大学第一附属医院成功降生。

6 月 15 日　陕西超群科技股份有限公司承担的国家“863”项目——DNA 芯片在北京通过技术鉴定。这标志着中国在 DNA 芯片的研究开发和应用方面取得突破性的进展，填补了国内基因芯片开发应用的空白。

6 月 15 日—19 日　中共中央总书记、国家主席、国家军委主席江泽民在陕西考察工作。17 日，江泽民总书记在西安主持召开西北五省区国有企业改革和发展座谈会并发表讲话，强调要锲而不舍地进行国企改革攻坚，集中力量解决突出困难和问题，进一步加快中西部地区发展，提出实施西部大开发战略。2000 年 1 月，国家成立西部地区开发领导小组。

6 月 26 日　蓝（田）小（商原）二级汽车专用公路建成通车。蓝小二级汽车专用公路是陕西省“九五”交通重点建设项目，全长 48.5 千米，总投资 3.64 亿元，于 1997 年 4 月全面开工。

7 月 1 日 从本日起西安市停止销售有铅汽油，这是陕西省首个市区要求车辆必须使用无铅汽油。

7 月 8 日 省委召开省级领导班子和领导干部“三讲”教育动员大会。“三讲”教育强调讲学习、讲政治、讲正气。

7 月 29 日 驻陕某部广大官兵经过 11 个月的艰苦奋战，完成了西安护城河疏浚工程。距古城 86 千米的清澈的黑河水流入护城河，护城河死水变成了活水。

同月 省民政厅、财政厅联合制定发布《陕西省城市居民最低生活保障制度实施办法》，对保障对象的条件、保障标准的确定，保障金的申请、审批、发放，保障资金来源和优惠配套政策等作了明确规定，全省城市低保制度建设工作初步走向规范化。

8 月 5 日—9 日 国务院总理朱镕基到延安视察。为了贯彻落实江泽民总书记“再造一个山川秀美的西北地区”的指示精神和打好实施西部大开发战略的首场战役，朱镕基提出“退耕还林（草），封山绿化，个体承包，以粮代赈”的具体措施，进一步为陕西省的生态环境建设指明方向。省委、省政府全面落实中央“退耕还林（草）”政策，组建“山川秀美工程”领导小组，在全国率先开展大规模退耕还林试点。10 月 27 日，省委、省政府发布《中共陕西省委、陕西省人民政府关于印发〈陕西省山川秀美工程规划纲要〉的通知》。《通知》规划用 12 年时间，完成全省 111.6×104 平方千米大于 25 度以上坡耕地的退耕还林还草，使全省林草覆盖率达到 65.7%。2000 年，34 个县（市、区）列入试点。2002 年“退耕还林工程”全面启动，96 个县（区）列入，并逐年壮大。截至 2010 年，陕西省已累计退耕还林还草 4106 万亩。

8月9日 榆林市城市供水项目——红石峡水源工程的水井工程通过验收。这是陕西省第一口高压渗流井，为陕西省干旱半干旱地区取水闯出一条新路子。

8月30日 省财政厅、劳动厅、民政厅联合下发《关于加强国有企业下岗职工基本生活保障、城镇居民最低生活保障资金和企业离退休人员基本养老金使用管理问题的通知》。同时发出《关于解决拖欠企业离退休人员养老金有关问题的通知》，要求各级财政、劳动部门要确保资金专款专用，对截留和挪用财政保障资金的地区、部门、企业和个人，要依法追究当事人和主管领导的法律责任。9月3日，省财政下拨7—9月份省级国有企业下岗职工基本生活费标准提高补助资金770万元。9月4日，下达省社会保障局养老保险基金补贴6753万元，用于下半年原行业统筹企业提高离退休人员基本养老标准补助。9月6日，下达省社会保障局养老保险基本补贴6420万元，用于原行业统筹企业补发6月底以前拖欠的离休人员基本养老金。这些措施解决了部分国企职工养老金发放困难的问题。

9月2日 省政府印发《陕西省人民政府关于做好提高三条社会保障线水平等有关工作的通知》，要求从1999年7月1日起，将全省失业保险金水平在原有基础上提高30%，提高后的一类标准每人每月200元、二类标准每人每月180元、三类标准每人每月155元、四类标准每人每月135元。对合同期满未续订或提前解除劳动合同的农民合同制工人，企业按时足额缴纳失业保险费的，按缴费每满一年支付一个月失业保险金的标准，一次性结算失业保险金。提高失业保险金水平所需资金从失业保险基金中列支。2003年8月15日，《陕西省〈失业保险条例〉实施办法》的正式实施，标志着陕西省失业保险工作走上了法制化、规范化、制度化的轨道。

9月18日 陕西执行国务院发布修订的《全国年节及纪念日放

假办法》，全国法定节日放假时间由 7 天增加到 10 天，并首次形成了 3 个“黄金周”。2007 年 12 月 14 日，《国务院关于修改〈全国年节及纪念日放假办法〉的决定》第二次修订，增设清明、端午、中秋为法定节假日。

10 月 1 日　渭（南）潼（关）高速公路建成通车。该公路于 1997 年 4 月开工，是西临、临渭高速公路的延伸。工程线路全长 78.52 千米，路基宽度 24.5 米，总投资 14.1 亿元。

10 月 7 日　第四军医大学唐都医院胸腔外科专家在国内首次采用超高温多电极“集束巨能刀”技术治疗肺癌获得成功。

11 月 10 日　全长 169.2 千米的 312 国道商洛段二级公路全线通车，是陕西省通往长江中下游的一条大通道。

11 月 12 日　省委、省政府审议通过《中共陕西省委关于贯彻〈中共中央关于国有企业改革和发展若干重大问题的决定〉的实施意见》。《实施意见》明确了国有企业改革和发展的主要目标，努力完成三年改革和脱困任务。

12 月 10 日　安康地区 10 县（市）的油路提前一年全线贯通。至此，全省县县通油路的任务宣告完成。

本年　陕西省全面建立农村最低生活保障制度。全省有 22.96 万人享受农村最低生活保障，保障标准每人每年在 400—500 元之间，年筹措保障资金 2179 万元，并于年内发放到农村最低生活保障对象手里。

二〇〇〇年

1月10日 “百名博士西部行”座谈会在西安举行。1999年，中共中央组织部、共青团中央决定选派“博士服务团”到西部地区锻炼服务。

1月28日—29日 在第12届世界杯跳水赛中，陕西运动员田亮获男子10米跳台个人跳水冠军，田亮与江苏选手黄强，获男子10米跳台双人跳第一名。

1月30日 1999年度国家科学技术奖励获奖项目揭晓，由西北有色金属研究院承担的高JcYBCO超导体材料制备技术项目获发明二等奖。该技术是一项具有中国独立知识产权的高温超导材料的制备技术。

2月13日 经国务院批准，西安经济技术开发区正式成为国家级经济技术开发区。

2月26日 西北最大的陕西电子商务示范工程在西安正式投入使用。

同月 陕西省启动天然林资源保护工程。该工程在104个县（区）实施。

3月2日 由西飞公司研制生产的“新舟60”型支线民航客机在阎良首飞成功。

4月—7月 省公安厅开展“打拐”（打击拐卖妇女、儿童犯罪行为）专项斗争。全省各级公安机关共破获拐卖妇女、儿童案件1140

起，查获犯罪集团 201 个 707 人，抓获犯罪嫌疑人 1264 人，解救被拐卖妇女、儿童 2273 名。

6 月 16 日 世界首例成年体细胞克隆山羊在西北农林科技大学种羊场降生。

6 月 25 日 第四军医大学西京医院 22 个科室协作、70 多名专家教授和医护人员联手，成功地将一位与患者无血缘关系，且血型不同的健康人的部分肝脏移植给患者。此同类手术世界上仅有 4 例成功。

7 月 1 日 中宣部确定陕西历史博物馆、秦始皇兵马俑博物馆、西安事变纪念馆、延安革命纪念馆、八路军西安办事处纪念馆、黄帝陵、西安半坡博物馆 7 家文博单位为全国首批“爱国主义教育基地”。

9 月 15 日—10 月 1 日 第 27 届奥运会在悉尼举行。陕西省跳水运动员田亮获得男子 10 米跳台金牌，田亮与胡佳合作获得男子双人 10 米跳台银牌，实现了陕西奥运金牌“零”的突破。

10 月 10 日 国家退耕还林（草）科技示范点在吴旗县洛源乡柴沟流域举行揭碑仪式，标志着陕西省吴旗县作为全国退耕还林（草）科技示范点建设工作正式启动。2002 年 8 月 3 日— 4 日，全省退耕还林现场会在吴旗县召开。退耕还林加速陕西省山川绿化，全省完成退耕还林（草）951.6 万亩，居全国第一。16 日，国务院总理朱镕基、副总理温家宝来延安视察，对延安退耕还林工作予以充分肯定，并就进一步做好这项工作提出要求。2005 年 8 月 5 日，《陕西日报》报道，吴旗县自实施退耕还林以来，累计完成退耕还林面积 230.79 万亩，成为全国退耕还林第一县。全县经国家确认退耕还林合格兑现面积 165.07 万亩，是全国 150 多个退耕还林县（市）退得最早、还得最快、面积最大、群众受益最多的县。

10 月 21 日 “西部开发助学工程”在长安大学正式启动。陕西省100名新入学的特困生得到国家每学年5000元的资助。

10月26日 长达270千米的神（木）朔（州）铁路开通电气化单线试行。该铁路是中国西煤东运的第二大通道神（木）黄（骅港）铁路的重要组成部分。

10月31日 北斗导航试验卫星发射升空。西安卫星测控中心采用中心遥控透明工作模式进行一系列在轨测控，并获得成功。这标志着中国航天测控已由传统的分级操作测控模式转变为中心遥控测控模式。

11月1日零时 陕西省第五次全国人口普查工作结束。全省总户数959万户，常住人口为3605万人，其中，男性为1875万人，女性为1730万人。10年零4个月共增加317万人，增长9.6%，平均每年增加31万人，年平均增长率为0.89%。

11月16日 西（安）蓝（田）高速公路建成通车。该高速公路于1998年6月28日开工建设，全长30.85千米，其中高速公路24.05千米，二级汽车专用公路6.8千米，总投资3.45亿元。

11月22日 省政府印发《关于加快建立城镇职工基本医疗保险制度的通知》，标志着城镇职工基本医疗保险正式启动。2002年基本实现覆盖城镇所有用人单位及职工。

11月28日 宝（鸡）牛（背）公路建成通车，标志着陕西省东至秦豫交界、西至秦陇交界的关中地区全部由高等级公路贯通，陕西省有了第一条贯穿全境、通达周边的高等级公路，陕西省在国道主干线GZ45江苏连云港至新疆霍尔果斯沿线6省区中率先实现境内374千米全部高等级化。

12月10日 灞桥热电厂改扩建工程第一台机组正式投入运行。这一环保型工程的建设，将改善全市大气环境和投资环境。灞桥热电厂位于西安市东郊，始建于1951年。1953—1988年，先后进行了四期扩建，装机容量 8.5 万千瓦，供热能力 312 吨 / 小时，年发电量 4 亿千瓦时。1992 年，国家批准灞桥热电厂第五期改扩建工程立项，2000 年 6 月 28 日开工建设，投资 13.69 亿元。

12 月 28 日 神（木）榆（林） 330 千伏输变电工程投运。全省境内东到潼关，西至宝鸡，南连安康、汉中，北贯榆林的 330 千伏输电工程主网架全面建成。

本年 国家“八纵八横”通信光缆骨干网经陕的 5 条干线工程全部完工。此 5 条干线工程分别是西安—兰州—乌鲁木齐通信光缆工程、郑州—西安—成都光缆通信干线工程、西安—合肥通信光缆工程、呼和浩特—西安光缆通信干线工程、北京—太原—西安光缆通信干线。

本年 陕西省三北防护林建设三期工程（1996—2000 年）共造林 49.2 万公顷，其中人工造林 36.22 万公顷、飞播造林 8.67 万公顷、封山育林 4.31 万公顷。

二○○一年

1月8日　西（安）（安）康铁路正式通车运营。西康铁路于1996年12月18日开工建设，2000年8月18日全线铺通，全长267.49千米，北起陇海铁路新丰镇编组站，向南穿越秦岭与襄渝铁路在吕河车站接轨，是中国华北、西北地区连接西南地区的新通道。西康铁路的建成，改善了西南地区北通路网布局，促进了沿线的经济发展。

1月21日　西北有色金属研究院超导科研群体在国家“863”超导攻关项目“高温超导输电电缆”研究中，成功制造出210米“铋－2223/银”超导长带。这标志着中国已掌握制造高温超导长线（带）材的关键技术。

2月4日　南郑县中所镇被省委授予“小康乡镇先进党委”称号，被中共中央文明委授予“创建文明村镇先进单位”称号。2000年全镇实现工农业总产值4.01亿元，农民人均纯收入达到1678元，全镇14个村均实现了小康目标。

2月14日　省地方税务局执行《国务院关于实施西部大开发若干政策措施的通知》，对设在西部地区国家鼓励类产业的内资企业和外商投资企业，在一定期限内，减按15%的税率征收企业所得税；对在西部地区新办的交通、电力、水利、邮政、广播电视等企业，企业所得税实行2年免征，3年减半征收；对为保护生态环境，退耕还生态林、草产出的农业特产品收入，在10年内免征农业特产税；

对西部地区公路国道、省道建设用地比照铁路、民航用地免征耕地占用税，其他公路建设用地按省政府有关规定免征耕地占用税。

3月11日 西安市第一医院血液净化中心正式挂牌并接诊患者。这是陕西省第一家血液净化中心。

4月1日 陕西省下岗失业人员基本生活保障实行省级统筹，社会化发放。本年底，困难企业的内退职工和城镇集体企业的下岗职工也纳入基本生活保障范围，并实行基本生活保障资金省级统筹。由省、市、县下岗人员基本生活保障中心统一管理应保障的下岗失业人员，通过银行网点发放生活费。

4月10日 省委、省政府发布《关于改善投资环境进一步扩大开放的决定》，确定2001年为全省第一个投资环境整治年。

4月29日 铜（川）黄（陵）高速公路建成通车。这是国家和陕西省规划建设的包头至北海西部开发大通道的重要路段，是陕西省第一条山岭重丘区高速公路。该高速公路于1997年12月19日开工建设，是当时陕西利用世界银行贷款修建的第二批公路项目中里程最长、投资最大、工程最艰巨的一条公路，全长93.85千米。它的建成延伸了陕西省“米”字形公路主骨架的南北干线。

6月27日 香港东亚银行在西安举行东亚银行西安分行授牌仪式。东亚银行是香港最大的独立华资银行，分支机构遍布全球，在大陆有15家分支机构和代表处。东亚银行经中国人民银行总行批准，在西安设立分行，这是第一家进入中国西北地区的外资银行。

6月28日 陕西体育彩票首次上市销售。截至2021年5月，20年间累计销售534亿元，累计筹集体彩公益金133亿元。

6月30日 陕西省中小企业信用担保有限公司成立，同时国家经贸委正式启动陕西省进行中小企业法人产权交易试点工作。

7月29日 陕西省首批“大地之爱·母亲水窖”工程竣工，全省共建成40立方米至100立方米水窖591眼、水井4口，解决了649户3591人、1932头牲畜的用水问题。这是一项集中供水工程，是中国妇女发展基金会2001年开始实施的慈善项目，重点帮助西部地区老百姓特别是妇女摆脱因严重缺水带来的贫困和落后。

9月9日 国家软件产业基地揭牌暨西安软件园示范区开园仪式在西安高新区举行。该园区聚集各种计算机及网络公司400余家，2000年实现软件产品销售收入27亿元，带动关联硬件设备销售100多亿元。西安软件园继1999年6月被科技部批准为“火炬计划”国家级软件产业基地后，7月，又被国家计委、信息产业部联合认定为国家十大软件产业基地之一。

9月24日 全国精神文明建设“五个一工程”入选作品揭晓。陕西省获奖项目及作品分别为：电影《我的1919》、电视剧《号角》《大树小树》、戏剧《五味什字》《司马迁》、广播剧《天凤》、歌曲《西部扬帆》《庄稼人把秧歌扭起来》、理论文章《西部大开发与精神文明建设》、图书《中国西部大开发战略研究》。

9月25日 陕西省第九届人民代表大会常务委员会第二十五次会议通过《陕西省法律援助条例》。至此，司法行政部门设立的法律援助机构、组织法律服务机构及法律援助人员，为经济困难和其他符合法定条件的公民无偿提供法律服务成为制度。2008年7月30日，陕西省第十一届人民代表大会常务委员会第三次会议修订。据2020年统计，全省当年办理法律援助案件5.3万件、司法鉴定4.1万件、公证事项27万件，接听解答咨询56万人次，接待来人来访280余人次，为受援人挽回损失或取得利益87300.54万元，通过“12345”服务热线咨询21万人次；开展根治清欠农民工工资实地核查，为农民工等困难群体解决拖欠劳动报酬475万余元。

9月29日 国务院办公厅转发《国务院西部开发办〈关于西部

大开发若干政策措施实施意见〉的通知》，对税收优惠的执行年限、适用范围等作了明确规定。

9月30日 新建陕西省图书馆正式开馆。新馆占地2.3公顷，总投资5653万元，图书馆主楼12层、裙楼6层，建筑面积4.2万平方米，主楼设计藏书容量400万册、阅览座位2000个，共设有20多个不同类型的借书处、10多个研究型阅览间，集阅览、书库、报告厅于一体，为西北地区多功能、最大的现代化图书馆。

10月13日 第五届中国国际民间艺术节暨陕西国际民间艺术节在西安开幕，来自世界五大洲11个国家的3000多名民间艺术家参加了盛会。

11月1日 陕西省结核病防治院（所）决定，对全省境内院校中特困学生结核病患者实施医疗费全免，床位费免除1/3。

11月13日 省科技厅、省计委、省经贸委、省环保局等部门联合召开新闻发布会，宣布国家级“火炬计划”、陕西重大科技产业项目——“灰熔聚流化床粉煤气化制取合成氨原料气”工业示范装置开车成功。该项目由陕西秦晋煤气化工程设备有限公司和陕西城化股份有限公司共同承担。

11月11日—25日 第九届全国运动会在广东举行。陕西代表团获得8.5枚金牌、3.5枚银牌、4枚铜牌的优异成绩。

12月11日 陕西省西北核技术研究所陈达当选中国科学院院士；西安工程科技学院姚穆、第四军医大学西京医院樊代明、中国航空工业西安飞行自动控制研究所冯培德当选中国工程院院士。至此，陕西省两院院士达到37人。

12月18日 西安国家环保科技产业园在西安高新区成立，这是中国中西部首座国家级环保主题园区。西安高新区环保产业成为增长最快的支柱产业之一，1998—2000年环保产业平均增长速度达

133.5%。截至2000年年底，西安高新区共有环保类企业176家，技工贸总收入24.7亿元，实现工业总产值21.9亿元。

本年 西安市天然气城市气化工程一期竣工。该项目于1995年开建，最大日供气量235万立方米，年供气量超3亿立方米，是陕西省重点基础设施建设项目及民生项目。

本年 陕西省以“六个统一”（即统一政策、统一费率、统一统筹项目、统一缴拨方式、统一调剂使用基金、经办机构统一垂直管理）、“五子模式”（即政府定点子、社保开单子、税务开票子、财政补空子、银行发票子）为主要标志的养老保险省级统筹制度全面实现。“陕西模式”成为全国养老保险管理服务的品牌。

本年 陕西省启动了工伤保险和生育保险，制定了《陕西省职工生育保险暂行办法》。至本年年底，全省已有5个市及其所属的35个县（区）启动实施了工伤保险，参保职工达到40万人；4个市启动了生育保险。

二〇〇二年

1月1日 《陕西省民族工作条例》施行。该条例是中华人民共和国成立以来陕西省第一部民族工作的地方性法规，是陕西省民族工作走上法制化轨道的新开端。

同日 榆林地方电网与全省主电网联网成功，标志着“两网”由局部融合走向全面互联互通，是“两网融合”的又一重大成果。

同日 西安市市属11家医院对招标的40种83个规格的药品开始执行新的零售价格。招标后的药品，降价幅度为35.2%。

1月9日 省地税局下发《关于贯彻国务院西部大开发税收政策中有关企业所得税问题的通知》，明确了享受西部大开发企业所得税优惠的具体政策和减免程序。

1月11日 咸（阳）宝（鸡）、西（安）渭（南）天然气输气管道工程通过国家验收。该工程是陕西省的重点建设项目，也是将陕北天然气送到关中东、西部的重要能源通道。1999年1月9日，咸阳—宝鸡天然气输气管道工程开工建设；9月25日，西安—渭南天然气输气管道工程开工建设，2000年7月15日通气点火。管线全长53.6千米，年输气能力8000万立方米，总投资5900万元。

2月1日 2001年度国家科学技术奖在北京颁奖。陕西科学家获国家技术发明二等奖1项、国家科学技术进步二等奖8项，作为第二完成单位或参与完成的获奖项目5项。另外，德国巴伐利亚基金会董事长米夏埃尔·佩策特以其在中德文物保护合作中的突出贡献，获得中华人民共和国国际科学技术合作奖，该项目主要在陕西完成。

3月1日 《陕西省实施〈城市居民最低生活保障条例〉办法》的施行，标志着陕西省城市居民最低生活保障工作走上了法制化、规范化轨道。

3月8日 陕西省家庭暴力致伤鉴定服务中心在省妇联挂牌成立。新成立的鉴定服务中心将为受害家庭成员，尤其是妇女维护自身权益提供及时有效的法律服务，遏制家庭暴力的发生。

3月26日—4月2日 中共中央总书记、国家主席、中央军委主席江泽民先后到榆林、延安、西安、杨凌等地考察工作。4月1日在西安主持召开西北地区和内蒙古六省区西部大开发工作座谈会。江泽民指出，实施西部大开发，是进一步推进中国现代化建设而作出的重大战略决策。并强调：实施西部大开发，是确保现代化建设第三步战略目标胜利实现的重大举措。7日—8日，省委、省政府在西安召开全省领导干部会议，传达和学习江泽民来陕视察和在六省区西部大开发工作座谈会上的重要讲话。

4月28日 省委、省政府在西安召开全省书记县长会议，对全省农村税费改革试点工作进行再动员、再部署、再培训。会议认为，农村税费改革的主要内容是三个取消、一个逐步取消、两个调整、一项改革，即取消乡统筹费，取消农村教育集资等专门面向农民征收的行政事业性收费和政府性基金、集资，取消屠宰税；逐步取消统一规定的劳动积累工和义务工；调整农业税和农业特产税政策；改革村提留征收使用办法。7月9日，省政府办公厅印发《陕西省人民政府办公厅关于重新印发陕西省农村税费改革试点工作方案的通知》。

6月1日 陇海铁路宝（鸡）兰（州）段增建二线工程宝（鸡）天（水）段开始铺架。2000年，宝兰二线工程始建，该线路东起宝鸡车站东闸口，西至兰州东站西闸口，全长487千米，为国家Ⅰ级双线电气化铁路，是西北地区东通路扩能的重要工程。宝兰二线也是中国电气化增建二线最长的铁路，全段有特大桥 22 座、大桥 67 座、隧道 108 条，桥隧总长 106.89 千米，占全线总长的 22%。

6 月 8 日—10 日 安康、商洛、西安、宝鸡地区遭遇特大暴雨洪水灾害，公路、通信、电力、水利等基础设施受到严重破坏，人民群众生命财产损失惨重，造成直接经济损失 25.48 亿元。中共中央、国务院十分关心陕西灾情及抗灾救灾工作，中共陕西省委、省政府紧急安排部署，全力以赴组织抢险救灾，国家有关部委及时大力支持帮助开展生产自救和恢复重建工作。6 月 25 日，省委书记率省级有关部门负责人赴安康、汉中调查了解灾区恢复重建情况，着重对灾民生活安排和做好迎战新的连续灾害的抗灾工作提出具体要求。6 月 27 日—29 日，省政府领导深入商洛市柞水县营盘镇、镇安县紫坪镇等重灾区慰问受灾群众，就灾后恢复重建工作与灾区干部群众交换意见。7 月 3 日，省政府发出《关于搞好受灾地区生产自救和恢复重建工作的通知》，明确生产自救恢复重建的指导思想和基本原则，要求各级政府落实责任，明确任务，全力做好生产自救和群众生活安排及恢复重建工作。7 月 6 日，省政府在安康召开全省救灾工作会议，安排部署“6·8”洪灾后灾区生产自救和恢复重建工作。

6 月 18 日 省政府印发《〈陕西省农村扶贫开发规划（2001—2010）〉的通知》。

7 月 1 日 陕西移动通信公司在香港、纽约成功上市，实现了企业管理机制的重大转变，正式更名为陕西移动通信有限责任公司，隶属中国移动通信有限公司，下设 10 个分公司。成功上市后的陕西移动成为陕西省乃至西北地区第一家在境外整体上市的通信企业。

7 月 4 日 凌晨起，陕北地区 20 多个县出现了强降水过程，其中子长县城约 6 个小时降水量达 254 毫米，清涧河出现超百年不遇特大洪水，子长、清涧、延川三县发生严重洪涝灾情。由于汛情测报及时，反应迅速，实行上下游联防，在最短的时间里实现了5万余人安全撤离，无人伤亡。

7月13日 陕西电网日用电量首次突破1亿千瓦时，达10546万千瓦时，最大负荷524万千瓦，创历史新高。

8月2日 陕西省首次推出IP电话直拨服务。

8月24日 科技部正式批文，同意陕西省《关中星火产业带建设方案》，并将关中产业带列为国家星火产业带。

8月25日 陕西省太阳能“送电到乡”工程启动。该工程总投资21086万元，涉及16个无电乡，可解决7532户30130人的用电问题。

8月30日 中央部级单位赴陕定点扶贫县由原来的13个增加到17个，定点扶贫县由22个扩大到33个。

9月1日 陕西电网城乡居民生活用电实行同网同价。

9月3日 省政府、水利部、中国科学院决定联合创建陕北水土保持生态建设示范区。示范区包括延安、榆林两市，土地面积8.06万平方千米，水土流失面积6.44万平方千米，年均入黄泥沙达7亿吨。这个地区是黄河中游水土流失最严重的地区，计划通过实施封育保护、精品小流域建设、淤地坝建设、水资源配置和利用、水土保持生态村建设、水土保持科技示范园建设、人为水土流失防治示范、城市水土保持建设、延安中尺度水土保持生态建设试验示范、水土保持监测网络及信息系统建设工程，综合治理水土流失面积10000平方千米。

9月18日 西北地区首条总投资1.78亿元、年产800万只锂电池的生产线在咸阳偏转威力克能源有限公司建成投产。锂电池项目是陕西省“十五”重点项目，2001年2月动工建设。经国家信息产业部定点机构测试，产品的容量指标和高倍率放电、高低温、安全等特性以及循环寿命参数达到并超过国家标准，达到国际先进水平。

9月20日 省总工会困难职工援助中心成立。西安、宝鸡、咸阳、铜川、渭南五市的困难职工援助中心也于同日成立，并正式对外服务。

9月29日—10月14日 第14届亚运会在韩国釜山举行。8名陕西运动员入选中国体育代表团，田亮、顾原、苏辉、杨翠萍分别获得男子跳水、女子链球、男子赛艇双人双桨、女子赛艇双人单桨4枚金牌。另外，西安电子科技大学学生战殊获得了女子4×100米混合泳接力和女子100米仰泳两项比赛的金牌。

10月9日 省委、省政府在西安召开全省再就业工作会议，全面安排部署新时期就业和再就业工作。

10月13日 陕西省西部开发助学工程“宏志班”在西安启动。首批100名来自全省各地的品学兼优、家庭贫困、面临辍学的初中毕业生得到资助，进入西安市重点中学就读。

11月1日 国家“九五”重点建设项目——神华工程朔（州）黄（骅港）铁路全线通车。朔黄铁路于1997年开工建设，西起神府东胜矿区，横穿陕西、山西、河北，东至渤海湾黄骅港，是中国西煤东运第二大通道。

12月1日 西（安）户（县）高速公路通车。该高速公路于2000年12月开工建设，是国家高速公路网京昆高速（G5）的组成路段之一，也是陕西省“2637”高速公路网中“西汉线”的组成部分。

12月12日 总投资1872.71万元，建设规模达200千瓦的陕西省首批九座太阳能“送电到乡”光伏电站，分别在黄龙、吴旗、定边三县建成投运。该项目是国家计委利用国债资金为解决西部偏远地区大电网难以解决的乡村用电而实施的专项工程。首批建成的

“送电到乡”光伏电站，使九成无电乡村，329户1390人结束了点油灯的历史。

本年 陕西省少数民族基础教育基本普及。通过“两基”攻坚，全省民族学校办学条件得到改善，小学入学率达到99.7%，初中入学率达到95%，全省基本实现普及少数民族九年制义务教育的历史重任，基本实现扫除各少数民族青壮年文盲的奋斗目标。

二〇〇三年

1月4日 陕西省中小企业服务中心挂牌成立。该中心是由省经贸委成立的一个专门为中小企业提供信用担保、创业辅导、策划咨询、人才培训、资产重组、信用评估、技术支持、市场开发以及国际合作与交流等各项综合服务的事业性质的法人实体。

1月8日 国内首家通用飞机设计研究所——西安通用飞机设计研究所在阎良挂牌成立。

1月28日 陕西苹果在北京通过了绿色食品认证审核，获准使用绿色食品苹果质量证明商标，标志着陕西省建成全国最大的苹果绿色食品生产基地。

1月31日 陕西省43个工学重点学科入选教育部公布的2002年国家重点学科名单，入选数位居全国第二。

同月 省委提出陕西省全面建设小康社会“三步走”战略目标，即到2006年国内生产总值达到3000亿元，用4年时间净增1000个亿；到2010年国内生产总值达到4400亿元，用4年时间净增1400亿元；到2020年，再经过10年努力，国内生产总值突破10000亿元，比2000年翻两番多。据《陕西统计年鉴》公布：陕西省2010年国内生产总值10123.48亿元，2020年国内生产总值26181.86亿元，全面完成建设小康社会目标。

4月1日 省政府决定，在全省范围内实行封山禁牧，以利用自然恢复力改善生态环境。

4月3日 省政府办公厅印发《关于开展集体土地所有权登记发证工作的通知》。《通知》要求自2003年起，用2年时间在全省范围内全面开展并基本完成集体土地所有权登记发证工作。开展集体土地所有权登记发证工作，是为了保护农民土地合法权益，维护农村社会稳定，同时要求强化耕地保护机制，解决农村土地管理问题。

4月4日 省委、省政府印发《贯彻〈中共中央、国务院关于进一步加强农村卫生工作的决定〉的实施意见》。明确了加强农村公共卫生工作，推进农村卫生服务体系建设，加大农村卫生投入力度，建立和完善农村合作医疗制度和医疗救助制度，依法加强农村医疗卫生的实施意见。其中新型农村合作医疗制度方面，2003年经国务院同意，安排镇安、洛川、彬县开展新型农村合作医疗制度试点。参加合作医疗的农民人数占试点县农村人口的95.5%，筹集资金2076万元。2005年，新增户县、神木、韩城、陇县、杨凌、宜君、勉县、旬阳等8个县（区），全省合作医疗试点县达到11个，覆盖农业人口282.49万人，参合农民231.63万人，参合率82%。2006年，全省新型农村合作医疗试点县扩大到43个，覆盖农业人口1202万，占全省农业人口的44.5%。

4月6日 省委、省政府召开会议，专题研究传染性非典型肺炎（后称为SARS）的预防工作，并成立全省非典防治工作领导小组。自4月20日省内发现首例输入性SARS病例开始，到6月4日陕西最后一名患者出院，全省12名患者全部成功治愈，实现了SARS病人零死亡的防治目标。

4月10日—19日 陕西省开展打击破坏野生动物资源违法犯罪活动的“春雷行动”。全省共出动警力6000余人次，清理宾馆、饭店、酒楼近3000个，清理市场472个，收缴野生动物9821只（头），收缴野生动物仿制品1649千克，收缴猎枪5支、猎具145个，立案

296 起，正式逮捕 15 人，刑事拘留 5 人。

5 月 16 日 省政府决定，将在全省范围内取消对蔬菜、食用菌、水产品征收农业特产税及其附加，在 39 个县（区）进行取消全部农业特产税改征农业税试点。

5 月 30 日 省委、省政府针对非典型肺炎疫情对经济发展所产生的影响，决定在全省年初计划完成 1080 亿元投资的基础上，再新增投资 100 亿元，新增重点新开工项目 16 个。

6 月 24 日 陇海铁路宝兰二线工程提前一年半贯通。30 日，陇海铁路全线开始双线运营。建成的宝鸡—兰州段列车通过能力，由当时的每天 41.8 对提高到 165 对，年货运量由 1300 万吨提高到 4000 万吨。

7 月 1 日 西安黑河引水二期工程正式下闸蓄水。西安黑河引水二期工程于 1996 年开工，1998 年 10 月 29 日，金盆水利枢纽大坝截流成功；2001 年 12 月 19 日，主体大坝建成；2002 年，黑河引水工程全面竣工；2003 年 6 月 25 日通过蓄水验收，同年向西安市供水 1.3 亿立方米，连同建设期间累计已供水 2.6 亿立方米。整个工程完工后，形成了年供水 4 亿吨、日供水 110 万吨的供水能力，基本满足了西安市的用水需要。

8 月 1 日 国务院出台《城市生活无着的流浪乞讨人员救助管理办法》，陕西省收容遣送工作由“强制收容”进入“无偿救助”的新阶段。为此，陕西省及时出台一系列具体政策，先后下发《关于贯彻实施〈城市生活无着的流浪乞讨人员救助管理办法〉的意见》《陕西省城市生活无着的流浪乞讨人员救助管理规范》《救助管理工作规章制度》等，对救助管理机构内部管理、工作程序、服务规范等作出明确规定。同时，陕西省民政厅、财政厅下发通知，确定西安市、宝鸡市、渭南市、汉中市、安康市、榆林市榆阳区为跨省救助管理站，并承担省际特殊困难救助对象的救助任务，破解了特殊困难救助对象跨省救助的难题。

8 月 22 日 榆（林）靖（边）高速公路竣工。该路建设里程全长 134.17 千米，大部分路段穿越毛乌素沙漠，正线设计标准为全封闭、全立交、双向四车道高速公路，计算行车时速 100 千米，路基宽度 26 米和 35 米，总投资 18.17 亿元。1999 年 12 月 15 日奠基，2000 年 7 月 20 日开工,2003 年 8 月 20 日竣工，是国内第一条沙漠高速公路。

8 月 24 日—10 月 13 日 渭河流域连续出现 6 次大范围、高强度降雨过程，渭河下游发生了有历史记载以来，持续时间最长、水位最高、水量最大的洪水灾害，造成南山支流多处堤防决口，6 县 46 个乡（镇）被淹，受灾人口 56.25 万人，紧急转移 30 余万人，20 千公顷基本农田被淹，直接经济损失 29 亿元。8 月 31 日，渭河干流汛情会商会议召开，全面部署防汛抗洪工作。同日，省委、省政府派出由 5 名省委常委和 5 名副省长带队的 7 个工作组分赴渭南、商洛、宝鸡、铜川等市，督察指导当地市委、市政府紧急组织开展抗洪救灾。9 月 5 日，胡锦涛总书记针对渭河抗洪抢险作重要指示:“要紧急动员灾区广大党员、干部全力以赴投入抗洪救灾斗争。要确保灾民有饭吃、有水喝、有地方住。要进一步动员党员干部和广大群众到抗洪抢险第一线。需要部队增援，就立即与当地驻军联系。陕西缺乏的抗洪抢险物资中央各有关部门都会给予大力支持。”11 月 20 日，渭河下游防洪修复重建工程全面开工。总投资 4.3 亿元的渭河下游水毁防洪工程修复重建包括渭河干支流堤防工程、河道工程及二华夹槽地区灾后重建。

同月 陕西省住房分配货币化工作启动，住宅供应社会化进一步推进。住房公积金管理制度也全面推行。

9 月 18 日 西安咸阳国际机场 T2 航站楼启用。新航站楼是西部大开发十大重点工程之一，1999 年 12 月 27 日扩建工程奠基。工程总投资 15 亿元，是当时西北地区规模最大、现代化程度最高的航站楼。总面积达到 10 万平方米，可满足年旅客吞吐量 1000 万人次、货物吞吐量 13 万吨、飞机起降 10 万架次的航空业务需求，是仅次于北京、上海、广州的中国第四大空中交通枢纽城市。

9 月 25 日 延（安）（安）塞高速公路建成通车。该路段是国家规划的西部大通道内蒙古阿荣旗至广西北海公路延安至安塞段，也是陕西“米”字形公路主骨架的重要组成部分。工程于 2000 年 11 月 14 日开工建设，全长 31.75 千米，总投资 11.56 亿元，设计路基宽度为 26 米，行车时速为 100 千米。

9 月 29 日 西安绕城高速公路和西安咸阳国际机场高速公路竣工。西安绕城高速全长 80 千米，总投资 47 亿余元，使省境内 5 条国道、3 条西部大通道和 2 条国道主干线在西安实现联网；机场高速 18.24 千米将西安市中心与机场之间的距离由 40 千米缩短为 27 千米。

10 月 1 日 西气东输工程的靖边至上海段实现通气。该段全长 1485 千米，途经陕西、山西、河南、安徽、江苏、浙江、上海 7 省市。

10 月 4 日 国务院总理温家宝前往陕西洪涝灾区，代表党中央、国务院亲切看望和慰问受灾群众，检查指导救灾工作。

10 月 22 日 省政府印发《关于进一步加快发展服务业的指导意见》。2018 年 5 月 10 日，省统计局发布，陕西省服务业继续保持较快增长，服务业占 GDP 比重首次突破 50%。

10 月 26 日 由西安中航第一飞机研究院等单位合作研制的国内第一架按照中国民航适航条例设计生产、拥有自主知识产权的“小鹰 –500”轻型多用途飞机首飞成功，填补了国内小型通用飞机的一项空白。

11 月 2 日　陕西省“金保工程”进展顺利，率先在全国完成养老保险省内联网。陕西养老保险、医疗保险、职业介绍等信息化工作走在全国前列。

11 月 15 日　靖（边）西（安）天然气管道扩建项目（一期）全线贯通并顺利点火。靖西管道扩建工程于 6 月 10 日在三原县陵前乡开工建设，全长 445 千米，管径 610 毫米，日供气可达 450 万立方米，总投资 11.8 亿元。一期工程主要建设任务是铺设黄陵至泾河全长 153 千米的输气管道，并建设 1 座首站、2 座加压站和 1 座分输站。

11 月 18 日　勉（县）宁（强）高速公路建成通车。该高速公路是国家规划的“五纵七横”国道主干线中二连浩特至河口公路（GZ40）的重要路段，也是陕西省“米”字形公路主骨架的重要组成部分。线路北起勉县元墩，南至宁强县党家梁，与宁强—棋盘关公路相接，全长 54.86 千米，总投资 24 亿元。

12 月 5 日　西北首家跨区域票据交换系统在西安、咸阳之间开通试运行，为两地企业提供了一种全新的结算工具。这是促进“西咸一体化”经济布局的重要举措。

12 月 6 日　国家集成电路设计西安产业化基地在西安高新区揭牌。西安成为继上海之后全国第二家集成电路基地。

12 月 18 日　全国精神文明建设“五个一工程”入选作品揭晓。陕西选送的电影《美丽的大脚》、电视剧《激情燃烧的岁月》、戏剧《又一个黎明》、广播剧《后稷传人》和歌曲《圪梁梁上的二妹妹》全部获奖。其中《激情燃烧的岁月》荣获电视剧优秀奖项的第一名。

12 月 22 日　总投资 11.7 亿元的西延铁路扩能改造工程在黄陵开工建设。西延铁路扩能改造工程完工后，客货列车对数将从 26 对提高到 47 对，年货物运输量将从目前 1600 万吨提高到 2390 万吨以上。

12 月 30 日　南水北调中线工程开工建设。该工程是从长江最大支流汉江中上游的丹江口水库东岸岸边引水，其水源 70% 是从陕西的汉中、安康、商洛地区汇聚至汉江流向丹江口水库。截至 2021 年 12 月 12 日，中线一期工程累计调水超 441 亿立方米。

同月 陕西在镇安、洛川和彬县启动农村医疗救助试点，当年省财政下拨中央补助资金 1701 万元。2004 年 8 月，省民政厅、卫生厅、财政厅下发《陕西省农村医疗救助暂行办法》，明确医疗救助对象为“农村五保户、贫困户，市县人民政府规定的其他符合条件的农村贫困农民”，医疗救助资金“主要通过各级财政拨款和社会各界自愿捐助等渠道筹集”，同时，对医疗救助申请、审批程序、具体救助办法、救助服务等作出了明确规定。2005 年开始，除国家安排的专项资金外，省级对农村医疗救助安排资金 1000 万元（省财政 500 万元，省福彩公益金 500 万元），实现了省级农村医疗救助资金投入的“零突破”。到 2005 年年底，全省农村医疗救助制度在全省全面建立。

本年 由于矿工企业的职工住房是以整片的简易窑洞和土木结构房屋甚至油毡棚为主的棚户区，涉及 3.5 万户、12 万人的生命财产安全，铜川市率先在省内启动煤矿棚户区改造工程，将青年路棚户区作为首个项目，搬迁居民 1024 户。2005 年 1 月，该棚户区改造全面完成，新建住房 8.9 万平方米，安排居民 1130 户，户均住房面积从改造前的 19.5 平方米提高到 75.4 平方米，还新建市场 6000 平方米，安置工商户 350 户，新建休闲广场 5500 平方米，彻底改变了这个地区的居住环境。

本年 陕西省实施国家大学生志愿服务西部计划，成为全国首批实施西部计划的省份之一。志愿计划按照公开招募、自愿报名、组织选拔、集中派遣的方式，每年招募一定数量的普通高等学校应届毕业生或在读研究生，到西部基层开展为期 1—3 年的教育、卫生、农技、扶贫等志愿服务。累计组织、派遣超万名志愿者到全省 107 个县

（市、区）的基层单位服务。2009 年，全省启动实施了西部计划陕西省地方项目。2009 年、2011 年，全省又分别启动实施了服务西藏、新疆项目，累计进藏、进新志愿人员近千人。

本年 陕西省启动城市供水管网改造和地下管网优化工作。

本年 省政府决定：将年人均纯收入低于 625 元的特困户 45.8 万人（含五保户 8.5 万人）作为最低生活保障对象，补助标准暂定为五保户 720 元 / 年·人、特困户 300 元 / 年·人；对农村其他年人均纯收入低于 625 元的贫困家庭 54.8 万户、169.8 万人作为临时救助对象，分别按照 100 元 / 年·户和 50 元 / 年·户的标准进行救助。

二〇〇四年

1月6日 西（安）南（京）铁路西安—合肥段正式开通运营。该路段全长1030.2千米，总投资240.3亿元，于2000年5月28日开工建设。它的建成既可贯通东西，又可疏通南北，缩短了西北至中南、华东的距离，对促进东部地区同中西部地区经济合作与发展，扶持革命老区经济建设，逐步缩小地区发展差距具有重要意义。

1月14日 神（木）延（安）铁路正式交付运营。该线全长382.4千米，总投资64.7亿元。途经榆林和延安的7县2区，年运输量1420万吨，是包（头）柳（州）南北大通道上的重要组成部分。1998年5月28日开工，2001年4月15日全线铺通。神延铁路被陕北人民称为“幸福之路”。由于该线正式投入运营，也使安康—神木列车开行，从此结束了省内陕南、陕北没有直通列车的历史。

1月18日 西部产权交易所暨上海联合产权交易所陕西分所挂牌成立。3月18日，该所正式开业。其主要职责是为社会各类产权交易提供场所、设施和信息服务。

2月15日 陇海铁路西（安）宝（鸡）段提速工程竣工。工程于2003年6月10日开工建设，全长173千米，时速由原来的120—140千米提高到160—200千米，是国内铁路既有线路提速达到的最高运行速度。

2月20日 省税务局规定，省内以销售农产品为主的个体工商户、农户月销售额不超过5000元的可不缴纳增值税，无固定生产经营场所的流动农村小商小贩，可免予办理税务登记。

2月21日 陕西煤业集团公司正式挂牌成立。该公司是由铜川、蒲白、澄合、韩城矿务局和陕西煤炭建设公司、省煤炭运销集团公司、黄陵矿业有限公司、陕西天地地质有限公司、陕北矿业局、陕西彬长矿区开发建设有限公司等10家企业组成，总资产100亿元，员工10万人。

3月3日 省政府首次启动“为1000名贫困聋儿免费配发助听器”项目。此项目连续开展多年，截至2011年已累计为贫困聋儿免费配发助听器8900余台，极大地改善了这一特殊群体的听力状况。

4月5日 陕西西安出口加工区正式封关运行。该加工区位于西安经济技术开发区，由海关封闭监管，实行“境内关外”的管理体制，是当时国内对外开放程度最高的特殊经济区域。该区于2002年5月21日经国务院批准设立，2003年10月30日通过国家海关总署等8部委的验收，是西北地区首家国家级出口加工区。

4月9日—13日 中共中央总书记、国家主席胡锦涛到陕西汉中、杨凌、西安等地视察，就推进西部大开发和进一步解决好“三农”问题等进行调研。

同月 省政府出台《陕西省粮食直补实施方案》。陕西省28个粮食主产县被确定为粮食直补县，下发1.49亿元的种粮补贴。

同月 省民政厅下发《关于对城市低保对象实行“分类施保”有关问题的通知》，对城市低保对象中的“三无”人员（无生活来源，无劳动能力，无法定赡养人、抚养人或扶养人）、70周岁以上老年人、重度残疾人、丧失劳动能力的危重病人、非义务教育阶段学生及单亲家庭6类人员适当提高了低保补助标准。仅2004—2010年，全省享受“分类施保”补助的城市低保对象共计113.95万人，补助资金达3.39亿元。为解决城市低保对象冬季取暖问题，省政府决定从2005

年起，给城市低保家庭每户每个取暖季补助200元取暖费。

5月1日 陕西省所有博物馆、纪念馆和开放的文管所对未成年人集体参观实行免票，对学生个人参观实行半价优惠。

5月8日零时 西宝、西户、西阎、机场高速和西安绕城高速公路实现联网收费，实现“入口领卡、持卡通行、出口缴费”的封闭式管理，提升了高速公路的通行能力。

5月10日—14日 省计生委在农村开展计划生育“百车千村送健康”活动。集中全省107辆流动服务车，以咸阳市兴平市、渭南市临渭区、榆林市榆阳区、汉中市汉台区为集中检查点，20岁以上已婚农村妇女为检查对象。开展查环、查孕、查生殖道和乳腺疾病，了解出生缺陷发生情况。

5月14日 省政府印发《关于推进农村税费改革促进农民增收若干工作的意见》。

6月1日 国家科技图书文献中心西安镜像站和陕西省科技图书文献共享服务系统开通，开始面向社会提供科技文献信息服务。

6月4日 省人大常委会审议通过《陕西省企业工资支付条例》。《条例》规定了企业工资支付具体办法，作出了用人单位应当自用工之日起计算劳动者工资，工时折算按照每日工作8小时、每周工作40小时、月平均工作20.92日计算；应按时足额支付劳动者工资，不得克扣、拖欠劳动者工资；应以货币支付工资，不得以实物、有价证券等替代货币支付；应将工资直接支付给劳动者本人，提倡用人单位通过金融机构按月支付劳动者工资；加班和假期工资计算方法和额度等原则规定。同时，根据《陕西省企业工资指导线制度试行办法》要求，全省企业须建立健全企业职工工资正常增长机制。

6月25日 国家开发银行和西安高新区管委会签署“科技型中小企业贷款合作协议”。这是科技部、国家开发银行在全国首批开展的科技型中小企业打包贷款试点项目。

7月6日 省政府决定在陕西省范围内开展“关爱女孩行动”，综合治理出生人口性别比偏高问题，建立有利于女孩及家庭发展的利益导向机制。2003年，岐山县被国家人口计生委确定为全国“关爱女孩”行动试点县。2005年6月28日，省委、省政府在宝鸡市岐山县召开“关爱女孩行动”工作现场会，总结推广岐山县工作经验，部署动员“关爱女孩行动”。

8月13日—29日 第28届奥林匹克运动会在希腊雅典举行。陕西有8名运动员入选中国代表团。其中，田亮获得男子双人10米台跳水金牌。

8月30日 省政府颁布《关于进一步推进我省西部大开发的若干意见》，推动新一轮西部大开发走深走实。

同月 西安阎良国家航空高技术产业基地由国家发展和改革委正式批复建立，这是当时全国唯一的集航空产业研发、航空人才培养、航空装备生产及整机制造、零部件加工、航空服务为一体的国家级航空高技术产业基地。

9月6日 新疆塔里木天然气气头抵达陕西靖边压气站与长庆气田实现了供气对接。至此，“西气东输”工程西段进气置换工作圆满结束，全线输气运行贯通。

11月6日 西部超导材料科技有限公司在西安正式投产运行，标志着中国低温超导材料实现产业化，成为继美国之后，世界上第二个在该领域实现大规模产业化的国家。

11月10日 省重点建设项目——靖（边）西（安）天然气管道二线工程（二期）建成通气。至此，陕西已建成的天然气管道总里程突破1000千米。

12月1日 长庆油田自本日起不再向“西气东输”管道供气，

转为全力保障北京、西安等城市的供气任务。2003 年 10 月 1 日，“西气东输”工程东段陕北靖边至上海段管道建成投产，产自陕北的长庆油田天然气作为先锋气向华东地区供气。2004 年 1 月 1 日，“西气”在上海点燃并大规模入户。截至 11 月 30 日，长庆油田共向“西气东输”管道供气 9.38 亿立方米。

12 月 5 日 西安绕城高速公路北段工程荣获第四届詹天佑土木工程大奖。这是西安绕城高速公路帽耳刘立交获国家鲁班奖后，又取得的一个国家级工程奖。

12 月 22 日 省政府与国家开发银行在西安签署《开发性金融合作协议》。该协议合作额度 488 亿元，涉及陕西公路、铁路、电力、城市公共设施、能源、工业和高新技术等多个重点行业。

本年 陕西开始实行特殊救助制度。这是针对生活困难的各类特殊群体实施救助的制度。其中，自当年起省民政厅对全省民政部门管理的 20 世纪 60 年代精减退职职工，及时落实中央每年下拨专项救济费 72 万元，月人均救济标准 25.09 元。此后，精减退职职工生活补助费逐年提高。2007 年，全省为 539 名省部级农民劳模按照 1970 年前的每人每年 1200 元、1970 年后的每人每年 480 元的标准下发生活补助费共计 56.88 万元。

二〇〇五年

1月1日 陕西省在全省范围内免征农业税，在中国延续两千多年的农业税正式成为历史。其中，延安、榆林等市从各自实际出发，共有31个县（区）于2004年免征农业税。由免征农业税导致的减少市县（区）财政收入，省级财政专项支付给予适当补助。同时，陕西省于2005年继续对32个粮食主产县的种粮农民进行直补、小麦良种补贴，对重点县群众购买大型农机具补贴和春播地膜玉米补贴，并增加对奶牛良种繁育实行补助。此举将为全省农民减负7亿多元（此数字不包含2004年延安、榆林两地已取消的农业税份额）。

同日 陕西省开展农村部分计划生育家庭奖励扶助制度试点工作。所需资金除中央财政提供外，地方负担的全部由省级财政负担。对试点的施行时间与范围、奖励扶助对象的资格确认与奖扶标准、奖励扶助金的发放和管理，以及该项制度的监督、检查、考核、责任追究等进行了明确规定。经国家计生委、财政部批准，确定陕西省从2005年4月起为农村部分计划生育家庭奖励扶助制度试点省。8月10日，省政府召开奖励扶助试点工作电视电话会议，全省试点工作在广大农村全面展开。截至2008年，全省共确定农村部分计划生育家庭奖励扶助对象66290人，发放奖励扶助金3977.4万元。

1月6日 省建设厅下发了《关于开展“千村百镇”建设整治活动的通知》，决定从2006年起，用5年时间，每年组织各地对100个镇和1000个村进行建设整治，通过抓典型、树样板，带动全省村镇建设快速健康发展。建设整治活动的主要内容包括四个方面：一是重点抓好村镇道路、供水、排水、绿化、亮化、沼气、医疗、电力通信、有线电视等基础设施建设，对村镇的生活垃圾、草秸秆堆、河渠水道、建筑垃圾、户外厕所、乱搭乱建等影响环境卫生的状况进行综合整治。二是开展旧村改造与新村建设。旧村改造要加强对村容村貌的整治和基础设施的建设；新村建设要在搞好建设规划的前提下，搞好基础设施的配套建设。三是推广农村住宅设计，建设功能合理、结构安全、相对集中、节能省地、美观实用的农村新居。四是加强对历史文化名村名镇的保护，使修复和新建的民居等建筑物同历史文化名村名镇相协调。2011 年，陕西省住房和城乡建设厅印发《关于加强全省“千村百镇”建设整治工作的通知》，进一步推进做大集镇、做美社区的建设工作。

1 月 16 日 陕西省石泉、镇安、岚皋 3 县通过专家组验收，成为首批国家级农村水电气化县，3 县通电率达 100%，人均年用电量达到 400 千瓦时，户均年生活用电量达到 350 千瓦时。

1 月 24 日—25 日 陕西省扶贫开发工作会议在西安召开。2004 年全省累计解决 40.95 万名农村贫困人口的温饱问题，61.68 万名贫困人口脱贫。全省 77 个国家和省级扶贫开发工作重点县，农民年人均纯收入达到 1612 元，人均占有粮食 387 公斤。

同月 陕西省开展第一次经济普查。普查公报显示，2004 年年末，全省共有工业企业法人单位 25785 个，就业人员 1754255 人；工业个体经营户 112615 户，就业人员 340057 人。2004 年年末，第二、第三产业 63521 个企业法人单位的实收资本总额为 2972.42 亿元。在全部企业法人单位的实收资本总额中，国家投入资本 1853.97 亿元，占 62.4%；集体投入资本 186.25 亿元，占 6.3%；个人投入资本 827.22 亿元，占 27.8%；港澳台投入资本 51.96 亿元，占 1.7%；外商投入资本53.02亿元，占1.8%。此后，经济普查每10年进行一次。

3月1日 陕西省对50个国家扶贫开发工作重点县的79.8万名农村贫困学生全面实行“两免一补”，即农村义务教育阶段全部免费提供课本、免收杂费，逐步补助住校生生活费。

3月23日 全长214.66千米的陕西电力北部大通道复线工程330千伏铜川桃曲—延安投运，结束了延安地区330千伏主网单电源供电的历史。

4月16日 西安比亚迪公司在西安高新区宣布自己打造的第一款新车F3下线。同时，该公司年生产20万辆汽车新生产基地在西安高新区新型工业园落成。

5月 省政府印发《关于在全省逐步建立农村居民最低生活保障制度的通知》，决定从2005年7月1日起，按照“低标准、小范围起步，逐步提高保障标准、扩大救助范围”的原则，在全省建立农村居民最低生活保障制度。并确定将农村五保对象纳入农村低保范围，每人每年发给生活补助费720元。2006年，省政府颁布《陕西省实施〈农村五保供养工作条例〉办法》，决定将农村五保对象从农村低保中剥离出来，实行“分类救助”；确定全省农村五保供养平均标准暂定为每人每年1400元，其中现金不低于1200元。省财政每年安排5000万元，重点对财政困难地区给予补助，实现省级农村五保供养资金“零”的突破。同时，省民政厅、财政厅联合下发《关于贯彻国务院农村五保供养工作条例进一步做好农村五保供养工作的通知》，对此项工作进行专门部署。根据《2020年陕西省国民经济和社会发展统计公报》，农村特困人员救助（五保）12.49万人，其中，集中供养对象约3.82万人，基本生活标准为每人每年6279—15840元。

6月18日 陕西省“万名医师支援农村卫生工程”启动会议在西安举行。省卫生厅从50家城市医院抽调250名医务人员组成50支医疗队，分赴全省 50 个国家级贫困县开展为期一年的医疗支援工作，以促进农村卫生建设，提高农村医疗水平。

8 月 9 日 省政府与中国工商银行在西安签署金融合作意向书，合作额度 1500 亿元。这次合作，中国工商银行重点关注并积极参与陕西省“十一五”经济社会发展规划，重点支持陕西省经济结构调整，扶持重点企业及重大项目的建设与发展；为省政府经济决策提供金融咨询服务；利用工商银行的网络及境外机构给陕西招商引资提供服务。

8 月 20 日 西安高新区举行国家高新技术产业标准化示范区揭牌仪式，成为全国第一个国家级高新技术产业标准化示范区。

8 月 22 日 靖（边）西（安）第二条天然气管道三期管线在安塞县龙安阀室与一、二期管线顺利对接并一次点火成功。至此，全长 467 千米的靖西第二条天然气管道全线贯通。实现了陕西省天然气长输管道双管运行，年供气能力由 10 亿立方米提高到 25 亿立方米。

9 月 29 日 陕西省 107 个县（市、区）全面实现“两基”（实现西部地区基本普及九年义务教育、基本扫除青壮年文盲）达标，人口覆盖率达到 100%。

9 月 30 日 陕西省人民政府颁布《陕西省老年人优待办法》，对 70 周岁以上老年人在乘车、旅游、社会保障等方面实施优待。为 90 岁以上老年人每月发给不少于 50 元生活保障补贴。2012 年 5 月 1 日，修订《陕西省老年人优待服务办法》施行。高龄补贴年龄从 80 岁降至 70 岁，65 岁老人可免费办理敬老优待证，并享受更多优惠政策。

同月 陕西省 158 万农村贫困生今秋起享受“两免一补”。“两免一补”即免农村义务教育阶段家庭贫困学生课本费、杂费，补助寄宿学生生活费，这是陕西省按照中央 2005 年 1 号文件精神和国务院总体部署开展的一项重要工作，当年上半年已在全省 50 个国定贫困县实行，79.8 万名贫困学生受惠。

10 月 1 日 《陕西省秦始皇陵保护条例》正式施行。该《条例》于 7 月 30 日经陕西省第十届人民代表大会常务委员会第二次会议通过，是陕西省对世界文化遗产立法的探索。

10 月 12 日—23 日 第十届全国运动会在南京举行。陕西省体育代表团共获得 22 枚奖牌，其中 3 枚金牌、8 枚银牌、11 枚铜牌，61 个前 8 名，团体总分 526.5 分，所获奖牌总数和团体总分创历史最好成绩。

11 月 24 日 省水利厅发布，“十五”期间全省共投入小流域综合治理资金 10 亿多元，综合治理小流域 1100 条，治理水土流失面积 3.26 万平方千米，被国家命名的“十百千”工程示范小流域达 119 条。

11 月 27 日 禹（门口）阎（良）高速公路建成通车。该路程的通行时间由过去至少 5 个小时缩短为 2 个小时。禹阎高速公路全长 176.89 千米，工程概算投资 59.2 亿元。至此，陕西省高速公路建成通车里程达 1300 千米。

12 月 8 日 姜（窝子）眉（县）公路通车。该工程起于留坝县姜窝子，途经太白县到眉县，全长 171.3 千米，总投资 6.9 亿元。该工程从 2000 年 9 月开工建设。从眉县到汉中由过去的 8 小时缩短为 3 个小时。

12 月 16 日 国务院正式批复《渭河流域近期重点治理规划》。规划通过 10 年左右时间的建设，使渭河流域面临的水资源短缺、水污染严重、下游防洪形势严峻和水土流失等突出问题得到初步解决。《规划》涉及陕甘宁 3 省区，国家投资 229 亿元，其中在陕西的投资达 155 亿元。

12 月 19 日 省政府印发《关于全面加快农村公路发展的意见》。

2006年5月23日—24日，交通部与陕西省在西安签署《关于落实中央1号文件农村公路建设任务的意见》，决定省、部联手推进陕西农村公路建设。

12月29日 陕西省扶贫办印发《关于在整村推进扶贫开发工作中开展建设社会主义新农村试点工作的实施意见》。

本年 陕西省8180个行政村和4010个50户以上自然村完成广播电视建设任务，基本实现了“村村通”广播电视。自2008年起，全省开始实施广播电视“村村通”标准化服务站建设。这也是全国首家按广电总局要求建立起省、市、县“村村通”服务体系的省份。“十一五”期间，全省投资3.6亿元，完成3.55万个20户以上自然村通广播电视建设任务，使近350万农民看到卫星电视节目。

二〇〇六年

1月6日 中国东方航空股份有限公司宣布由东航承飞的8条抵达欧、美、亚各大城市的国际航线正式由上海浦东延伸至西安。至此，西安拥有的国际航线达到25条，是西部地区拥有国际航线数量最多的城市，仅次于北京、上海、广州，跃居全国第四位。

1月13日 黄帝陵整修二期工程竣工验收。整修工程于2001年12月开始，包括祭祀大院（殿）、古柏防火续建、功德坛及大环境治理等项目，总投资2.36亿元。其中古柏防火工程2003年完成，祭祀大院（殿）工程于2003年1月8日开工，2004年3月15日基本竣工，2004年清明节首次投入使用。祭祀大院（殿）新建殿区占地4万平方米，总建筑面积1.32万平方米。其中祭祀大院占地1万平方米，主要包括祭祀大殿、祭祀广场、三出阙、东西角楼、隧道等。祭祀大殿由建筑设计大师、中国工程院院士、中国建筑西北设计研究院总建筑师张锦秋负责设计，建筑面积1700平方米，由36根直径1.2米的圆形石柱围成40米见方的空间，顶中央有直径14米的圆形天光，大殿地面中心处采用青、红、白、黑、黄五种彩色石材铺砌。祭祀广场面积8500平方米，东、西、北三面种植成形柏树林带。

3月23日 中共陕西省委办公厅、陕西省人民政府办公厅印发《关于做好新阶段省级机关、企事业单位“两联一包”扶贫工作的通知》。

3月24日 神（木）朔（州）铁路电气化复线建成通车。这段铁路是中国继大秦铁路之后第二条西煤东运大通道神（木）黄（骅港）铁路的重要组成部分。神朔铁路西起陕西省神木县大柳塔镇，北与包神铁路相连，南与神延铁路相连，东至山西朔州市，北与同蒲线接轨，在神池南与朔黄铁路相连，正线全长266千米，总投资23亿元，主要承担神府东胜矿区的煤炭外运任务，单线设计运输能力为每年3500万吨。2000年10月26日，开通电气化单线试运。2002年3月复线开工建设。

3月26日 “全国优秀体育公园”揭牌仪式在宝鸡渭河公园举行。作为国内12所优秀体育公园之一，渭河公园全长3000米，宽240米，面积61万平方米，2002年4月25日建成开放。

同月 陕西省在全国率先提出了对街头流浪乞讨人员中危重病人、精神病人的救治实行首责制，明确了各部门对此类人员的救助责任和救助程序，有效保障流浪乞讨人员的基本生活权益。

4月18日 西安铁路局在宁西线西合段首次开行西安—东莞东K448次、西安—宁波（开通之初至杭州）K468次、西安—商南7636次三对旅客列车。因其穿越商洛境内，结束商洛地区不通旅客列车的历史，极大地改善了沿线群众出行状况。长期以来，商洛与外界的交通一直依靠312国道。但大部分商洛段公路在山区，坡陡弯急，遇到雨雪天气也会被封闭。

4月28日 省交通厅和国家开发银行陕西省分行签署协议，贷款50亿元用于陕西农村公路建设项目。项目涉及省内2.39万个行政村，受益人口占全省总人口的一半以上。

5月31日 330千伏柞（水）张（村）输变电工程建成投运，总投资1.5亿元。至此，商洛彻底结束超高压单电源供电历史，同时也使陕西省关中和陕南电网实现超高压双电源供电。

6月30日 陕西延长石油（集团）有限责任公司揭牌成立。其中，陕西兴化集团有限责任公司、陕西省石油化工建设公司的国有资产划入陕西延长石油（集团）有限责任公司。整合重组后，企业员工近 13 万人。公司总资产由 468.9 亿元增至 496.1 亿元。2010 年 12 月 15 日，延长集团销售收入突破千亿元大关，达 1001.65 亿元，实现利税费总额 430 亿元。其中，上缴财政 330 亿元，财政贡献率居全国省属企业前列。

7 月 7 日　省政府印发《陕西省重点地方病防治规划（2006—2010 年）》。

9 月 1 日　西安铁路枢纽北环线开通。自此，原需经过西安站的货车将不再经过，使该站的客运能力由每日 12 万人次提升到每日 20 万人次。此工程于 2005 年 4 月正式启动。

9 月 6 日　“红凤工程”荣获全国首届“社会公益示范工程奖”。“红凤工程”是 1995 年北京“联合国第四次世界妇女大会”后，陕西省妇联利用“红凤千花帐”31.5 万元拍卖款启动的全国首家专门资助贫困女大学生的社会公益事业。从 1996 年至 2021 年年底，“红凤工程”利用社会各界捐款 3000 多万元，累计资助了全国 30 个省、区、市 200 余所大学，5789 名贫困女大学生，其中 5238 名资助生已经顺利毕业。

9 月 27 日　关中九大灌区世行贷款改造项目建成并通过验收。项目历时 6 年多，总投资 16.6 亿元（其中省政府统贷统还世行 1 亿美元，国内 1 : 1 同比例配套），共新建改建水源工程 15 处，衬砌改造各级渠道 6566 千米，改造重要建筑物 22 座，更新改造泵站 52 座，改造中低产田 293 万亩，改制支斗渠 4399 条，节水增产效益显著。

9 月 30 日　黄（陵）延（安）高速公路与榆林至陕蒙界高速公路建成通车，加之已建成通车的靖塞、西铜、铜黄、延塞、榆靖高速公路，陕西北部大通道全线打通。黄延高速公路全长 143 千米，于

2002年12月开工。9月1日，该工程路面工程全部完工，标志着连接陕西和内蒙古的大通道提前一年贯通。陕蒙高速公路是中国南北大通道阿北高速公路（现为包茂高速公路）在陕西境内的重要组成部分，起于榆林市榆阳区孙家湾村，止于陕蒙交界处的蟒盖兔河。公路全线穿越毛乌素大沙漠，全长88.1千米，总投资11.9亿元，设计时速100千米。

同日 陕西神木电厂—锦界煤矿煤电一体化项目一期工程一号发电机组顺利通过168小时满负荷试运行，并实现与配套煤矿同步投产目标。2004年11月19日一期工程开工建设。该项目是国家级能源化工基地——陕北能源化工基地建设的标志性工程，也是国家“十五”期间实施“西电东送”北通道规划的启动电源点项目，电能通过500千米长的输电线路输送到河北南网。该项目建设规模为电厂规划容量6×600兆瓦，配套煤矿规划建设总规模为年产原煤1000万吨；一期工程电厂建设规模2×600兆瓦，配套煤矿年产原煤300万吨。

11月2日 省政府颁布《陕西省人民政府办公厅转发省劳动保障厅关于农民工参加医疗保险实施意见的通知》，标志着陕西省农民工可以正式参加医疗保险。《意见》中新增加的农民工大病住院医疗保险制度规定，农民工参加大病住院医疗保险基金的筹集是由用人单位缴费，当年全省共有2.3万名农民工参加医疗保险，10.5万名农民工参加工伤保险。

11月25日 西安华迅微电子有限公司研制的“高性能GPS芯片组”通过专家鉴定。鉴定结果认为，该项技术属国内首创并具有自主知识产权，技术上达到国际先进水平，打破了国外垄断，结束了中国在卫星导航领域“无芯”的时代。

11月28日 陕西省第一个外国领事机构——泰王国驻西安领事

办公室开馆。其领事管辖区域包括陕西省、甘肃省和宁夏回族自治区。此后，陆续有 20 多个国家在西安设立领事机构或签证中心。

12 月 1 日—15 日 第 15 届亚运会在卡塔尔首都多哈举行。中国体育代表团中的 13 名陕西运动员，共获得 7 枚金牌。其中，李杰和队友在男子 10 米气步枪团体项目比赛中，以 1786 环的总成绩获得本届亚运会首枚金牌，这是中国代表团在本届亚运会的首枚金牌。

本年 陕西省加快农村卫生室建设，按照每个村卫生室补助 3000 元的标准，规划 3 年内基本完成建设 26003 个农村卫生室。2009 年，全省实行“以奖代补”，以县为单位，省财政为每个村卫生室平均补助 1 万元，做到了诊察室、治疗室、药房分开，业务用房面积一般不少于 60 平方米。至 2010 年 10 月，全省各级财政总计投入 13 亿元用于农村卫生室建设、村医公共卫生补助、村医培训等，建成并经省级验收合格的规范化农村卫生室 26049 个。

二〇〇七年

1月1日 陕西省实施农村独女户家庭扶助制度。对农村年满55—59周岁、只有一个女孩的计划生育家庭，由政府对夫妇双方每人每月发放50元扶助金。对象年龄满60周岁时，按照农村部分计划生育家庭奖励扶助的有关规定，享受奖励扶助，直至本人亡故为止。扶助金由省级财政承担，以年为单位计算，每年集中发放一次。扶助对象在当年亡故的，按全年发放扶助金。另，对农村独生子女意外死亡或伤、病残后未再生育或收养子女，女方年满49周岁的家庭，给予一定的资金扶助。对独生子女死亡的扶助对象，由政府给予每人每月100元的扶助金，直至亡故为止；对独生子女伤残的扶助对象，由政府给予每人每月80元的扶助金，直至亡故或子女康复为止。

1月9日 省政府印发《陕西省实施一村一品千村示范万村推进工程规划》。《规划》要求，实施“一村一品”千村示范、万村推进工程，要坚持市场导向原则，坚持科技创新原则，坚持比较优势原则，坚持农民自愿原则。

1月20日 途经“中国第一长隧”秦岭终南山公路隧道的西（安）柞（水）高速公路建成通车。全长18.02千米的秦岭终南山公路隧道，使中国南北分界线的秦岭阻隔变通途，西安到柞水通行里程缩短了60千米，行车时间由原来3个小时缩短为40分钟。该工程于2002年9月29日开建，是陕西省“三纵四横五辐射”高速公路骨架网和西康高速公路的重要组成部分。

1月27日 西安市三环路系统工程主体线路全线贯通。该工程全长71.02千米，总投资62.58亿元。三环路主线工程于2004年1月开工建设，是西安城市道路骨架网最重要的组成部分，与陕西省“米”字形公路网相接，与西安市城市空间布局规划及城镇体系规划互相呼应。东西三环红线宽度100米，为双向八车道，设计时速80千米；南北三环双向六车道，设计时速120千米。

2月18日 由陕籍人员主创的电影——《图雅的婚事》获第57届柏林国际电影节最佳影片“金熊奖”。

3月19日 陕西运动员秦凯和队友王峰摘得第12届世界游泳锦标赛男子双人跳水3米板金牌。23日，秦凯又摘得该项赛事的男子单人跳水3米板金牌。

3月27日 国家发展和改革委员会办公厅、水利部办公厅联合发文确定陕西省石泉县、旬阳县、平利县等16个县为全国“十一五”水电农村电气化县，标志着“十一五”水电农村电气化县建设正式拉开序幕。

4月18日 陕西省境内与全国同步实施第六次铁路大面积提速，并实施新的运行图。西安—宝鸡D581次列车顺利开行，全程单程运行最快用时72分钟，最高运行时速超过200千米。

5月11日 陕西省首届农产品产销对接洽谈会在西安举行。来自陕西省11个市（区）的111家农产品生产加工企业和60家农产品流通企业共有400多人参会。为缓解农产品产销问题，洽谈会已连续多年举办。

5月15日 陕西省扶贫开发领导小组印发《关于在社会主义新农村建设中进一步加强移民扶贫异地开发工作的意见》。《意见》规定各地在移民扶贫异地开发工作中要充分体现移民户的意愿，坚持瞄准贫困原则，搬迁对象必须是年人均纯收入在865元以下的贫困户，但要优先安排年人均纯收入在625元以下的绝对贫困人口，同时要坚持自愿原则、坚持分户自建原则和坚持有土安置原则。移民安置后，户籍要实行属地管理，子女上学、群众就医和其他公益事业，与迁入地群众享受同等待遇。

5月17日 省政府印发《陕西省城镇最低收入家庭廉租住房保障实施意见》。《意见》提出城镇最低收入家庭廉租住房保障的目标任务、保障对象、保障方式和保障标准、保障资金、管理机制等。全年全省确定廉租住房项目99个，总投资9.65亿元，建筑面积65万平方米。投入保障资金2.2亿元，其中用于项目建设1.5亿元，用于租金补贴0.7亿元。新开工建设的廉租住房面积29万平方米，竣工8.5万平方米（1700套）。全年设区城市符合规定住房困难条件、申请廉租住房的3.1万户家庭，基本实现应保尽保。全年经济适用房完成投资60.2亿元，竣工房屋面积242万平方米。

5月22日 财政部、国家税务总局印发《关于将西部地区旅游景点和景区经营纳入西部大开发税收优惠政策范围的通知》。

5月26日—28日 国务院总理温家宝到咸阳、西安等地考察生猪生产、市场供应等情况，并看望农村留守儿童。

同月 省民政厅下发《关于将在乡复员军人纳入农村医疗救助的通知》，扩大农村医疗救助的范围。截至2010年，全省共实施农村医疗救助1049.2万人次，支出救助资金12.89亿元。其中，住院、门诊救助185.8万人次，支出救助资金11.35亿元；资助五保对象、低保对象参加新型农村合作医疗863.4万人，支出救助资金1.54亿元。

6月18日 陕西汉德车桥有限公司车桥技术出口印度AMW汽车公司。这标志着中国的汽车总成技术第一次向其他国家出口，也标志着中国汽车制造业由产品出口向技术出口的转变。

上半年 陕西省全面推行新农合制度，成为全国第三个实现新农合全覆盖的省份。截至年底，参合农民2397.46万人，平均参合率达89.81%，筹集新农合基金12亿元。补偿住院患者70.45万人次，人均补偿808.72元，补偿率34.6%；门诊补偿79.31万人次，人均17.92元。参合率、报销比例继续居全国前列。到2010年，全省参合人口达到2582万人，参合率达到95%，基本实现新农合制度全覆盖。

9月7日　全国精神文明建设"五个一工程"入选作品揭晓。陕西省电视连续剧《郭秀明》《热血兵团》、话剧《郭双印连他乡党》、秦腔《杜甫》、广播剧《为了幸福》、歌曲《故土情》获奖。

9月9日　《陕西日报》报道，陕西省扶贫资源整合取得阶段性成果，全省新启动建设的1224个扶贫开发重点村累计捆绑整合资金12.4亿元，达到财政扶贫资金总额的3倍多，平均每个村建设资金达到100万元以上。

9月16日　西安公交总公司开始对持IC卡乘车者执行票价五折的优惠政策。同时，西安市政府承诺每年将免费向西安公交总公司提供300辆公交车作为对其执行这一优惠政策的经济补偿。

9月30日　西（安）汉（中）高速公路建成通车，两地行车时间缩短为3个小时。该工程于2002年9月开工，全线长255千米。北起户县涝峪口，接西户高速公路，途经户县、宁陕、石泉、佛坪、洋县、城固、南郑、汉台、勉县9县（区），南至勉县元墩，连接勉宁高速公路。它是同时期全国高速公路建设一次性投资最大、里程最长、难度最大的工程。至此，国家高速公路京昆线陕晋界至陕川界626千米全线贯通。

同日　中国最大的桥闸结合工程——汉中市汉江城市桥闸工程竣工通车并正式下闸蓄水。该工程总投资2.29亿元，于2004年10月正式开工建设，既是连接汉江两岸的重要交通枢纽，又是西汉高速公路进入汉中市区的重要通道，并且担负着川北、川中进入关中地区公路交通运输过境任务。

10月31日 吴（堡）子（洲）靖（边）高速公路建成通车。该高速公路全长188千米，子洲至靖边段于2004年6月开工建设，吴堡至子洲段于2004年12月开工建设。它的建成使国家“五纵七横”高速公路主骨架网中，青岛至银川主干线在陕西省境内的321千米全线贯通。

11月29日 省政府召开全省计划生育家庭奖励工作会议，出台4项计划生育家庭奖励优惠方案：放弃生育二孩家庭的奖励方案；独女户家庭奖励方案；农村计划生育家庭在新型农村合作医疗中的补助方案；独生子女死亡伤残家庭的扶助方案。

12月1日 《陕西省全民健身条例》正式实施，对全民健身活动的组织实施、管理原则、参与机制、保障措施等作了明确规定。并鼓励社会各界兴办经营性体育健身组织，为公民个人健身消费提供便利。随着《条例》的推出，陕西开始推进城乡社区体育基础设施建设，实施了县级公共体育设施工程、社区体育器材配送工程、乡镇农民健身工程、村级农民体育健身工程、全民健身示范区示范带建设工程等体育惠民五大工程。

12月20日 第四军医大学研发的国家生物制品一类新药“碘［131I］美妥昔单抗注射液（利卡汀）”获得准字号生产批文，宣布在全国上市。该药是世界上第一个专门用于治疗肝癌的特异性抗体靶向药物，也是中国第一个具有完整独立知识产权、全新药靶的肿瘤抗体药物。

12月29日—30日 国务院总理温家宝先后到西安市阎良区农村、西飞集团看望和慰问广大干部群众。

本年 陕西在宝鸡、西安、咸阳、延安、榆林市启动城镇居民基本医疗保险试点工作，参保人数达 49 万人。2009 年起，全省全面启动实施城镇居民基本医疗保险工作，并将大学生及城镇无力参加城镇职工基本医疗保险的各类人员纳入城镇居民基本医疗保险制度覆盖范围。灵活就业人员可自愿选择参加城镇职工医保或城镇居民医保。参加城镇职工医保有困难的农民工，可自愿选择参加城镇居民医保或户籍所在地的新农合。

二〇〇八年

1月5日　西北地区唯一的大型综合类自然博物馆——陕西自然博物馆，在西安市南郊正式开馆。该馆占地90亩，建筑面积1.6万平方米，是集展示、收藏、研究三大功能为一体的国内一流的大型综合类自然博物馆。

1月6日　西北地区最大的路网性编组站——新丰镇编组站扩能改造Ⅰ期工程顺利开通。新丰镇编组站为西北地区唯一的路网性编组站，也是西北货物运输的“神经中枢”。此次扩能改造设计总投资14.4亿元。

2月2日—3日　第四军医大学西京医院成功实施国内首例心肝肾联合移植手术。

3月30日　按照中共中央宣传部、财政部、文化部、国家文物局发出的《关于全国博物馆、纪念馆免费开放的通知》的要求，全省第一批包括陕西历史博物馆、西安事变纪念馆、延安革命纪念馆、洛川会议纪念馆、西安八路军办事处纪念馆在内的5家博物馆、纪念馆免费向社会开放。2009年，再免费开放50家博物馆、纪念馆。

4月8日　西安国家民用航天产业基地举行揭牌仪式，这是继上海之后，国家级民用航天产业基地正式落成。该基地重点发展以卫星通信广播、卫星导航、卫星遥感等为主的卫星应用产业。

5月12日　14时28分，四川省汶川县发生8.0级地震。受此影响，陕西省10个市不同程度受灾，涉及92个县1022个乡镇9357个行政村。因灾死亡125人，受伤3390人，受灾人口326.56万人，其中汉中、宝鸡灾情严重，直接经济损失303.83亿元。13日，省政府成立省抗震救灾工作指挥部，省发改委、省财政厅、省地震局等36个单位为成员单位，统筹协调全省抗震救灾工作。省民政厅会同省财政厅紧急下拨救灾应急资金340万元，15日又下拨救灾资金6000万元，其中中央资金5000万元，省级配套资金1000万元，主要用于安排灾民生活、灾后恢复重建、因灾伤亡人员救助和抚慰。各级公安消防部队也迅速启动四级应急救援预案，全力投入抗震救灾，组织抢险救援272次，抢救遇险群众127人，疏散群众2800人。按照部署，抗震救灾工作指挥部派出三支应急救援突击队奔赴四川重灾区、宝成铁路109号隧道、西汉高速保畅沿线投入战斗。24日，因地震引发山体崩塌，致使运行中的一列货车在西安铁路局管内宝成线徽县至虞关站间撞巨石脱线，12节装有汽油的罐车被埋在109号隧道中起火燃烧，造成通往灾区的宝成铁路中断行车。陕西组织铁路干部职工和解放军指战员、武警官兵等2200多名抢险人员经过12天抢险施工，最终恢复宝成铁路的全线通车，为抗震救灾和经济社会发展提供运输保障。25日，四川青川发生6.4级余震，造成陕西4人死亡，47人受伤。27日，宁强县发生5.7级强余震。陕西省抗震救灾前线指挥部决定宁强、略阳等县立即组织城乡群众转移避险。7月24日，陕西宁强县境内和宁强与四川青川交界地区，连续发生9次强烈余震，其中最大震级为6.0级。

5月18日 陕西省组织系统“特殊党费”交纳仪式在西安举行，省、市、县组织部门的许多党员纷纷交纳“特殊党费”，支援抗震救灾。据不完全统计，截至6月4日，陕西省有597588名党员交纳“特殊党费”9309万元。

6月3日 经省政府同意，省民政厅、财政厅联合下发了《关于做好提高农村五保供养标准有关问题的通知》。《通知》规定全省农村五保供养标准由 2007 年的 每人每年 1400 元（其中现金不低于 1200 元），提高到每人每年 1600 元（其中现金不低于 1400 元）。

6 月 30 日 省人口和计划生育委员会、省财政厅决定在全省实施育龄妇女健康检查项目。该项目计划用两年时间免费为全省 593 万农村 20 岁以上已婚育龄妇女进行健康检查。省财政每人补贴 20 元。第一批 53 个县，从 2008 年 7 月至 2009 年 6 月底；第二批 54 个县，从 2009 年 1 月至年底。2009 年 10 月，育龄妇女生殖健康检查行动更名为“母亲健康工程”，在继续实行免费健康检查的同时，对查出疾病的群众免费给予治疗。按照疾病类型，属于一般炎症或早期感染的，由计划生育技术服务机构给予一定的物理治疗或用药指导；需要手术治疗的疾病或需长期服药治疗的，纳入新型农村合作医疗；患有严重疾病或癌症的，在新型农村合作医疗的基础上，对家庭经济困难的，由民政部门给予医疗救助。同时，建立农村育龄妇女常见病数据库，对查出严重危害农村妇女健康的疾病纳入公共卫生管理领域，进行防治和监测。全省对国债项目县按 30 万元的标准为县级计生服务站配备健康检查治疗所需设备。至 2009 年年底，省财政共投入 9868 万元，检查 536 万人，实施治疗 181.7 万人。

7 月 6 日 在全国县域经济基本竞争力评价中，神木县跨入全国百强县，位居第 92 位，从而改写了陕西省没有全国百强县的历史。

7 月 25 日 针对汉中地震灾区恢复重建需要，省扶贫办向汉中市拨付 1000 万元扶贫移民救灾资金，全部用于灾区贫困户的建房补助。要求将特困户作为补助重点对象优先安排，补助标准仍按“1+5”政策（即每搬迁一人补助 1000 元，每户再补助 5000 元）执行。

7 月 30 日 西安环城公园健身长廊对外免费开放。整个健身长廊依城墙而建，全长近14千米，占地约1.5万平方米，包括健身广场、乒乓球、门球、综合健身项目等，每天可以满足约10万人次的健身需求。2007年3月1日，西安环城公园全民健身示范区开始施工。2008年4月健身长廊启动建设，于7月20日全部完工。

同月 省民政厅颁布《陕西省城乡居民临时救助暂行办法》，标志着全省以城乡低保、五保供养等基本生活救助为基础，医疗、教育、住房等专项救助为辅助，临时救助为补充的新型城乡社会救助体系全面建立。

8月8日—24日 第29届奥林匹克运动会在北京举行。10名陕西运动员入选中国体育代表团。其中，郭文珺摘得女子10米气手枪金牌，秦凯摘得男子3米双人跳板金牌。

8月31日 陕西省在城市义务教育阶段实行免除学杂费教育，此为继农村义务教育经费保障机制改革后的又一重大举措，将为79万多名学生免除学杂费2亿多元。

9月4日 省财政厅、省民政厅发出《关于下达农村灾民倒危房重建资金的通知》，共向西安等关中和陕南6市（区）下达专项资金4.39亿元，用于农村灾民倒危房重建。

9月19日 高陵县城（今高陵区）通黑河水仪式举行。至此，7万多群众从此告别喝地下苦咸水的历史。该工程于2006年9月2日正式开工，共投资2523万元。

9月25日 神舟七号载人飞船发射成功。中国航天四院此次承担了“神七”逃逸动力装置、飞船密封件和宇航员舱外航天服橡胶制品的研制生产任务，为实现中国航天员在太空从舱内活动到舱外活动的重大突破提供保证。

10月26日 蓝（田）商（州）高速公路建成通车，国家高速公路沪陕线陕西境内实现全线贯通。该工程起于西安市蓝田县三里镇席家河村，止于商洛市商南县富水镇马安石村，与已建成的沪陕高速河南段相接，全长 215.01 千米，于 2005 年 10 月开工。

11 月 5 日 陕西省射击运动员武柳希在 2008 年国际射击联合会世界杯总决赛中，摘得女子 10 米气步枪金牌。

12 月 27 日 西安—台北空中直航航线正式开通。该航线“裁弯取直”实行直航，仅需 3 个小时。

二〇〇九年

1月1日　陕西省第二次经济普查开始。16万经济普查工作人员入户，对全省从事第二、第三产业的全部法人单位、产业活动单位和个体经营户进行普查。公报显示，2008年末，全省共有从事第二、第三产业的法人单位178950个，与2004年第一次经济普查相比，增加26048个，增长17.0%；产业活动单位228519个，增加28749个，增长14.4%；有证照的个体经营户647855户，增加332432户，增长1.1倍。

3月1日　神木县开始实行全民免费医疗，成为全国第一个实行全民免费医疗的县（区）。其免费医疗的对象为全县干部职工和城乡居民，但未参加城乡居民合作医疗和职工基本医疗保险的人员不予享受免费医疗。

3月10日　国家统计局陕西调查总队公布数据显示，2月，陕西省居民消费价格总水平同比下降0.5%。其中，城市下降1.4%、农村上涨1.6%。物价整体运行较为平稳。这是全省自2008年5月以来CPI（居民消费价格指数）连续第10个月回落，也是2003年以来CPI首次出现负增长。

3月17日　省财政厅、省中小企业局与光大银行西安分行、招商银行西安分行等5家银行签署合作协议，正式启动财政金融合作支持中小企业信贷试点，以期化解长期困扰陕西省中小企业发展融资难的问题。

3月27日 首个省级农村改革实验项目“和平村集体经济股份制改造”总结会暨西安和平投资股份有限公司成立揭牌典礼，在西安市未央区和平村举行，陕西省首个股份村在西安诞生。和平村股份制改造是在土地集体所有性质不变前提下，全村1300多亩土地，其中100多亩用于住宅和村政设施建设，1100亩全部成为工业园区。这次集体经济股份制改造，把工业园区和村有企业产生的经济效益作为农民的持股股份。

4月10日 西安—法兰克福全货运航线开通，结束了西安咸阳国际机场没有飞往欧洲的全货运定期航班运营历史。

同日 中国电信陕西公司正式宣布在全省开通3G服务，标志着陕西省进入第三代移动通信时代。

4月25日 陕西省首列省内旅游专列开通。该专列每周六8点55分从西安发车，中途停靠咸阳、宝鸡，13时38分到达凤县，翌日14时30分从凤县返回西安。

5月1日 陕西省农村孕产妇免费住院分娩补助项目全面实施，仅当年就使15.46万名农村孕产妇受益。2006年7月1日，安塞县政府率先实施农村孕产妇住院分娩全部免费。

5月15日 省政府召开全省深化医药卫生体制改革工作电视电话会议，陕西医改全面启动。之后3年，陕西共投入368亿元，用于解决医药卫生行业的突出问题，实现医改的阶段目标。

同日 陕西省投资最大的农村供水工程——盐环定扬黄陕西定边供水续建工程在定边县开工建设。该工程作为中央和省上重点扶持建设项目，是当时中国最大的人畜饮水工程、亚洲最大的农村供水工程——陕甘宁盐环定扬黄工程的重要组成部分。

5月25日 国家电网西北750千伏骨干网架的标志性工程——750千伏兰（州东）平（凉）乾（县）输变电工程竣工投产。该工程自2007年8月15日开工建设。2009年1月9日，750千伏同塔双回架设的输电线路工程全线贯通。这是西北地区750千伏骨干电网的枢纽工程，也是西北水、火、风电打捆实施“西电东送”战略的主通道，标志着陕西“电力高速公路”建设取得新的突破。750千伏兰平乾线路全长2×442千米，线路途经甘肃、宁夏、陕西三省（自治区）14个县（市），其中陕西省境内2×171千米。该工程标志着750千伏送端电网已覆盖陕西、甘肃、青海、宁夏四省（自治区），对于推进西北电力大规模外送，促进全国能源资源优化配置将发挥重要作用。作为陕西第一条“电网高速公路”，它的建成，结束了陕西省停限电的状况。

5月28日 小（河）（安）康高速公路正式建成通车，标志着西（安）（安）康高速公路全线通行，结束安康不通高速公路的历史，陕西也提前两年实现全省市市通高速的目标。小康高速公路是国家高速公路网包（头）茂（名）线的重要组成部分，也是陕西省高速公路网南北方向的主要经济干线，全长58.26千米，于2005年10月31日开工建设。其中，建成的包家山隧道单洞长11.21千米，双洞长22.42千米，投资12.90亿元，隧道里程居亚洲已建成公路隧道第4位。

5月 按照住房和城乡建设部、国家发展和改革委员会、财政部下发的《关于2009年扩大农村危房改造试点的指导意见》的要求，陕西被列入国家试点省份。6月，三部委下达1.57亿元补助专项资金，用于解决全省48个国家级扶贫开发工作重点县、3.1万户贫困群众的住房问题。省建设厅会同省发改委、财政厅、民政厅印发《陕西省2009年农村危房改造试点实施方案》《陕西省2009—2012年农村危房改造规划》，对全省农村危房改造工作进行部署和安排，明确改造方式和建设标准，规范审核程序。到年底，全省3.1万户农村危房改造建设项目全部落实，省级配套资金5890万元足额下达，3.38万户已开工建设，3.12万户竣工，完成年度计划的109%，完成投资12.17亿元。2010年国家安排陕西农村危房改造建设项目6万户，补助资金3.66亿元。省级安排农村危房改造任务65759户。全年6.7万户完成农村危房改造，6.3万户竣工，完成目标任务的103.4%。

6月5日—7日 国务院总理温家宝在西安视察。温家宝就西部典型城市在金融危机下保增长、促发展，增长典型性企业及中央激励政策起到的作用和效果、大学生就业、夏粮生产等问题深入调查研究。

6月10日 陕西省药品“三统一”（统一采购、统一价格、统一配送）试点工作启动会在西安召开。宝鸡、榆林两市正式启动试点工作，标志着陕西省深化医药卫生体制改革，建立国家基本药物制度建设进入实施阶段。药品“三统一”工作于12月10日正式启动，首先在宝鸡、榆林、咸阳、铜川、商洛5个市进行试点。2010年11月3日，陕西将药品“三统一”扩大到西安、渭南、延安、汉中、安康5市和杨凌示范区基层医疗机构。至此，药品“三统一”实现全省覆盖。

6月25日 国务院新闻办公室举行发布会，正式发布了国务院批复的《关中—天水经济区发展规划》。关中—天水经济区规划范围包括陕西省西安市、宝鸡市、咸阳市、铜川市、渭南市、商洛市部分县（商州、洛南、丹凤、柞水）、杨凌农业高新技术产业示范区和甘肃省天水市所辖行政区域。其主要辐射区域包括陕西省汉中、安康、延安、榆林，甘肃省平凉、庆阳和陇南等地区；规划期为2009—2020年；规划内容主要包含产业布局、重大项目、优惠政策，重点发展高新技术、装备制造、航空航天、现代农业和特色文化旅游产业。

6月26日 《陕西省人民政府关于进一步加快旅游产业发展的决定》正式实施，对将旅游产业培育成为重要的支柱产业作了具体部署。

6月29日 郑（州）西（安）客运专线陕西段和河南段最后两对500米龙口轨对接合龙，郑西客运专线全线贯通，西安—郑州的运行时间缩短到2.5小时。郑西客运专线全长484.5千米，是进入西北地区的第一条高速客运专线，同时也是中国首批开建的3条设计时速达350千米的客运专线之一。

7月1日 按照省人口和计划生育委员会、人力资源和社会保障厅出台的《陕西省城市独生子女父母补助金发放办法》的要求，陕西自2009年7月1日开始执行。该《办法》规定城市独生子女父母补助金发放标准按个人月平均工资的5%来计算发放，发放标准统一为每人每月106元。全省城市独生子女父母中，男年满60周岁、女年满55周岁的均列入补助金发放范围。

7月8日 西安咸阳国际机场专用高速公路建成通车。路线全长20.58千米，主线采用双向八车道高速公路标准建设，设计时速120千米。项目概算总投资26亿元，2006年11月开工建设。

7月17日 陕西选手秦凯在意大利罗马举办的第13届世界游泳锦标赛上摘得男子1米跳板项目金牌。

7月26日 团省委在西安火车站举行陕西省大学生志愿服务西部计划援藏志愿服务队出征仪式。从4月15日起，按照公开招募、自愿报名的方式，通过学校选拔、体检等，首批选拔出20名志愿者。这批志愿者分别来自西北农林科技大学、西北大学、西北政法大学、西安工程大学等5所高校。他们将在西藏农牧、水利、教育等相关岗位进行1—3年的支农、支教志愿服务活动。

9月1日 本日起，陕西针对农村义务教育阶段贫困生实施营养餐计划——“蛋奶工程”。通过每天给农村贫困学生提供一个鸡蛋、一袋奶，实施营养干预，改善农村中小学学生的体质健康状况。截至

2014年年底，营养计划覆盖全省107个县（市、区）8850所义务教育学校231万名学生，占全省义务教育阶段学生总数的70%，其中惠及农村学生173万人，实现营养改善计划覆盖全省农村义务教育阶段学生的既定目标。

9月3日 环境保护部际联席会议暨黄河中上游流域水污染防治工作专题会议在西安召开。陕西列入《黄河中上游流域水污染防治规划》的重点治污项目共163个，总投资约55亿元，主要集中在渭河流域。陕西省已完成重点治污项目112个，累计投入资金约78亿元，超过规划投资23亿元。截至7月，渭河流域已建成30座污水处理厂，设计日处理能力达147.5万吨，较2005年的处理能力增加了321%；在建的污水处理项目有25个，设计日处理能力达70.6万吨。此外，还建成了黄河流域河流出境、市界断面水质自动监测站16个，建成空气自动监测站36个。

9月26日 宝（鸡）天（水）高速公路陕西段建成通车。宝天高速公路是国务院2006年确定的西部大开发"十大工程"之一，是国家高速公路网连（云港）霍（尔果斯）高速公路的重要组成部分，全长131.3千米，其中陕西段长40.2千米，甘肃段长91.1千米。2007年3月9日，陕西段全线开工建设。宝天高速公路陕西段起点位于宝鸡市石家营村，终点在陕甘交界处的牛背村，总投资66.96亿元，设计时速80千米，路基宽度24.5米。通车后，宝鸡—天水的行车时间由3.5小时缩短到约1.5小时。

10月14日 省政府下发《陕西省优生促进工程实施方案》，正式启动优生促进工程。该工程以农村育龄妇女健康检查及治疗、婚前检查、孕前筛查三项工作为重点，主要内容包括宣传倡导、健康促进、优生咨询、高危人群指导、孕前实验室筛查和营养素补充六个方面。全省优生促进工程从2009年7月至2012年7月分三批实施。省上每年扶持三分之一的县（区），在进行农村育龄妇女健康检查治疗工作的基础上，开展婚前检查和孕前筛查工作，计划三年内使全省育龄妇女健康检查治疗达到100%，婚前检查达到100%，孕前筛查达到100%。要求到2011年末，育龄群众优生科学知识得到基本普及，计划怀孕的夫妇普遍享有科学规范的孕前优生指导服务，将预防关口前移，有效降低出生缺陷发生风险，基本建立长效工作机制，促进出生人口素质进一步提高。

10月16日 商（州）漫（川关）高速公路建成通车，标志着国家高速公路福银线陕西段全线贯通。该路全长94.5千米，总投资65.4亿元，起点位于商洛市商州区麻池河乡，接西安至商州高速公路，止于陕鄂交界处的闫家店村，与已经建成的湖北省十堰至漫川关高速公路相接。工程按四车道高速公路标准建设，设计时速80千米，2006年7月开工建设。

10月21日 陕西省农村计生家庭创业工程在渭南正式启动，首批200只莎能奶山羊分别被100户计生家庭领养。

10月24日 在第11届全国运动会上，陕西队的金牌总数达到9枚，取得历史性突破。

10月31日 襄渝二线铁路全部建成并投入使用。该工程是中国西部铁路十大重点建设工程之一，于2005年6月28日开工，由西安铁路局全面承担湖北省十堰市郧县胡家营站—四川省达州市梁家坝站区间建设管理主体责任，该路段全长681.5千米，陕西境内长404.1千米，设计时速160千米。2008年6月6日，陕西境内安康路段白河展沟隧道贯通，展沟隧道位于白河县境内，全长4060米，是襄渝二线陕西境内的“东大门”工程。

11月28日 陕西省铁路四大重点工程：西（安）宝（鸡）客运专线、西（安）（安）康铁路复线、西（安）合（肥）铁路复线和黄陵经韩城至侯马铁路工程同时开工。

12 月 19 日　长庆油田油气当量首次突破 3000 万吨，达到 3006.06 万吨。至此，长庆油田跃升为仅次于大庆油田的中国第二大油气田。

本年　陕西省人均生产总值 21485 元，首次迈上 3000 美元台阶。

本年　陕西省重点实施 18 个农村危房改造试点和汶川地震灾损民房恢复重建工程，到 2010 年，全省落实中央和省级财政投资 17.65 亿元，6.7 万户农村危房完成改造，使农村困难群众和灾损群众的基本生活条件得到逐步改善。

二〇一〇年

1月5日 陕西省日用天然气气量首次突破1000万立方米，达到1007万立方米，日用气量创历年新高。

1月24日—26日 中共中央总书记、国家主席、中央军委主席胡锦涛到陕西省考察，在汉中、西安等地深入城乡基层调查研究，看望慰问地震灾区干部群众。

1月28日 2009年8月31日启动的陕西省“太阳—太阳”光伏发电扶贫工程竣工并投入使用。至此，陕西最后2.4万户无电户、89715名无电人口告别无电历史，全省实现户户通电。

2月2日 中国首批62个国家新型工业化产业示范基地宣告成立。陕西省3个基地名列其中，分别为西安国家航天产业基地、西安国家民用航空产业基地和西安经济技术开发区内的汽车产业。

2月6日 郑（州）西（安）高速铁路正式开通运营。郑西高速铁路于2005年9月25日动工建设，全长523千米，设10个车站，设计时速350千米，是徐兰高速铁路最先开工、最先建成通车的一段，是世界上首条修建在大面积湿陷性黄土地区的高速铁路，是中国中西部地区第一条投入运营的时速350千米的高速铁路。

2月20日 第60届柏林国际电影节举行颁奖典礼，陕籍导演王全安的《团圆》获得“银熊奖”项最佳剧本奖。

2月21日 陕西省推进西咸新区建设工作委员会办公室暨西安沣渭新区、咸阳泾渭新区管委会揭牌仪式在西安人民大厦举行。这标志着西咸新区建设正式启动。

3月13日 中国首例高原试管婴儿在第四军医大学唐都医院平安降生。

3月16日 随着陕南第一条天然气输气管道宝汉线通气点火，6000多户汉中居民成为陕南首批天然气用户。至此，全省天然气长输管道总里程达到1550千米。

4月14日7时49分 青海省玉树藏族自治州玉树县发生里氏7.1级地震，给当地人民群众生命财产造成严重损失。9时15分，由陕西省地震局组成的8人地震应急现场工作组前往地震灾区，消防官兵、地震专业工作人员等组成的百余人陕西省地震灾害紧急救援队随即出发。当日，首批100多名玉树灾区伤病员抵达西安治疗。省委、省政府代表全省人民发出慰问信，同时特向青海省地震灾区捐赠人民币1000万元，支持抗震救灾和灾后重建。陕西30多家国有、民营企业和省直机关代表共捐款8800多万元。

5月5日 省委、省政府召开全省千企千村扶助行动电视电话会议专门进行安排部署，千企千村扶助行动工作全面启动。全省安排2620家企业对口结对帮扶3000个低收入村。截至2012年7月，全省参与千企千村扶助行动的企业共有2955家，在10个市97个县（区）结对帮扶3328个贫困村。累计投入资金6.08亿元，实施增收帮扶项目4390多个，通过企业帮扶，贫困村农民人均纯收入每年增长900元以上。

6月9日 国内首个750千伏变电站机器人巡检系统在西北电网有限公司750千伏乾县变电站正式投入运行，成为当时国内应用电压等级最高的变电站机器人巡检系统。

6月17日 杨凌农业高新技术产业示范区，杂交小麦新品种“西杂五号”平均亩产达到654.11千克，创下陕西省有史以来最高纪录。

7月16日—19日 陕南汉中、安康、商洛三市发生强降雨天气，引发洪涝、泥石流、滑坡灾害，致24个县（区）166万人受灾，人民生命财产遭受重大损失，因灾死亡41人，失踪107人，居民房屋大量倒损，农作物受灾面积101千公顷，其中绝收18千公顷，直接经济损失超过29亿元。灾情发生后，民政部和陕西省委、省政府高度重视，及时下拨救灾应急资金1400万元，并派出工作组赴灾区指导灾情核查和救灾工作。

7月30日 陕西省商南、岚皋、陇县、略阳、耀州、淳化6个县（区）被列入国家连片开发扶贫试点县范围。至此，陕西试点县已扩大为17个县（区）。

8月19日 陕西省新一轮农村电网改造升级工作启动。

9月10日 陕西省33个保障性住房建设项目集中开工典礼在西安举行。这次集中开工的项目共计住房1.68万套，面积102.8万平方米，计划投资15.3亿元。

10月11日 据《陕西日报》报道，省委组织部决定从大学生“村官”中定向考录选调生、公务员270名。陕西开展的这项工作在全国尚属首例。

10月17日 西安曲江新区，浐灞生态区通过国家级生态区考核验收，在中西部地区率先晋级国家级生态区。

10月25日 省政府办公厅转发省民政厅、财政厅《关于建立高龄老人补贴制度的意见》，决定为80岁以上高龄老人发放高龄补贴，由省、市、县各级财政支出。

10月26日 具有中国自主知识产权、领先于世界的新一代甲醇制取低碳烯烃工业化技术在陕西研发成功。

11月1日零时 陕西省第六次全国人口普查结束。全省常住人口为37327378人，十年共增加1279706人，增长3.55%，年平均增长率为0.35%；总人口性别比（以女性为100，男性对女性的比例）由108.42下降为106.92；0—14岁人口的比重下降10.29个百分点，15—64岁人口的比重上升7.66个百分点，65岁及以上人口的比重上升2.63个百分点。其中，每10万人中具有大学文化程度的由4138人上升为10556人。

11月3日 《陕西省人民政府关于进一步促进中小企业发展的实施意见》正式实施。该《意见》是省政府为贯彻落实《国务院关于进一步促进中小企业发展的若干意见》和《国务院关于鼓励和引导民间资本健康发展的若干意见》制定的。

11月12日—27日 第16届亚运会在广州市举行，中国体育代表团中的12名陕西运动员共获得7枚金牌、3枚银牌、2枚铜牌。

11月29日 陕西煤炭交易中心举行揭牌仪式，标志着煤炭市场化改革在西北煤炭生产地取得实质性进展。

11月30日 西安国家民用航天产业基地升级为国家级陕西航天经济技术开发区。陕西航天经济技术开发区已成为中国规模最大的航天高技术产业聚集区之一。

12月6日 省政府第二十一次常务会议审议并原则通过《西咸新区总体规划（2010—2020年）》《陕南地区移民搬迁安置总体规划（2011—2020年）》《白于山区扶贫移民搬迁规划（2011—2015年）》。

12月14日 陕西省1.48亿亩集体林地［涉及104个县（市、区）391万农户1547万林农］野外勘界和确权工作完毕，成为西北首家完成集体林权制度主体改革的省份。

12月24日 西安至成都客运专线（陕西段）、西安客运专线调度所等5个铁路项目集中开工建设。

12月26日 十（堰）天（水）高速公路安康—汉中段建成通车。该段公路全长189千米，是国家高速公路网规划中重要的横向联络线，也是陕西高速公路网中东西走向的重要干线，于2008年9月正式开工建设。

12月28日 包（头）西（安）铁路陕西段开通运营。该段铁路正线全长623千米，是一条以煤炭运输为主、兼顾客货承东启西、连接南北的快速大通道。2007年11月25日开工建设，2010年6月29日，蒙陕省界至大保当段开通运营。10月23日，大保当至鱼河段开通运营。

同日 陕西省铁路全年货物运输至18时首次突破1亿吨大关。

12月30日 大型秦腔现代戏《大树西迁》荣获国家舞台艺术精品工程“十大精品剧目”，获得文化部、财政部100万元最高奖的重奖。这是秦腔第一次进入国家舞台艺术精品工程“十大精品剧目”，实现了陕西第一大剧种在该项大奖上“零”的突破。

同日 陕西省国税年收入至本日达1020亿元，首次突破千亿元大关。

同月 延（安）黄（陵）高速公路竣工。黄陵至延安高速公路是国家规划的包头至北海西部大通道中的一段，南与铜川至黄陵高速公路相接，北与延安—安塞公路相连，全长143.18千米，总投资66亿元，于2002年4月26日开工建设。

本年 省政府印发《“7·18”和“7·23”特大暴雨洪涝灾害损毁农村民房恢复重建实施方案的通知》。到本年年底，陕西省倒塌农房重建开工7.34万户，占倒塌房屋户数的99%，竣工4.87万户，竣工率66%；损坏房屋已修复16.94万户，修复率98%，受灾群众居住条件得到稳妥改善。特别是对建房户中的低保户、特困户落实1—2名干部对口帮扶。

本年 陕西省批准建成社区卫生服务机构552所。其中，社区卫生服务中心184家，社区卫生服务站368所。城市社区卫生服务覆盖率达 98%，基本实现城市社区卫生服务全覆盖。

本年 《陕西省统计公报》公布，全省生产总值 10021.53 亿元。其中，第一产业增加值 988.45 亿元，第二产业增加值 5403.53 亿元，第三产业增加值 3629.55 亿元。全年全社会固定资产投资 8562.04 亿元，外贸进出口总额 120.81 亿美元。全年接待境内外游客 14565.97 万人次，旅游总收入 983.99 亿元。全省城镇居民人均可支配收入 15695 元。城镇居民人均住房建筑面积 28 平方米。城镇新增就业 38.9 万人，登记失业 21.42 万人，下岗失业人员实现再就业 16.59 万人，城镇登记失业率为 3.85%。年末纳入城市低保 38.5 万户 86.4 万人，人均保障标准 305 元，支出 22.56 亿元；纳入农村低保 81.4 万户 212.7 万人，支出资金 19.67 亿元。农村五保对象 14.27 万人，供养标准每人每年最高 5400 元，最低 3200 元，有农村五保供养服务机构 791 个，其中农村敬老院 543 家，村级五保集中供养点 248 个。全年累计实施城乡医疗救助 68 万人次，人均救助 1110 元。

二〇一一年

1月11日 全国铁路六大客运中心之一的西安火车北客站投入运营。该站于2008年9月19日开工建设，总投资超过60亿元人民币，建筑总面积33.66万平方米，站场设计规模为3场34站台面34股道，是一座集先进性、经济性、系统性、功能性和文化性于一体的现代化大型铁路客运站。

1月12日 陕西省与新疆维吾尔自治区签订战略合作框架协议。根据协议，陕西用2—3年时间援助新疆建设公路917千米，概算投资150亿元，占全国援建总任务的1/4。

1月15日 陕西省天然气管网与国家级输气干线成功对接。将每天为全省供气约增30万立方米，居民生活用气基本得到保障。

1月22日 《陕西省渭河全线整治规划及实施方案》组织实施。

2月 陕西省启动“宽带中国”工程，即以光纤宽带和宽带无线移动通信为重点，加快信息网络宽带化升级，推进城镇光纤到户和行政村宽带普及服务，提高接入带宽、网络速率和宽带普及率。

3月7日—9日 省政府先后与中国地震局、国家测绘局、中国气象局在北京签署共同推进关中—天水经济区防震减灾体系建设合作协议、合作开展地理国（省）情监测试点协议、共同推进陕西气象防灾减灾体系建设合作协议。

3月21日 陕西省30个保障性安居工程项目集中开工暨陕西保障性住房建设工程有限公司揭牌仪式在西安市长安区举行。此次集中开工的30个安居项目，计划共投资39.58亿元，建设保障性住房3.09万套。

4月28日—10月22日 第41届世界园艺博览会在西安举行。这是陕西省乃至西北地区举办的规格最高、规模最大的一次世界性展会。吸引了52个国家和地区、58个国内城市与企事业单位的参与，接待中外游客超过1572万人次。

5月6日 陕南移民搬迁工程和全省重点示范镇建设项目集中开工仪式在安康举行。陕南地区移民搬迁安置工程共涉及60万户240多万人。

5月23日 四川广元至陕西高速公路建成通车，彻底解决由陕入川车辆在棋盘关“卡脖子”问题。

5月30日 省政府办公厅印发《关于加快推进农村集体土地确权登记发证工作的通知》，要求加快农村集体土地所有权、宅基地使用权、集体建设用地使用权等确权登记发证工作。截至2012年年底，全省107个县级集体土地所有权登记发证工作完成。

6月30日 2011年国家下达陕西省的47.43万套保障性安居工程项目全面开工。除计划内的790个项目外，还超计划开工9个，开工项目总数为目标任务项目个数的101.1%，在全国处于领先地位。

7月1日 即日起，全省4家美术馆、112家公共图书馆、120家文化馆、1542家乡镇综合文化站统一向社会免费开放。

7月4日 陕西省全面启动农村贫困家庭大学生助学项目。2011年安排扶贫资金2700万元，资助6552名大学生。

7月9日—10日 国务院总理温家宝先后来到陕西咸阳、西安等地，深入农村、工厂、物流公司，访农户、看超市，广泛听取基层干部群众意见，就当前经济运行有关问题进行调研。

7月15日 省政府印发《陕西省全民健身实施计划（2011—

2015年)》，提出到2015年形成覆盖城乡的比较健全的全民健身公共服务体系。

7月28日 陕西省西咸新区重大建设项目集中开工仪式和统筹科技资源改革示范基地起步区域开工仪式举行，标志着西咸新区由谋划规划阶段正式转入全面开发建设阶段。此次集中开工重点建设项目26个，总投资461.38亿元。

8月10日 作为国家重点援藏项目的陕西西藏中学奠基仪式在西安举行，标志着陕西省落实中央“内地办学、智力援藏”指示的重要工程开建。该中学原为临潼华清中学西藏班。为进一步提高西藏班的教学质量，为广大藏族孩子提供更好的学习条件，陕西省政府决定将华清中学西藏班整体搬迁到浐灞生态区。学校于2013年2月建成并投入使用。

8月25日 第28届中国电视剧“飞天奖”颁奖盛典在北京举行。陕西推出的《大秦帝国之裂变》等8部作品获得“飞天奖”。

9月1日 陕西省在全国率先实施学前一年教育免收保教费的教育政策。

9月16日 西安地铁2号线建成开通，标志着有3000年历史的古都步入地铁时代。该工程2009年9月开建，全线长26.4千米，设车站20座。

9月23日 陕西黄河沿岸土石山区移民搬迁工程启动。黄河沿岸土石山区是陕西省的特困地区之一，自然条件恶劣，群众生活非常艰苦。省政府计划通过移民搬迁，统筹解决困扰这一地区发展的诸多难题。11月25日，省政府印发《陕北黄河沿岸土石山区（洛河峡谷地带）扶贫移民搬迁规划（2011—2020年)》。根据《规划》，黄河沿岸土石山区移民搬迁共涉及榆林、延安两市17个县（区） 114个乡（镇）的2681个行政村，计划在未来十年内投资101.8亿元搬迁19.6

万人。其中，“十二五”期间搬迁 11.8 万人，平均每年搬迁安置 2.35 万人。

10 月 24 日 省政府印发《陕北移民搬迁安置若干政策规定》。规定，凡户籍在陕北白于山区、黄河沿岸土石山区、洛河峡谷地带并有移民搬迁意愿的农村人口均列入移民搬迁范围。此次搬迁政策不仅适用于陕北扶贫移民搬迁，而且同样适用于地质灾害搬迁、防洪避险搬迁和生态移民搬迁。搬迁范围以百户以上的集中安置为主，对分散安置从严审批，新型农村社区和中心村原则上按 2000 人以上规模建设。

10 月 30 日 在第 12 届中国戏剧节上，陕西秦腔现代戏《西京故事》赢得大奖——“中国戏剧奖·优秀剧目奖”。

11 月 1 日 陕西省调整提高取暖费补贴标准。调整的范围包括：机关、事业单位的在职人员和离退休人员、城市低保户、农村低保户和农村五保户，共涉及 155 万人（户），其中城乡低保户和农村五保户 133 万户。新标准规定，机关、事业单位在职人员和离退休人员人均每个取暖期的取暖费标准由 600 元提高到 896 元；城市低保户每户由 200 元提高到 600 元；农村低保户和农村五保户每户由 100 元提高到 200 元。企业在职和离退休人员可参照机关事业单位补贴标准执行。2017 年，全省调整企业的在职和离退休人员取暖费补贴标准，由现行标准调整为 2360 元。

11 月 2 日 即日起，陕西省增值税起征点调至月销售额 2 万元；按次纳税的增值税起点调高至 500 元 / 次（日），均按财政部和国家税务总局规定的最高限额执行。此次调整惠及全省 90.74% 的个体户，年减免增值税近 3.18 亿元。

11 月 6 日 省扶贫开发领导小组印发《关于调整国家扶贫开发工作重点县的通知》，决定将吴起、安塞、府谷、靖边、彬县、子长等6个县调整退出重点县范围，将佛坪、留坝、富平、石泉、澄城、勉县等6个县调整进入重点县范围，不再设立省级扶贫开发工作重点县。

同日 省扶贫开发领导小组印发《关于确定我省连片特困地区的通知》。《通知》指出，秦巴山片区、六盘山片区、吕梁山片区等3个国家连片特困地区覆盖陕西省43个县（区），同时决定将白于山区和黄河沿岸土石山区确定为省级连片特困地区，共覆盖17个县（区）。

11月28日 陕西省首届十大杰出工人表彰大会在西安召开。从全省各行业生产一线涌现出的王红林等10名杰出工人受到省政府的隆重表彰。截至2021年，已对多届杰出工人予以表彰。

12月8日 西（安）铜（川新区）高速公路建成通车。该公路是国家高速公路网包茂线陕西段的重要路段，也是陕西省“2367”路网的重要组成部分，全长62.8千米。

12月16日 国家级能源重化工基地榆林神府煤田煤炭东运的唯一高速通道——神（木）府（谷）高速公路建成通车。

12月31日零时 西安市黑河大桥等33个收费站停止收费。2011年，全省共撤并36个政府还贷二级收费公路收费站。

本年 陕西城镇居民人均可支配收入18245元，超过小康社会可支配收入的标准1.8万元。

本年 陕西省以1714万亩的水果种植总面积和1420万吨的水果总产量超过河北、山东、广东等果品大省，首次成为全国第一水果生产大省。

二〇一二年

1月1日 陕西新农合制度报销封顶线由5万元提高到15万元，政策范围内住院、门诊患者补助分别达到70%和60%。儿童先天性心脏病和白血病等20种大病全部纳入新农合补助范围，并与民政救助实现有效衔接，补助比例达到90%。2013年，扩增特殊慢性病病种15%。2014年，全省又在104个推行新农合制度的县（区）全部推行“住院单病种定额付费”模式，单病种已实施76种，80%的县（区）已开始推行住院总额预付制度。农民看病贵的顽疾，得以缓解。

1月13日 省政府印发《陕西省移民搬迁安置税费优惠政策》。优惠对象包括陕南地质灾害移民搬迁、陕北白于山区和黄河沿岸土石山区移民搬迁工程。主要对承建单位在承建移民搬迁工程项目期间按规定应缴纳的城镇土地使用税、印花税，予以免征；对承建单位承建的移民住房安置项目的土地增值税暂不预征；对分散安置移民取得的建房补助资金，免征个人所得税等。

同月 陕西省农产品质量安全监管实行“黑名单”制度，将非法添加、恶意生产不安全农产品的企业或个人列入“黑名单”库，采取严厉惩罚措施，使非法添加、恶意生产者难以立足。

2月3日 全省扶贫开发工作会议在西安召开。会议决定，陕西省将扶贫标准由每人每年1600元提高到每人每年2500元，比原标准提高56%，高出国家扶贫标准200元。这是继2011年初陕西将扶贫标准由每人1196元提高到每人1600元之后，再次提高扶贫标准，标志着全省将有更多的农村低收入人口被纳入扶持范围，分享改革发展成果。

2月6日 省委、省政府在汉中市汉江南岸中林滩防洪工程施工现场举行汉江综合整治动员大会。年初，省政府常务会议审议通过了《陕西省汉江综合整治规划》，计划用五年时间，围绕安澜、生态、发展、宜居四大主题，全面实施防洪保安、水资源配置、生态环境治理、沿江绿化、水景观建设等，打造“堤固洪畅、水清岸绿、滩平航通、人水和谐”的新汉江，为流域经济社会可持续发展提供有力保障和支撑。

2月14日 在2011年度国家科学技术奖励大会上，由陕西省主持完成的项目13项和参与完成的项目15项，共28项获得国家科学技术奖励，获奖数量在全国排名前6位。

2月15日 陕西省66个保障性安居工程建设项目集中开工仪式在咸阳市举行。

2月29日 中国首列一次性直装万吨级煤炭列车在神华神东煤炭集团开通运行。神东煤炭集团是中国重点建设的13个亿吨级大型煤炭基地之一，地跨陕、晋、内蒙古三省区，也是中国建成的首个2亿吨级商品煤基地。新开通运行的列车采用电气化机车牵引，一辆万吨级运煤列车24小时可多运煤炭2.88万吨。

3月1日 《陕西省农村扶贫开发条例》施行，这是陕西关于扶贫开发的第一部地方性法规。《条例》明确省、市、县各级政府和各行业部门扶贫开发职责，对地方各级财政专项扶贫资金投入作出具体规定，确立新阶段扶贫开发工作重点区域和工作目标，确定贫困村、贫困户认定的工作程序、办理时限及扶贫项目的申报、审批程序和方法，将政府及部门责任、扶贫制度与机制、扶贫开发考核、贫困影响评估、项目资金管理等予以具体化、制度化，把全省农村扶贫开发工作纳入法制化轨道。

3月18日 中国首部专门针对革命老区经济社会可持续协调发展的综合性区域规划《陕甘宁革命老区振兴规划》正式颁布，这是全国第一部专门针对革命老区“量身定做”的有关经济、社会、生态建设等八方面可持续协调发展的规划。该规划涉及陕西、甘肃、宁夏回族自治区的延安、榆林、铜川、庆阳、平凉、吴忠、固原、中卫等8个地级市，以及陕西富平、旬邑，甘肃会宁，宁夏灵武等9个县（市），总面积19.2万平方千米，人口1700多万人，规划期为2012年至2020年。

3月19日 陕西省在媒体公布首批保障房分配名单及轮候次序，涉及杨凌示范区、麟游、潼关、石泉、紫阳5个区县的38370户保障对象。至此，陕西保障房分配接受全社会公开监督。5月28日，陕西省住房保障信息系统正式运行，标志着陕西在全国率先建成保障房建设长效机制。

3月26日 省政府印发《陕西省老龄事业发展“十二五”规划》。《规划》提出，坚持“广覆盖、保基本、多层次、可持续”的方针，加快建立与经济社会发展相适应、与其他保障制度相衔接的老年社会保障体系；完善医疗卫生服务网点，提高老年卫生保健水平；开发宜居住宅，整合社区资源，发展养老事业；加强法规宣传，健全维权网络，保障合法权益；创建宜居环境，丰富精神生活，鼓励融入社会。

3月27日 省委办公厅、省政府办公厅颁布《关于支持集中连片特困地区发展的若干政策》。提出，加大扶贫工作力度，制定特殊支持政策，采取超常规举措，确保到2015年，全省贫困人口比2010年减少一半；到2020年，实现扶贫对象不愁吃不愁穿，义务教育、基本医疗、住房和养老有保障，生产条件有大改变，生活条件有大改善，社会事业有大发展，社会保障水平有大提高，生态环境有大改观，贫困地区农民人均纯收入增幅高于全省平均水平，基本公共服务领域主要指标接近全省平均水平。

3月30日 陕西晋陕峡谷暨壶口造林绿化工程在宜川启动，标志着陕西省黄河沿岸造林绿化活动正式拉开序幕。从当年起，用三年时间，在北起府谷、南至潼关近700千米的沿黄第一层山脊线陕西一侧可视范围内，完成43万亩造林绿化任务，构筑起一道防护功能强、经济效益高、景观效果好的黄河沿岸绿色屏障。

4月1日 西安等全国10个城市纳入大陆居民赴台自由行试点城市。

4月10日 陕西省与三星电子集团签订合作协议，一期投资70亿美元的闪存芯片项目落户西安。9月12日，一期高端存储芯片项目在西安高新区开工奠基。该项目也是改革开放以来全国引进的最大的单笔外商投资项目。2014年5月9日，三星高端存储芯片项目竣工。截至2021年，三星电子累计投资超过260亿美元。

5月3日 西安咸阳国际机场二期扩建工程完工，咸阳机场自此迈入3座航站楼、2条跑道运营的新时代。2009年3月西安咸阳国际机场二期扩建工程全面开工，2012年3月24日竣工。扩建后的西安咸阳国际机场，新建长3800米、宽60米的跑道，4F等级飞行区、3号航站楼、综合交通枢纽以及供电、供水、供油、消防等各类配套设施。西安咸阳国际机场航站楼总面积达到45万平方米，停机位达到123个，2条跑道，可保证跨洋洲际飞行，供全球最大的空客A380飞机起降，能够满足年旅客吞吐量5000万人次的保障需求。

5月4日—11日 陕西省首届全民健身展示大会在西安举行。大会推动形成“以政府体育部门为主导，以事业性体育机构为骨干，以社团性体育组织为助手，以群众性体育健身组织为基础”的全民健身组织新格局，是陕西省“十二五”期间改善民生的重要组成部分。

6月12日 中国首座330千伏智能变电站——新盛变电站，在西安正式投入运行，这标志着中国依靠自主创新成功地在智能电网科研、设计、设备制造、施工、运行维护技术上取得了新突破。

6月28日 2012年陕西省重点项目集中开工暨陕西省高功率半导体激光器产业园项目奠基仪式在西安举行。此次集中开工的省重点项目共48个，总投资533亿元，涉及七大领域，包括战略性新兴产业项目17个、先进制造业项目13个、现代物流项目4个、环保节能项目3个、城市基础设施项目4个、水利项目4个、社会发展项目3个。

同日 陕西华电蒲城发电有限责任公司2×660兆瓦燃煤机组烟气脱硝工程举行开工仪式，标志着陕西单机容量最大的火力发电机组烟气脱硝工程正式开工建设。

7月3日 西安铁路局增开西安—海口K1170次始发直通客车。这趟旅客列车的开通，结束了西北地区与海南不通火车的历史，同时也实现了古城西安与全国所有省会城市的铁路客运全覆盖。

7月5日 高陵县农村产权制度改革试点成果通过由国家土地督察西安局、省国土资源厅和西安市国土资源局等有关部门组成的专家小组验收。高陵县积极推动农村产权制度改革试点，被国土资源部定为开展完善土地权利制度，促进土地统一登记工作试点县，是西北地区首个农村产权改革制度试点县。

7月6日 省政府印发《全面改善城市空气质量的工作方案》，突出抓好关中和陕北城市以防治PM2.5为重点的大气污染防治工作，全面启动影响空气质量的细颗粒物的监测与治理工作。截至年底，西安、宝鸡、咸阳、渭南、榆林、延安、商洛等市已经开始实施本地区综合防治措施和开展大气污染治理专项行动。2013年4月17日，陕西省启动“治污降霾·保卫蓝天”行动。4月19日，全省集中整治燃煤锅炉、建筑工地扬尘等影响空气质量的突出问题。2014年1月10日，《陕西省“治污降霾·保卫蓝天”五年行动计划》公布，对全省开展大气污染治理设定了“时间表”和“任务栏”。2017年3月1日，全省部署大气污染防治和铁腕治霾专项行动工作。行动以“减煤、控车、抑尘、治源、禁燃、增绿”六策并举，全省实行联防联控、联动共治。当年，全省削减散煤522万吨，拆改燃煤锅炉7594台；淘汰黄标车31108辆；摸排“散乱污”企业4607户，清理取缔2139户。造林绿化1469.33千公顷，湿地保护恢复28千公顷，沙化土地面积净减少58.67千公顷。2018年4月27日，《陕西省铁腕治霾打赢蓝天保卫战三年行动方案（2018—2020年）》发布。2020年12月，全省PM2.5平均浓度为70微克/立方米，同比下降11.4%；平均优良天数18.5天，同比持平。2020年1—12月，全省PM2.5平均浓度为43微克/立方米，同比下降10.4%；平均优良天数287.8天，同比增加22.5天。2020年12月，全省13个市（区）环境空气质量综合指数平均值同比下降10.3%，2020年1—12月，同比下降10.0%。全省城市环境空气质量总体明显改善。

同日 全国第一座煤矿通风瓦斯（乏风）发电厂在陕西彬长大佛寺矿业有限公司成功并网发电，这标志着煤矿通风瓦斯（乏风）利用和实现煤矿瓦斯“零排放”在陕西取得重大突破。

7月9日 省政府启动自然灾害救助应急预案Ⅱ级响应，省民政厅、财政厅向受灾较严重的汉中、安康、渭南各下拨200万元救灾应急资金，支援三市抗洪救灾。

7月28日 丹江口库区及上游水土保持二期工程全面启动，涉及陕西省28个县（区），总投资19.76亿元。5年陕西安排治理水土流失面积4893.1平方千米，单位治理面积投资达每平方千米40万元，比一期工程提高60%。

8月13日 西安易俗社成立100周年纪念大会在西安易俗大剧院举行。西安易俗社于1912年成立，是中国第一个集戏曲教育和演出为一体的新型艺术团体，也是国内现存历史最悠久的艺术团体之一。

8月14日 西（安）商（州）高速公路全线建成通车。作为穿越秦岭的第一条六车道高速公路全长121千米的，标志着国家高速公路沪陕线陕西段全线贯通。

8月21日 省政府颁布《关于支持小型微型企业健康发展的实施意见》，从“加大各级财政支持力度”“改善加强金融支持与服务”“加强技术改造支持结构调整”“加强小微企业人力资源开发”等方面出台15项举措，力促小微企业快速发展。

8月24日 经国务院、中央军委批准，被列入国家重点建设项目、总投资6.1亿元的汉中城固机场军民合用改扩建工程开工。

8月27日 国务院正式批准榆林高新技术产业园区升级为国家级高新技术产业开发区。至此，陕西省的国家级高新区已达到6个。

9月28日 京广高铁郑州—武汉段正式通车运营。西安铁路局增开时速300千米的7对高铁动车组列车，西安与广州、深圳、武汉、长沙等国内大城市之间实现高铁连通。

10月1日 《陕西省农民工工资支付保障规定（试行）》施行，要求县级以上人民政府应当加强对农民工工资支付保障工作的领导，建立农民工工资支付保障联席会议制度，协调处理拖欠、克扣农民工工资等问题。同时上级人民政府应当加强对下级人民政府农民工工资支付保障工作的监督检查。《规定》适用于陕西省招用农民工的企业、个体经济组织、民办非企业单位和其他负有支付农民工工资义务的单位、个人。截至2019年年底，全省共办结欠薪案件1184件，为8347名农民工追发工资等待遇1.05亿元。

10月12日 长达9969米的大（同）西（安）客运专线晋陕黄河特大桥胜利合龙，这是当时中国高速铁路跨越黄河最长、建设规模最大的桥梁，被誉为“高铁黄河第一桥”。晋陕黄河特大桥是大西客运专线“三隧一桥”重点控制工程之一，跨越黄河，将陕西、山西两省连接起来。

10月16日 首套国产化每小时6万标准立方米等级空气分离装置压缩机组在陕鼓动力试车成功，打破了国外企业在6万立方米等级空分机组压缩机的垄断地位，也标志着陕鼓占领了国内空分机组压缩机领域的制高点。

11月6日 陕西省农业灌溉设施建设项目启动。设施灌溉面积1万亩以上的164个大中型灌区，包括大中型灌区扩灌、中型灌区节水改造、大型灌区末级渠系节水改造3大类项目。项目建设以恢复和新增灌溉面积为重点，主要任务是全面开展12个大型灌区田间工程配套改造，重点解决末级渠系老化失修、配套不全的问题，恢复失灌面积331.68万亩；对全省150个中型灌区进行全面节水改造，着重解决水源供水能力不足、输水渠道不畅、灌水设施不配套的问题，恢复失灌面积214.92万亩；同时对6个大中型灌区进行扩灌，新增灌溉面积57.27万亩。

同日 陕西省贫困地区儿童营养改善试点项目启动会在榆林召开。该项目利用中央财政专项补助经费，为6—24月龄婴幼儿免费提供营养包，预防婴幼儿营养不良和贫血，提高贫困地区儿童健康水平，对于改善贫困地区儿童营养，保障儿童健康具有重大的现实意义和深远影响。

11月20日 石头河水库正式向杨凌供水，杨凌城区居民从此告别饮用地下水的历史。输水管线从石头河水库向西安、咸阳输水的主干线上取水，全线为压力输水管道，总长18.25千米。石头河水库向杨凌供水后，杨凌供水厂日供水能力达 10 万吨，可满足杨凌 20 多万名居民和驻区企业 20 年的用水需求。

11 月 23 日 陕西省与海南、青海两省签订异地就医结算服务协议，从 2013 年起，在三省间异地退休安置人员就医可即时结算，就地解决医疗费用报销的问题。

12 月 10 日 省政府办公厅发出《关于进一步做好陕南陕北地区移民搬迁安置工作的通知》。全省安排财政专项扶贫资金 10.87 亿元，搬迁贫困人口 6.9 万户 26.4 万人。其中，陕北地区搬迁 2.24 万户 8.8 万人，陕南地区搬迁 3.7 万户 13.6 万人，渭北旱塬和秦岭北麓地区搬迁 0.96 万户 4 万人。

12 月 13 日 省委召开常委会（扩大）会议，传达学习中央关于改进工作作风、密切联系群众的八项规定及实施细则，安排部署全省贯彻落实工作。

12 月 21 日 高陵县举行撤乡镇设立街道办事处授牌仪式，撤销泾渭、鹿苑、崇皇三家乡镇建制设立街道办事处。这标志着高陵成为陕西省乃至西北地区首个作为县级行政区设立街道办事处的县，也是陕西省积极推进基层行政体制改革的探索和尝试。

12 月 28 日 省公安厅在宝鸡举行“陕西省居住证首发仪式”，标志着在陕西省学习、工作、生活的流动人口可通过居住年限享受与市民一样的各种政策、待遇、福利。

12 月 29 日 省委颁布《陕西省委常委会关于贯彻十八届中央政治局改进工作作风、密切联系群众八项规定的实施意见》。

12 月 31 日 由省教育厅、省发展和改革委员会、省公安厅、省人力资源和社会保障厅联合制定的《进城务工人员随迁子女义务教育后在陕参加升学考试方案》正式颁布，规定进城务工人员随迁子女可在陕西参加高考、中考。

本年　陕西省完成千里绿色长廊建设任务2295千米，其中新建林带1973千米，补植完善322千米。截至2012年，全省累计建成千里绿色长廊林带7500千米。

本年　陕西省基本完成直播卫星“户户通”工程。

二〇一三年

1月12日 中国首个“社区紧急救援志愿者服务站”在西安成立。该服务站配备紧急救援设备、药品、器械和应急食品，利用远程监控系统与消防、疾控、医院建立联动机制，形成救援网络。除在发生灾难或突发事件时能及时进行紧急救援外，志愿者队伍在平日还对社区居民宣传普及紧急救援知识，进行“紧急救助员”专业培训，组织应对各种灾难演练，提供公益便民服务。

1月21日 全国人口信息处理与备份（西安）中心项目在西咸新区开工建设。中心规划占地128亩，总建筑面积13万平方米，总投资10亿元，分两期建设。这是当时国内唯一的全国人口信息灾备中心。

同月 陕西省首次允许“三校生”（中等专业学校、职业高中、技工学校毕业生）参加示范性高职院校单独招生考试。

2月8日 国务院总理温家宝到汉中市勉县和略阳县视察汶川地震灾后重建情况，看望慰问干部群众。

2月24日 泾河东庄水利枢纽工程开工。东庄水利枢纽是陕西省重要的防洪骨干工程和水源工程，项目以防洪减淤为主，兼顾供水、发电和生态环境改善，总库容30.6亿立方米，与渭河全线整治工程一起，形成完整的渭河防洪体系。

3月10日—11日 省政府在北京先后与交通运输部和国务院扶贫办签署合作协议。根据交通运输部与陕西省达成的协议，双方围绕贯彻落实《陕甘宁革命老区振兴规划》，共同采取措施，在规划、资金、政策等方面协调配合，推进高速公路、红色旅游公路、运输场站建设和普通国省干线公路改造，力争到2020年，在老区基本建成能力充分、服务优质、运行高效、安全环保、管理先进的交通运输体系。依照省政府与国务院扶贫办的合作协议，双方在推进集中连片特困地区扶贫攻坚、实施专项扶贫开发重点工作、创新扶贫开发体制机制、培养扶贫人才等方面加强合作，到2015年使全省贫困人口比2010年减少一半以上，2020年贫困地区农民人均纯收入增幅高于全省平均水平，基本公共服务主要指标接近全省平均水平，重点县实现整体脱贫。

3月18日9时　省防汛抗旱总指挥部决定在关中7市（区）启动防抗干旱灾害Ⅳ级应急响应。2月下旬以来，陕西省大部分地区基本无有效降水。据统计，全省在田作物受旱面积达295万亩，白地缺墒251万亩，主要分布在渭北台塬地区和关中东、西部地区。

3月29日　西安浐灞生态区水生态系统保护与修复工作通过国家验收。至此，浐灞生态区正式成为全国第六个、西北地区首个国家级水生态系统保护与修复示范区。

4月1日　国家发展和改革委员会、林业局、农业部、水利部联合印发《京津风沙源治理二期工程规划》，榆林市榆阳、神木、府谷、横山、靖边和定边6县（区）列入京津风沙源治理二期工程建设范围。

4月16日　陕西省食品监管体制改革正式启动，标志着食品安全分段监管成为历史，一个全过程、全品种、全环节，从“农田”到“餐桌”的监管体系建立起来。

4月24日　陕北能源化工基地一批重点项目集中开工建设，总投资约1065亿元，年度计划投资176亿元。

4月26日 陕南山地森林化建设动员会在汉中召开，会议按照“一屏、两区、三廊、四点、五片”的林业生态格局，推动陕南全面绿化宜林荒山荒地，优化森林结构，力争到2020年陕南山地造林绿化1100万亩，名特优经济林达到1500万亩，森林覆盖率稳定在70%，森林蓄积总量达到3.5亿立方米。该项目的启动标志着陕西林业关中大地园林化、陕北高原大绿化、陕南山地森林化的“三化”建设全面实施。

5月3日 高陵县政府决定，在已实施15年免费教育的基础上，从2013年秋季起县政府将全额承担新考入普通高校的贫困大学生学费。这是陕西省首个全额承担贫困大学生学费的县。

5月4日 亚洲首例同卵孪生姐妹活体小肠移植手术在第四军医大学西京医院成功实施。

5月6日 陕西省扶贫开发工作暨片区攻坚推进电视电话会议在西安召开。会议提出，陕西省要实现“三个翻一番”特别是城乡居民收入翻一番的目标，贫困群众收入必须年均增长33%以上，一定要紧紧抓住国家实施集中连片特困地区扶贫攻坚和新一轮西部大开发的机遇，把区域发展与扶贫开发有机结合起来，整合各类资源解决瓶颈制约和突出矛盾，全力以赴打好扶贫开发攻坚战，确保到2020年与全国同步进入全面小康社会。

5月16日 丹江流域综合治理工程开工。工程计划利用10年时间，投资近90亿元，通过修建堤防、固堤绿化河堤、新建水源工程、建设基本农田、治理水土流失以及建设重点水生态体系等系列工程，健全丹江流域防洪体系，增强农业抵御自然灾害的能力。

5月27日 依据国务院《关于实行最严格水资源管理制度的意见》，省政府颁布《陕西省人民政府关于实行最严格水资源管理制度的实施意见》，确定用水总量、用水效率、水功能区限制纳污“三条红线”目标和任务，从责任考核、监控体系、管理体制、投入机制、政策监督等五个方面提出实行最严格水资源管理的保障措施。

6 月 6 日 省扶贫办、省财政厅、省审计厅、省发改委联合召开四县审计整改专题会议，传达学习省政府关于加强扶贫项目资金监管有关问题专项会议精神，听取有关县关于审计署审计提出问题的整改进展情况，对加快整改工作作出安排部署。

7 月 7 日—9 日 陕北中部、关中西部、陕南西部出现强降雨过程，最大降雨量为延川 161 毫米。国务院高度重视本轮强降雨防汛工作，李克强总理作出重要批示，国家防汛抗旱总指挥部、黄河防汛抗旱总指挥部分别发出紧急通知，并派出工作组赶赴延安等主要降雨区指导防汛抗洪工作。省防汛抗旱总指挥部全力做好防汛抗洪工作，确保群众生命安全。

7 月 24 日 财政部、民政部向陕西省下拨自然灾害生活补助资金 1 亿元，主要用于灾区受灾群众紧急转移安置、过渡性生活救助、向因灾死亡人员家属发放抚慰金和倒损住房恢复重建。2013 年 9 月 6 日，省委召开常委会议，传达学习习近平总书记关于延安受灾情况的重要批示，安排部署灾后重建工作，研究贯彻全国党委秘书长会议精神的具体措施。9 月 9 日，省政府召开专题会议，通报灾情核查情况，安排部署灾后重建工作。

7 月 26 日 在第 15 届巴塞罗那世界游泳锦标赛上，陕西运动员司雅杰获得女子单人 10 米跳台冠军。

8 月 1 日 陕西省实施“营改增”试点。试点范围是交通运输业（不含铁路运输）、部分现代服务业（包括研发和技术、信息技术、文化创意、物流辅助、有形动产租赁、鉴证咨询以及广播影视作品的制作、播映、发行等）。西安安航大件运输有限公司开出陕西省第一张票号为 00000001、金额为 239.64 万元、税额为 26.36 万元的货物运输业增值税专用发票。自此，陕西2.3万户营改增纳税人开始缴纳增值税，“营改增”试点改革在陕西成功实施。

8月15日 中国电信陕西公司启动第三次宽带大提速，开始推广100兆家庭宽带，这意味着陕西家庭开始进入网络“百兆新时代”。

9月15日 西安地铁1号线正式开通运营。这是西安市第二条建成运营的地铁线路，2009年3月31日开工，9月15日开通运营一期工程（纺织城站—后卫寨站），2019年9月26日开通运营二期工程（后卫寨站—沣河森林公园站），1号线全长31.5千米，全部为地下线，共设23座车站。

9月24日 省政府部署市、县、乡三级食品药品监管体制改革工作。

10月1日 《陕西省水土保持条例》施行。《条例》的颁布实施是陕西水土保持法制建设的重要里程碑，是加强生态文明建设的一项重要举措，对陕西水土保持、生态环境建设有着积极的作用。

10月31日 全长247.58千米的西（安）（安）康铁路二线正线全线开通运营。西康铁路二线为Ⅰ级电气化铁路，设计时速160千米，自2009年11月开工建设。线路北起陇海铁路窑村车站，经西安市灞桥、长安区，穿越秦岭隧道，再经柞水、镇安、旬阳县，南抵安康，纵穿陕西省南部。线路共设15个车站，特大桥、大中桥102座，隧道71条，其中桥隧总长148.19千米，占新建线路长度67.6%。

同月 陕西省各市、县近1万所中小学、450多万名学生全面完成中小学电子学籍数据采集录入工作，实现省自建系统和全国系统的数据交换，陕西对中小学生全部实现电子学籍管理，成为全国第二个全面实施电子学籍管理的省份。

11月25日 神（木）佳（县）米（脂）高速公路（神佳段）开工建设。神佳米高速公路全长141千米（与榆佳高速公路共线27千米），总投资106亿元。其中，神木至佳县段67千米，投资63亿元；佳县至米脂段47千米，投资43亿元。

11月28日 首列“长安号”国际货运班列从西安发车，驶往中亚国家哈萨克斯坦。这是中国铁路史上首次向国外发送国际整车货运班列。

12月6日 由中国中铁电气化局集团西安电气化公司承建的西（安）平（凉）铁路彬县西电气化牵引变电所一次送电成功，标志着西平铁路电气化牵引变电工程全部建成并开始送电。

12月7日 省政府颁布《关于深化行政审批制度改革推进简政放权工作的实施意见》，取消下放省级审批事项50个，取消和免征行政收费43项。

12月19日 中国科学院、中国工程院先后公布2013年新当选的院士名单，陕西省新添4名两院院士：西安电子科技大学郝跃教授、中国人民解放军空军工程大学李应红教授当选中国科学院院士；西安交通大学蒋庄德教授、西北核技术研究所欧阳晓平当选中国工程院院士。

同日 延（安）安（塞）志（丹）吴（起）高速公路正式建成通车。延安志吴高速公路是国家高速公路网长延线G2211的延伸段，是陕西省高速公路“2367”（2条环线、3条纵向线、6条辐射线、7条横向线）网规划七横中延吴线（延水关—吴起）的重要一段，全长109.8千米。全线按双向四车道标准设计，设计时速80千米，路基宽度24.5米，共有桥梁202座、隧道10条，桥隧比例占建设里程的57.2%。

12月28日 西（安）宝（鸡）高速铁路正式开通运营。西宝高铁是中国“四纵四横”快速铁路网之“一横”——徐（州）兰（州）高速铁路的重要组成部分，东起西安北站，经咸阳秦都站、杨凌南站和岐山站，西至宝鸡南站，除西安北站外，其他均为新建车站。

本年 陕西省深化教育综合体制改革，全面启动实施6项国家教育体制改革试点项目及10项省级教育体制改革试点项目，在全省市辖区和有条件的地方启动实施以义务教育为重点的基础教育学校管理机制改革。

本年 陕西省率先在西部地区将扶贫标准从国家标准的2300元提升到2500元，并采取“自下而上逐户调查识别，自上而下逐级抽查审核”的方式，在全省所有农村户籍人口中组织开展了收入普查，确定全省新阶段扶贫对象。

二〇一四年

1月1日 《陕西省大气污染防治条例》施行，这是全国首部关于大气污染防治的地方法规。《条例》加大了依法治霾力度和处罚力度，排污单位不得超总量或者超标准排放污染物，否则将受到处罚，承担法律责任。《条例》于2019年7月31日陕西省第十三届人民代表大会常务委员会第十二次会议作出修订。

同日 西安移动公司召开发布会，宣布4G业务在西安正式商用，西安成为西北地区第一个4G商用的城市。

1月10日 省十二届人大常委会第七次全体会议表决通过省人大常委会关于调整完善生育政策的决议，同意实施“单独二孩”政策。2016年5月26日，《陕西省人口与计划生育条例》于省第十二届人民代表大会常务委员会第二十七次会议修订通过。根据“单独二孩”政策的有关规定，将夫妻双方为独生子女的规定修改为夫妻双方或一方为独生子女的可以生育第二胎子女。2016年6月1日，国家正式实施全面二孩政策。2021年5月，陕西根据《关于优化生育政策促进人口长期均衡发展的决定》，提出实施一对夫妻可以生育三个子女政策及配套支持措施。

同日 在2013年度国家科学技术奖励大会上，陕西省35项优秀科技成果获得奖励，获奖项目保持了多年来的较高水平。陕西省35项获奖项目中，由陕西省科研单位主持完成的项目16项（通用项目15项、专用项目1项），参与完成的项目19项。

1月24日 省委常委会会议决定，成立省委全面深化改革领导小组，负责陕西省全面深化改革的总体设计、统筹协调、整体推进、督促落实等工作。

1月26日—28日 国务院总理李克强来到陕西商洛、安康、西安等地考察慰问，代表党中央国务院看望慰问困难群众，调研扶贫开发工作。

2月8日 陕南移民搬迁工作领导小组会议在西安召开。会议研究了中央财政新增陕南移民搬迁补助资金使用意见、集中安置点配套项目建设意见和陕南移民搬迁标识设计方案。

2月10日—11日 省委、省政府在西安召开全省农村工作会议，学习贯彻中共十八届三中全会和中央农村工作会议精神，安排部署全省2014年及今后一个时期的农业农村工作。会议强调，要促进农民增收，全力打好扶贫攻坚战。

2月12日 省政府召开第二次常务会议，学习李克强总理来陕考察时的重要讲话，研究贯彻落实意见，审议并原则通过加快地方政府职能转变与机构改革、镇村综合改革、严格控制新设行政许可、第三批取消下放的行政审批等事项。

2月15日 在第64届柏林国际电影节上，陕籍导演刁亦男执导的电影《白日焰火》获得最佳影片“金熊奖”，这是第五部获得“金熊奖”的中国电影。

3月1日 中央第五巡回督导组进驻陕西，督导陕西省开展第二批党的群众路线教育实践活动。

同日 陕西省正式实施注册资本登记制度由“实缴制”改为“认缴制”，企业年检制度改为年报公示制度。

3月10日 大学生创业者张国栋领到新版营业执照，这是陕西省推进工商登记制度改革后发放的第一张新版营业执照。

3 月 19 日 海关总署正式批复西安市为国家跨境贸易电子商务服务试点城市。

3 月 25 日 省政府印发《全面改善村庄人居环境持续推进美丽乡村建设的意见》，要求到 2020 年全省村庄人居环境整治工作基本完成，形成以设施完善、环境优美的特色村庄为引领，生活条件良好、村容村貌干净整洁的一般村庄为主体的村庄体系。2016 年至 2020 年，全省统筹中央和省级农村综合改革专项资金 8.94 亿元，通过典型引路、辐射带动，建设了 427 个基础设施便利、产业特色明显、生态环境优美、社会安定和谐的宜居宜业宜游的美丽乡村示范试点村。

4 月 2 日 省林业厅划定全省森林、湿地、物种三大林业生态红线。森林红线：全省森林覆盖率不低于 45%；湿地红线：全省湿地面积不少于 460 万亩；物种红线：全省动植物自然保护区面积占国土面积的比例不低于 5%。

4 月 3 日 省委、省政府在西安召开专题会议，研究部署全省治污降霾工作。

4 月 9 日 省委开展第一轮巡视，巡视对象为西安、宝鸡、咸阳、延安、汉中、商洛 6 市的 18 个县（市、区），每个县（市、区）的巡视时间为一个月。巡视期间，巡视组主要受理对被巡视县（市、区）领导班子及其成员特别是主要负责人以下方面情况的反映和举报。一是在严明党的政治纪律方面，着力发现是否存在对涉及党的理论和路线方针政策等重大政治问题公开发表反对意见，搞“上有政策、下有对策”等违反政治纪律的问题；二是在党风廉政建设和反腐败斗争方面，着力发现是否存在权钱交易、以权谋私、贪污贿赂、腐化堕落等违纪违法问题；三是在执行中央八项规定精神和加强作风建设方面，着力发现是否存在形式主义、官僚主义、享乐主义和奢靡之风等问题；四是在干部选拔任用方面，着力发现是否存在买官卖官、拉票贿选、违规提拔干部等选人用人上的不正之风和腐败问题。同时，按照中央和省委要求，加强对党委落实党风廉政建设主体责任、纪委落实监督责任情况和执行组织纪律情况的监督检查。之后省委巡视常态化开展。

4月23日 省扶贫办、省统计局、国家统计局陕西调查总队印发《全省农村扶贫开发建档立卡工作方案》，明确全省实施农村贫困人口识别和建档立卡的工作范围为98个有扶贫开发任务的县，调查的重点区域为国家片区县、重点县和省级片区县，调查的主要对象为已建档立卡的行政村和贫困户，同时明确贫困村和贫困户的调查标准、识别规模及建档立卡方法步骤等。5月20日，省委、省政府召开全省干部驻村联户扶贫暨建档立卡扶贫工作会议，安排部署工作。这是陕西扶贫史上第一次实现贫困信息精准到村到户到人。

5月1日 《陕西省非物质文化遗产条例》正式实施。

5月5日 中共中央总书记、国家主席、中央军委主席习近平给延川县文安驿镇梁家河村复信，对村上发展变化和灾后重建成绩感到欣慰，希望乡亲们努力把日子过得越来越红火，把村子建得越来越美丽。

5月7日 省政府办公厅印发《陕西省“治污降霾·保卫蓝天”2014年工作方案》，提出健全大气污染联防联控机制，强力推进以关中地区为重点的全省大气污染防治工作。全面推进“减煤、控车、抑尘、治源、禁燃、增绿”六个环节重点突破，实现空气中主要污染物浓度持续下降、城市环境空气质量逐步改善的工作目标。

6月10日 陕西省农村电网改造升级工程正式启动，涉及项目367个，计划投资7.5亿元。工程竣工后将使35个县869个村的14.34万户农民受益。

7月1日 大（同）西（安）高铁正式开通运营。大西高铁线路县县设站，是中国设站率最高的高铁线路。

8月7日 省住建厅印发《关于在全省保障房小区开展"和谐小区·幸福家园"创建活动的指导意见》。在全省开展"和谐小区·幸福家园"创建活动，提出争取在2—3年内，将全省50%以上的保障房小区建成居民自治、管理有序、服务完善、治安良好、环境优美、文明祥和的"和谐小区·幸福家园"；确定了西安市米家崖小区、兰博公寓，宝鸡市金河尚居，汉中市勉县民安花园，安康市石泉竹儿湾小区等5个省级试点小区。2015年创建127个小区，2016年创建261个小区，2017年创建355个小区，2018年45个小区通过省级评定，2019年33个小区通过省级评定，2020年32个小区通过省级评定。

8月18日 三星环新（西安）汽车动力电池项目在西安开工建设，标志着西安将成为全国最大的汽车动力电池生产基地。汽车动力电池项目由三星SDI公司与安庆环新集团、西安高科集团合作建设，总投资6亿美元，其中一期2.99亿美元，于2015年4月建成后可月产70万枚电池芯，2020年前二期规划完成后将达到月产360万枚电池芯。

9月12日 由文化部和陕西省政府共同主办的首届丝绸之路国际艺术节在西安开幕。

9月13日 第13届精神文明建设"五个一工程"表彰名单揭晓。陕西省选送的电影《百鸟朝凤》《冲锋号》，电视剧《聂荣臻》，歌剧《大汉苏武》，歌曲《丝路放歌》和图书《百年钟声——香港沉思录》等6部作品获优秀作品奖。

9月19日 比亚迪西安新能源汽车项目在西安高新区建成。

9月19日—10月4日 第17届亚运会在韩国仁川举行。中国体育代表团中的11名陕西运动员获得8枚金牌、2枚铜牌，创陕西运动员参加亚运会历史最好成绩。

10月1日 为贯彻落实民政部、中央纪委、中央组织部等12部委《关于进一步加强村级民主监督工作的意见》，进一步规范和完善村级民主监督机制，省政府新修订颁布施行《陕西省村务公开民主管理办法》，进一步规范了村务公开的内容、时间、形式和程序，落实县、乡两级政府督促检查的责任。全省各市依据《管理办法》，踊跃开展村务公开民主管理示范单位创建活动，本年就有宝鸡市、咸阳市等市（区）的14个县（区）申报创建“全国村务公开民主管理示范单位”。

同日 陕西省范围内加油站供应的车用汽、柴油全部实施国Ⅴ标准。

10月9日 西安高新区与比亚迪股份有限公司签署合作协议，计划投资100亿元比亚迪高端手机配套生产项目落户西安高新区。

11月22日 由陕西文化产业投资控股（集团）有限公司、陕西文投（影视）银海投资有限公司出品的电影《推拿》获得第51届台湾电影金马奖最佳剧情片、最佳新演员、最佳摄影、最佳剪辑、最佳音效、最佳改编剧本6大奖项。

12月3日 国家高速公路银（川）百（色）线陕西境内咸（阳）旬（邑）段建成通车。该项目的建成通车标志着咸阳市实现“县县通高速”，全省高速公路通车里程达到4473千米。

12月20日 凤县创建国家级生态县正式通过评审验收，成为陕西省和西北地区首个国家级生态县。

12月23日 总投资14.8亿元、历时3年筹备建设的全省重大民生工程——西北妇女儿童医院正式揭牌运营。这是陕西省对医疗卫生事业单位一次性投资最多的项目。

本年底 陕西城镇人均住房建筑面积30.58平方米，达到小康社会人均30平方米的标准。

本年　省级“一村一品”示范村农民人均纯收入10662元，首破万元。其中，全省49个国家级“一村一品”示范村农民人均纯收入达到12213元。汉中市汉台区河东店镇花果村农民人均纯收入25010元，居全省示范村之首；14个国家级“一村一品”示范镇农民人均纯收入10754元。长安区王莽街道农民人均纯收入13979元，为全省示范镇最高。

二〇一五年

1月1日 陕西省实现地级城市PM2.5监测全覆盖。10个设区市、杨凌示范区、西咸新区和韩城市按照空气质量新标准实时监测，涵盖二氧化硫、二氧化氮、PM10、PM2.5、臭氧和一氧化碳等6项大气污染物，并按照《环境空气质量标准》（GB3095—2012）要求参数对空气质量进行评价。

同日 25名藏身马来西亚的电信诈骗犯罪嫌疑人，被陕西警方出境打击电信诈骗犯罪工作组和马来西亚警方押解回西安。这次跨境作战是陕西警方首次跨国（境）打击刑事犯罪。

1月4日 为妥善安排好受灾群众过冬生活，切实解决受灾群众口粮、衣被取暖等困难，省政府拨付冬春救助资金2.6亿元。其中，中央补助2.44亿元，省级列支1600万元。此次冬春救灾资金分配向多次受灾、灾害较重的市县及倒塌农房重建任务较重的市县倾斜。

1月5日 “珍环计划”暨“用心点亮中国”爱心义卖接力活动在西安启动。“珍环计划”是以关注环卫工人肺部大病救助及其子女成长问题为目标的大型公益项目。

1月9日 在2014年度国家科学技术奖励大会上，全省23项优秀科技成果获得国家科学技术奖励。其中，陕西省科研单位主持完成的项目6项（通用项目5项、专用项目1项），参与完成的项目17项（通用项目14项、专用项目3项）。西安交通大学主持完成的“个性化颅颌面骨替代物设计制造技术及应用”项目、西安电子科技大学主持完成的“大规模无线局域网与蜂窝网络异构自组织技术”项目、第四军医大学主持完成的“雷达式生命探测系列装备”项目，荣获国家科学技术发明二等奖。

1月13日 陕西省启动“万村万人”青年电子商务人才培养计划，确定从2015年起，力争用3年时间对全省1万名青年进行农村电子商务专项培训，力争覆盖1万个村。其中，省级选调2000名优秀电子商务创业青年参加提升培训，市级以下组织8000人参加电子商务入门基础培训。

1月14日 陕西省全面启动高等职业教育考试招生制度改革。2015年陕西省所有普通高等职业教育院校（含普通高等职业院校、举办普通高等职业教育的本科院校和成人高校）全部实施分类考试招生，2015年通过分类考试录取的学生占高职院校招生总数的一半左右，逐年增加，至2017年成为高等职业教育报告主渠道。

1月22日 农业部批准宝鸡市陈仓区、西咸新区泾河新城列入第三批国家现代农业示范区。之前陕西省已有西安市长安区、渭南市富平县、安康市汉滨区3个国家现代农业示范区。

1月—3月 陕西省开展残疾人基本服务状况和需求入户调查。本次调查内容包括各类残疾人家庭收入及生活救助、社会保障、康复服务、扶贫开发、住房保障、无障碍改造、权益维护等。入户调查数据为党委、政府“精准扶贫”决策提供依据，对了解残疾人需求，维护残疾人权益，为残疾人服务，具有重要意义。调查涉及1500多个乡（镇）、26800多个村、2100多个社区。

2月6日 陕西财政再次下拨冬春救灾资金6500万元。

2月13日—16日 中共中央总书记、国家主席、中央军委主席习近平先后到延安、铜川、西安调研，深入乡村、学校、社区、科研院所、革命根据地纪念场馆调研考察。在延安考察期间，习近平主持召开陕甘宁革命老区脱贫致富座谈会。2月15日，习近平总书记发表重要讲话，指出陕西正处在追赶超越阶段，提出扎实推动经济持续健康发展、扎实推进特色现代农业建设、扎实加强文化建设、扎实做好保障和改善民生工作、扎实落实全面从严治党的要求。

2月25日 省委召开常委会（扩大）会议，传达学习习近平总书记来陕考察重要讲话重要指示，研究部署全省贯彻落实工作。26日，省政府召开会议，研究部署学习贯彻工作。

2月28日 陕西省开展“法律服务进万村 推进法治到基层”主题月活动。活动主要内容包括“讲法治、调矛盾、促治理”，通过司法行政干部深入基层一线，举办千场法治报告会、调解千件矛盾纠纷、受理千件法律援助案件、指导千个民主法治村创建、落实千个镇街（社区）法律服务站（室）建设。本次主题月活动持续至3月底。活动期间，全省共举办法治报告会1090场，受众11万人次，组织法治教育培训3242场，调处矛盾纠纷2584件，督办法律援助案件1285件，回访法律援助受援人2415人。

3月1日 《陕西省实施〈中华人民共和国老年人权益保障法〉办法》施行。新《办法》修改幅度大，新增内容涵盖家庭赡养和扶养、社会保障、社会服务、社会优待和宜居环境、参与社会发展、法律责任等。

3月10日 陕西省全面推开城镇居民大病保险工作，所有市全面启动实施城镇居民大病保险制度。

3月12日 陕西省社会救助服务热线正式开通，主要受理最低生活保障、农村五保供养、医疗救助、临时救助等方面的政策咨询和问题解答。

3月20日 陕西省对2015年度因公死亡职工一次性补助金和事业单位原工伤残人员残疾抚恤金进行调整。2015年因公死亡职工一次性工亡补助金由53.91万元提高至57.69万元。全省事业单位原工伤残人员残疾抚恤金参照伤残国家机关工作人员残疾抚恤金标准也同期调整，一级为50700元、二级44890元、三级39070元、四级30760元、五级23270元、六级19680元、七级14140元、八级9130元、九级6650元、十级4980元。调整后的标准从2014年10月1日起执行。

3月23日 陕西省调整工伤保险待遇。其中，一至四级伤残职工每人每月伤残津贴分别增加321元、305元、289元、273元；增加后，一至四级伤残职工月伤残津贴不足2451元的，增加到2451元。五级伤残职工每人每月增加257元，六级伤残职工每人每月增加225元；增加后，五至六级伤残职工月伤残津贴不足1978元的，增加到1978元。调整的标准从2015年1月1日起执行。

3月30日 陕西省调整失业保险金标准：一类工资区每月1110元，二类工资区每月1027.50元，三类工资区每月945元，四类工资区每月892.50元。与失业保险金标准相关的失业保险待遇随之调整。调整后的失业保险待遇标准从2015年5月1日起执行。

同月 省政府发布信息，5年来全省对404家各类小企业实施行政性关闭，淘汰落后产能640万吨。中央财政补助资金5.32亿元，安置企业职工4.6万人。

同月 陕西省启动实施不动产统一登记制度。至11月底，省、市、县三级完成了职责机构整合任务，各级分别设立“一局一中心”，全面实现了“有人办事”。2018年5月，全省推行不动产登记、房屋交易与税费收缴“一厅办理、集成服务”，实现了企业和群众“只进一扇门、只跑一次路”。同时，全省探索形成并推行了“一窗办理、并联服务、部门协同、数据共享”的不动产登记服务新模式。截至2018年底，全省85%以上的市（县）实现了不动产交易、税收、登记“一厅式办理”“同城通办”，20个市（县）推行了不动产交易、缴税、登记“一窗受理、并联办理、集成服务”。

4月9日 陕西省启动高校教学名师引领计划，从2015年起到“十三五”末，全省将培养省级教学名师300名、校级教学名师3000名，形成高水平的教学名师梯队。

4月20日 省人社厅、省财政厅、省发改委、省工信厅联合出台《关于失业保险支持企业稳定岗位的实施意见》。其中，对采取有效措施不裁员、少裁员，稳定就业岗位的企业，每年可按照不超过该企业及其职工上年度实际缴纳失业保险费总额的50%给予稳岗补贴，所需资金从失业保险基金中列支。

4月24日 “全国首例知识产权（专利）质押P2P融资”发布会在西安举行，标志着全国首例专利质押互联网融资在西安诞生。

4月27日 省委办公厅印发《关于在全省开展“三严三实”专题教育的实施方案》，对2015年在全省县处级以上领导干部中开展“三严三实”专题教育作出安排。

4月29日 750千伏西安南输变电工程全部带电投运。该工程投资34.77亿元，是国家电网陕西电力单个工程投资最大的项目，于2013年9月开工。

4月30日 水利部正式批复引汉济渭工程初步设计报告。陕西省引汉济渭工程作为国家发展和改革委员会、水利部2015年重大水利工程首批投资对象，获得2015年中央预算内投资26亿元。引汉济渭工程是为解决关中、陕北缺水而决策实施的战略性水资源配置工程，分为调水工程和输配水工程两大部分，调水工程由黄金峡水利枢纽、三河口水利枢纽、秦岭输水隧洞组成。

5月4日 全国统一实行立案登记制改革的第一个工作日，全省各地法院全面推行立案登记制度，变立案审查制为立案登记制，对依法应该受理的案件，做到有案必立、有诉必理，最大限度保障当事人诉权。

同日 省政府公布2014年度全省保障性安居工程超额完成了年度目标任务，开工43.42万套，基本建成31.59万套，新增发放廉租住房租赁补贴2.76万户。全省保障性安居工程基本建成量位居全国第一。

5月6日 省政府新闻办公室召开新闻发布会，通报全省开展渭河流域水污染防治三年行动（2012—2014年）的整体实施情况。渭河干流主要污染物平均浓度大幅度下降，干流水质基本达到预期目标。

5月8日 李家河水库开始正式向西安供水，解决了东郊200多万人饮水问题。李家河水库工程于2009年11月开工建设。

5月10日 西安市临潼区等25个试点县（区）启动城乡孕产妇系统保健免费基本生育服务。孕产妇系统保健免费基本服务项目包括孕前免费优生健康检查项目、孕产妇健康管理项目、农村孕产妇免费住院分娩补助项目等。项目对象要求是陕西户籍，参加新型农村合作医疗或城镇职工生育保险、城镇居民医疗保险的育龄夫妇。

5月12日 榆横—潍坊1000千伏特高压交流输变电工程开工。该工程于2015年5月6日获国家发展和改革委员会核准，计划2017年建成投运，是落实国家大气污染防治行动计划重点建设的12条输电通道之一。全线双回路架设，全长2×1048.5千米，途经陕西、山西、河北、山东4省，动态总投资241.8亿元。榆横—潍坊1000千伏特高压交流输变电工程是“陕电外送”的首个特高压工程。

5月14日 国家主席习近平在西安会见印度总理莫迪，就中印文化交流及各领域合作等共同关心的问题交换意见。莫迪14日抵达陕西访问，此次访问是对习近平主席2014年9月访问印度的回访，也是中印两国间又一次重要的高层互动。

5月20日 陕西省开展涉农资金专项整治行动，主要对52个农业县（区）的2013、2014年度各级财政预算安排用于“三农”的各项资金、2010年来财政和审计部门对涉农资金的各种检查中发现的问题的整改和处理情况以及专项整治期间群众举报的事项进行全面检查。

6月上旬 国家发展和改革委员会下达了陕西省2015年易地扶贫搬迁工程投资计划，总投资54144万元。其中，中央预算内投资41000万元，地方投资13144万元。共搬迁安置农村贫困人口68300人。国家资金主要用于连片特困地区偏远山区搬迁群众安置点的建房、基础设施和公共服务设施建设补助。

6月16日 省政府召开2015年全省县城以上城区中小学校重点建设项目对接推进会。全年，全省重点支持建设城区54所小学、50所中学，项目建成后将新增学位67576个。

6月19日 陕煤集团黄陵矿业公司2×300兆瓦低热值资源综合利用电厂项目1号机组首次并网发电成功，正式进入带负荷试运行阶段，标志着陕西省最大的煤矸石发电项目进入商业运营。

同日 西安市公安局新城分局韩森寨派出所副所长、社区民警汪勇被中共中央宣传部评为“时代楷模”。汪勇是陕西省西安市公安局新城分局韩森寨派出所副所长、咸东社区民警。他在工作中帮助居民解决了许多实际问题，十多年间，累计排查不稳定因素2282件，化解纠纷1670余起，帮助群众解决各种困难2300余件。

6月24日 依据《国务院关于进一步推进户籍制度改革的意见》，省政府办公厅印发《关于进一步推进户籍制度改革重点任务分工方案的通知》。《通知》决定，实行全省统一的城乡户口登记制度。其中，对户口迁移政策进行调整，将全省分为三类地区实行差别化落户政策。建制镇和小城市，取消落户限制；全省市辖区（西安市市辖区除外）放宽落户政策，凡符合有合法产权住房或有稳定住房，连续居住1年以上，或有合法稳定就业、首次缴纳城镇企业职工基本养老保险三项条件之一的本人及家庭成员均可在当地申请落户。7月1日，西安市户籍登记取消农业户口和非农业户口性质类别，将全市户口统一登记为居民户口，类别分为“居民家庭户口”和“居民集体户口”。2017年5月31日，省政府颁布《推动非户籍人口在城市落户实施方案》，促进有能力在城镇稳定就业和生活的农业转移人口举家进城落户。

7月1日 陕西省对具有陕籍并持有第二代中华人民共和国残疾人证的一级视力、肢体、智力、精神和多重残疾人每人每月发放不低于100元的护理补贴。全省首次核定符合享受此项补贴的重度残疾人约有12万人。

7月2日 陕西省全面推行“三证合一”登记制度改革。“三证合一”登记制度改革，是依托统一的并联审批系统，一套材料申请、一个窗口受理、相关部门一体审批，一次发放载有工商注册号、组织机构代码号、税务登记号“一照三号”营业执照的审批模式。

7月3日 陕南移民搬迁工作领导小组会议召开。会议公布2015年上半年陕南移民搬迁落实搬迁对象6.3万户，安康、汉中、商洛3市累计完成投资66.5亿元，开工建设集中安置项目494个，占计划的81.1%；开工建设安置房6.06万套，占年度安置任务的96.3%。

7月10日 府谷—安康K8203、K8204次快速列车投入运行，结束了榆林市府谷县不通火车的历史。

7月14日 省政府颁布《关于扶持小型微型企业健康发展的实施意见》，省、市、县三级要设立中小企业发展专项资金，重点支持小型微型企业创业创新和转型升级；加大省级中小企业专项资金对小企业创业基地（微型企业孵化园、科技孵化器、商贸企业集聚区等）建设的支持力度，重点建设100个创业基地；对安排残疾人就业未达到规定比例、职工总数20人以下（含20人）的小型微型企业，自工商登记注册之日起3年内，免征残疾人就业保障金。对小型微型企业吸纳就业困难人员就业的，按规定给予社会保险补贴。

7月16日　陕西省发运能力最大的延长石油西安成品油铁路专用线工程建成投运。项目总投资6.7亿元，分为专用线和装车系统两部分。其中，专用线全长5.36千米，总铺轨里程14.6千米，设计成品油装车能力为每年300万吨。

7月17日　省政府表彰22名见义勇为先进分子。省政府决定，追授因见义勇为牺牲的曹鹏、洪志文、米龙飞3位同志“陕西省见义勇为先进分子”荣誉称号，分别颁发奖章和荣誉证书，各奖励15万元人民币；授予因见义勇为伤残的李岗、方武2位同志“陕西省见义勇为先进分子”荣誉称号，分别颁发奖章和荣誉证书，各奖励10万元人民币；授予刘秋兰、邓琼月、赵小林、黄军、潘化军、孟谋林、罗亮亮、张博、黄根喜、张金龙、常进宝、任凤祥、张建华、徐生全、李彬彬、段全波等17位同志“陕西省见义勇为先进分子”荣誉称号，分别颁发奖章和荣誉证书，各奖励5万元人民币。

7月27日　省扶贫办开通12317监督举报电话，主要受理关于扶贫资金管理、分配、使用中的问题，扶贫项目实施管理中的问题，挤占、贪污、挪用扶贫资金等行为的举报。

7月29日　中国男子双人3米板组合秦凯（陕西籍）和曹缘在喀山游泳世界锦标赛夺得金牌。

8月初　陕西省在6852个建档立卡贫困村选派第一书记，同时对714个“升级晋档”差类村和1609个软弱涣散后进村派驻第一书记。省、市、县三级共选派驻村干部2.05万人。

8月12日 商洛市山阳县中村镇烟家沟村的陕西五洲矿业股份有限公司山阳分公司生活区突发山体滑坡，造成8人遇难,57人失踪，直接经济损失约5亿元。灾害发生后，习近平总书记、李克强总理分别作出重要批示，要求全力组织搜救被埋人员。省委、省政府坚决落实习近平总书记、李克强总理重要批示精神，全力以赴做好抢险救援工作。

8月13日 陕西省实施12项措施促进失业人员就业、创业。推行支持企业稳岗并吸纳失业人员再就业，鼓励农民工自愿参加失业保险，失业人员参加职工大病医疗保险个人不缴费等措施。

8月25日 省政府决定实施扶持陕北发展300万亩山地苹果种植的计划。

同月 陕西省提高省部劳模专项补助资金标准。依照补助标准，在每年“双节”期间，按照每人500元标准，对全省所有符合规定的省部劳模进行慰问；省部劳模特殊困难补助每位补助对象每年度补助一次，补助标准在1000元至5000元之间；省部农民劳模的生活补助金也从2015年起改民政部门发放为各级工会发放，对女年满55岁、男年满60岁或者丧失劳动能力的农民劳模，补助标准由原来按授予年限划分的每人每年480元、1200元不等，统一提高为每人每年3000元。

9月1日 省政府安排2000万元财政扶贫资金，在蓝田、太白、长武、宜君、蒲城、延长、佳县、勉县、汉阴、洛南等10县开展光伏扶贫试点。光伏发电扶贫是国家确定的精准扶贫工程之一。

9月8日 省政府启动加快县级公共体育场建设计划，要求从2015年起全省每年新建、改扩建20个以上县级公共体育场，重点帮助在建工程建成投用、未建项目尽快建设，建成的学校体育场适当改造相关设施以便对市民开放，建成未达标体育场扩建达标等。

9月15日 省政府办公厅印发《支持农民工等人员返乡创业的实施意见》，全面落实扶持农民工、大学生和退役士兵等人员返乡创业政策，重点实施7个"行动计划（2015—2017年）"，大力支持农民工等人员返乡创业。

9月18日 省政府公布《全省涉企行政事业性收费目录清单》《全省涉企政府性基金目录清单》和《全省实施政府定价或政府指导价的涉企经营服务性收费目录清单》。明确规定，目录清单之外的涉企行政事业性收费、政府性基金和实施政府定价或政府指导价的经营服务性收费，一律不得执行，公民、法人和其他组织有权拒绝缴纳。

9月23日 由咸阳市礼泉县、宝鸡市扶风县政府携手阿里巴巴集团打造的"农村淘宝"县级服务中心及第一批村级服务站正式联网运营。

9月25日 省政府办公厅出台《城市公立医院综合改革试点的实施意见》，明确2017年全省全面推开，同时破除以药补医机制，在所有县级以上公立医院取消药品加成政策。

9月28日 全国高速公路电子不停车收费（ETC）实现联网，陕西省已与全国28个省（区、市）实现ETC联网运行。

同月 全国首套百万吨级煤制油项目在榆林投产。项目位于榆林榆横煤化学工业区，总投资164亿元，原煤年用量500万吨。

同月 渭河堤防防护林工程启动。

10月12日—18日 陕西省在宝鸡、渭南、汉中、安康、商洛5市实地检查危害秦岭生态"四乱"问题，重点针对政府监管和乱采乱挖、乱搭乱建、乱排乱放、乱砍乱伐等行为，并突击检查有偷采、超排等违法行为的企业和单位。

10月14日 延（安）（延）川高速公路正式通车。该高速公路全长116千米，总投资118亿元，桥隧比例43.8%，于2012年12月

28日开工建设。随着这条高速公路通车，延安市到延川县50分钟车程可达，比之前节约近一半时间。

10月26日 省政府工作部门权力清单和责任清单通过陕西省政府门户网站向社会公布，涉及52个省级部门的4394项行政职权全部“上网公布”。

同月 陕西省确定“十三五”期间建档立卡贫困人口搬迁规模约为35.9万户128.2万人。“十三五”末，陕西省完成24.9万户84.4万人的易地扶贫搬迁，加上同步搬迁16万户54.2万人，共计40.9万户138.6万人，占全省建档立卡贫困人口的30%。

11月1日 《陕西省社会救助办法》施行。《办法》对陕西省范围内低保、特困人员供养、医疗救助、教育救助、住房救助、就业救助、临时救助以及社会力量参与社会救助作出规定。

11月7日 省政府印发《关于促进慈善事业健康发展的实施意见》，明确公益慈善类社会组织可直接登记，并在税收减免方面给予优惠。

11月9日 陕西省率先在乳制品和白酒生产企业建立“吹哨人制度”，鼓励员工监督举报企业违法违规行为。

11月11日 省教育厅印发《关于落实教育部〈严禁中小学校和在职中小学教师有偿补课的规定〉有关事项的通知》，严禁中小学校和在职教师有偿补课。2015年11月13日至2016年1月10日，全省开展专项治理，纠正、治理基础教育乱收费和节假日补课现象，规范中小学办学行为，减轻学生学业负担。

11月16日 省政府办公厅出台《关于全面实施城乡居民大病保险的实施意见》。按照《实施意见》年底前大病保险制度覆盖所有城乡居民基本医保参保人群，参保人大病高额医疗费用个人承担的部分由大病保险给予保障，报销比例达到50%以上，大病保险资金从城乡居民基本医保基金中划出，参保群众不额外缴纳费用。全省2013年起在西安、宝鸡、延安、汉中4市试点大病保险，后在全省推开，此次制定实施意见，明确了大病保险筹资、保障水平、监管制度等各项政策。

11月23日 为期70天的“2015秦风·冬季亮剑”严打专项行动启动，集中整治社会治安突出问题。2015年，全省共发现受理各类治安案件216008起，查处207091起，治安处罚87715人。在打击涉及民生的突出违法犯罪中，先后摸排食品药品类犯罪线索5800余条，破获案件1501起，抓获犯罪嫌疑人1833人；摸排各类环境污染犯罪线索3797条，查处案件3053起，抓获犯罪嫌疑人1875人。

11月下旬 陕西省旅游市场秩序综合整治行动启动，重点打击不合理低价、零负团费及强制购物等严重扰乱旅游市场秩序的行为。整治活动至2016年5月下旬结束。

同月 安（康）平（利）高速公路正式通车。此高速公路是陕西“2367”高速公路网18条联络线之一，也是陕西东出湖北及中东部地区的一条新通道。安平高速公路全长约61千米，全线双向四车道，设计时速80千米，于2013年7月开工建设。

12月5日 陕西省启动海绵城市建设试点。在全省各设区市、杨凌示范区、韩城市中选择两个市（区）作为海绵城市建设省级试点城市。省级财政将给入选的试点城市连续3年每年给予2000万元资金补助。

12月7日 中国科学院、中国工程院公布2015年院士增选结果。陕西3位专家入选两院院士，其中中国科学院1名、中国工程院2名。西安交通大学能源与动力工程学院何雅铃教授当选中国科学院技术科学部院士。中国航天科技集团公司侯晓、中国兵器工业集团李魁武当选中国工程院机械与运载工程部院士。

12月8日 西咸北环线高速公路建成通车。至此，陕西省高速公路总里程突破5000千米，全国排名第9。

12月9日 中央全面深化改革小组第十九次会议决定陕西成为全国第三批开展司法体制改革试点省份，陕西紧接着出台了《陕西省司法体制改革分工实施方案》，明确了14个方面103项任务，拉开了司法改革大幕。此次改革的重点围绕完善司法人员分类管理制度、完善司法责任制、健全司法人员职业保障、推动省以下地方法院检察院人财物统一管理等。

12月11日 省委、省政府在西安召开全省脱贫攻坚工作会议。会议要求认真学习贯彻中央扶贫开发工作会议精神，立下愚公移山志，拿出超常规举措，坚决打赢脱贫攻坚战，确保到2018年延安率先在革命老区中实现整体脱贫，到2020年全省实现农村贫困人口全部脱贫、贫困县全部脱贫摘帽。会前，各市党政主要负责人向省委、省政府签署脱贫攻坚责任书。

12月17日 省政府召开全省精准脱贫建档立卡核查暨易地扶贫搬迁电视电话会议，安排部署全省建档立卡核查和易地扶贫搬迁工作。

12月18日 陕西省成功预报一起地质灾害。上午，安康市白河县城关镇社区工作人员和居民发现国道316线K1717+400米处山体出现掉块现象，报告相关职能部门。政府及时启动应急预案，第一时间撤离居民，并对道路实行交通管制。截至18时，全部撤出临近房屋内人员47人。撤离半小时后山体发生崩塌，未造成人员伤亡。此次崩塌方量约100立方米，造成316国道及光缆中断、输电线路损坏、部分居民房屋受损。

12月29日 国务院办公厅同意陕西省承办中华人民共和国第14届运动会。至此，陕西成为继北京、上海、广东、江苏、山东、辽宁、天津之后，第八个举办全国运动会的省份，也是中西部第一个承办的全运会省份。

12 月 30 日 省委、省政府印发《关于贯彻落实〈中共中央国务院关于打赢脱贫攻坚战的决定〉的实施意见》。《意见》提出，到 2020 年稳定实现扶贫对象不愁吃、不愁穿，义务教育、基本医疗和住房安全有保障；贫困地区农民人均可支配收入增长幅度高于全省平均水平，基本公共服务主要领域指标接近全省平均水平；确保现行省级标准下 360 万贫困人口脱贫，56 个国家扶贫开发工作重点县和片区县全部脱贫摘帽。

本年底 陕西农村居民人均可支配收入 8689 元，首次突破小康社会人均 8000 元的标准。

本年 《陕西统计公报》公布，2015 年全省生产总值 18171.86 亿元，其中，第一产业增加值 1597.63 亿元，第二产业增加值 9360.30 亿元，第三产业增加值 7213.93 亿元。全年全社会固定资产投资 20177.98 亿元。其中，固定资产投资（不含农户） 19826.65 亿元，农户投资 351.33 亿元。全年外贸进出口总值 1895.66 亿元。全年新批外商投资项目 112 个。合同外资 57.82 亿美元。全年全省居民人均可支配收入 17395 元，城镇居民人均可支配收入 26420 元，农村居民人均可支配收入 8689 元。全省城乡居民收入比为 3.04∶1，较上年缩小 0.03。全年城镇新增就业 44.37 万人，失业人员再就业 17.09 万人，困难人员实现再就业 7.16 万人，登记失业人员实有人数 22.35 万人，城镇登记失业率 3.36%。年末纳入城市低保 25.40 万户 50.90 万人，人均月保障标准 460 元，人均月补助标准 327 元；纳入农村低保 74.90 万户 161.20 万人，保障标准每人每年最低 2500 元，人均月补助标准 159 元。农村五保对象 13.10 万人，其中集中供养 4.70 万人，供养标准每人每年最低 6000 元（现金不低于 5800 元）；分散供养每人每年最低 5500 元（现金不低于 5300 元）。共有农村五保供养服务机构 659 所，其中农村敬老院 521 所，村级五保集中供养点 138 个。

二〇一六年

1月1日 《陕西省人民政府关于进一步完善困难残疾人生活补贴和重度残疾人护理补贴制度的实施意见》发布并施行。规定，将低保家庭中的残疾人以及非低保家庭中一到三级的低收入残疾人、其他困难残疾人纳入困难残疾人生活补贴范围，补贴标准也相应提高。

同日 按照国家发展和改革委员会降低全国燃煤发电上网电价和一般工商业用电价格的政策，陕西电网燃煤发电上网电价每千瓦时降低4.5分，一般工商业用电价格每千瓦时降低5.17分，居民生活、农业生产和大工业用电价格不作调整。

1月8日 在2015年度国家科学技术奖励大会上，38项陕西省主持和参与完成的重大科技成果获奖，占全国三大奖（国家自然科学奖、国家科技进步奖、国家技术发明奖）授奖总数的12.9%。38项获奖项目中，由陕西省科研单位主持完成的项目21项，参与完成的项目17项。

1月11日 准东—皖南±1100千伏特高压直流输电工程开工。这是世界上电压等级最高、输送容量最大、输电距离最远、技术水平最高的特高压输电工程。输电工程陕西段经过渭南市、西安市、商洛市等5市4区10县，线路长度402.46千米，输电铁塔735基。

1月24日 省政府公布"十二五"规划民生发展情况。在2015年财政增收压力明显加大的情况下，"两个80%"（即把新增财力的80%用于民生；把整个公共财政支出的80%用于民生）仍然得到全面落实，全省民生支出3582亿元，保障能力持续提高、覆盖面持续扩大。高校毕业生初次就业率达到88.5%，新增城镇就业44.37万人，农村劳动力转移就业693.8万人。企业退休人员基本养老金标准居全国第12位，城乡居民基本养老保险政府最高补助额达到200元，城乡低保标准分别达到每月460元和每年2500元，城镇居民医保和新农合人均财政补助分别高出国家标准20元，居民医疗救助和临时救助水平分别达到人均2344元和户均1407元。保障性住房顺利实现三年23%的保障面要求，移民搬迁步入常态化轨道并在全国推广，2015年内又有45.1万户城镇居民迁入新居。

2月14日　省脱贫攻坚领导小组召开第一次全体会议。会议审议了2016年中省财政扶贫资金、以工代赈（国债）扶贫资金安排意见和“十三五”易地扶贫搬迁方案。

2月17日　省政府决定成立大数据与云计算产业发展领导小组。6月17日，《陕西省大数据与云计算产业示范工程实施方案》提出，利用两年时间，通过示范工程带动，探索总结大数据“汇聚、开放、交易”规则，把握大数据产业发展规律，促使大数据产业生态体系不断完善。到2017年年底，通过实施四大工程，形成具备产业支撑能力的增长点和明晰的发展方向，西咸新区成为国家级大数据与云计算产业基地；引进国内外有影响力的大数据龙头企业5家以上，引进国家部委数据中心10家以上，培育壮大一批产业关键环节骨干企业，其中规模以上企业超100家。

2月23日　省农业厅公布，“十三五”期间，全省实行用地养地结合，每年拿出总耕地面积的2%（约66.67千公顷），以财政补贴形式，在陕北和渭北进行休耕轮作，以恢复地力。

同日　省人力资源和社会保障厅发布通知，上调全省事业单位原工伤残人员残疾抚恤金标准，新标准从2015年10月1日起执行。具体标准分为十级。其中，伤残一级抚恤金每年 58310 元（原 50700 元），伤残二级抚恤金每年 51620 元（原 44890 元），伤残三级抚恤金每年 44930 元（原 39070 元）。

3 月 1 日　陕西省法院司法体制改革试点工作动员部署会召开，全省法院司法体制改革试点工作正式进入实施阶段。为深入贯彻中央和省委决策部署，陕西高院制定试点工作《实施方案》及 18 项相关配套制度，并确定了咸阳中级人民法院、榆林中级人民法院、蓝田县人民法院、富县人民法院、永寿县人民法院、华阴市人民法院、南郑县人民法院、紫阳县人民法院、清涧县人民法院、洛南县人民法院、铜川市耀州区人民法院、宝鸡市金台区人民法院 12 家法院为试点法院。

3 月 11 日　陕西省在全国率先实施矿产资源开发“三保三治”行动，即实施矿产资源开发保发展治粗放、保安全治隐患、保生态治污染行动，要求自然保护区等范围内矿山将逐步依法退出。

3 月 15 日　省林业厅宣布面向全省实施林业治污减霾工程，重点实施“森林湿地 3000 万亩”建设项目。

3 月 18 日　陕西省开展非法经营疫苗紧急排查工作，重点对涉陕 14 名（上线 8 人、下线 6 人）涉案人员逐一调查。

3 月 20 日　省政府颁布《关于大力推进大众创业万众创新工作的实施意见》。提出，要深化体制机制改革。加快商事制度改革，采取一站式窗口、网上申报、多证联办等措施，为创业企业提供便利的工商登记服务；加快推进“三证合一、一照一码”改革，逐步实现企业设立、变更、注销等登记业务全程电子化；加快推行电子营业执照，企业设立实行“一表申报”，允许“一址多照”“一照多址”、按工位注册企业。对初创企业免收登记类、证照类、管理类行政事业性收费。完善市场准入制度，积极探索交通出行、无车承运物流、快递、金融、医疗、教育等领域的准入制度创新，通过分类管理、试点示范等方式，为众包、众筹等新模式、新业态的发展营造良好环境；针对众包资产轻、平台化、受众广、跨地域等特点，放宽市场准入条件，降低行业准入门槛。

3月24日 省财政向全省有扶贫开发任务的96个县（市、区）下达2016年中省财政专项扶贫项目资金。其中，中央首批提前下达资金16.54亿元，省级安排资金8.38亿元。资金由县级政府依据相关规定自主确定扶持项目。

3月25日 省政府颁布《解决无户口人员登记户口问题的实施意见》。《意见》明确要求，按照“依法办理、区别情况、便民利民、综合配套”的原则，进一步完善户口登记政策，加强户口登记管理，全面解决陕西省无户口人员登记户口问题，确保每位公民依法登记一个常住户口，努力实现全省户口和居民身份证号码准确性、唯一性、权威性的目标。全省各地、各有关部门要规范受理审批程序，严格工作要求，取消不符合户口登记规定的前置条件，及时办理无户口人员户口登记。

同月 陕西省重新划定地下水超采区和保护区，新一轮地下水超采区治理全面启动。全省本次共划定西安、宝鸡、咸阳、渭南、榆林5市地下水超采区15处，总面积1427平方千米，年均超采量5131万立方米。

同月 陕西省启动高校征兵工作，并在全国率先推出按学历优待，具体为：本科以上每月3500元，本科生每月3000元，大专、高职每月2500元，高中每月2000元，初中每月1500元。“高原条件兵”在发给其义务兵家庭优待金的基础上，每年再给予一次性奖励金2万元。

同月 陕西开通“12110”辅助报警平台，聋哑人士可编短信求助。

4月18日 省政府办公厅转发省民政厅等部门《关于进一步完善医疗救助制度全面开展重特大疾病医疗救助工作的实施意见》。根据《意见》，全省全面开展重特大疾病救助工作，设资助参保参合、门诊医疗救助、住院医疗救助三种医疗救助方式，明确其救助标准。

同日 《陕西省教育扶贫实施方案》施行。《方案》从提高贫困家庭就学子女补助标准、改善贫困地区学校办学条件和师资力量、扩大高等学校招收农村学生覆盖面等方面，对教育精准支持全省脱贫攻坚目标提出要求。仅当年就落实28.63亿元、资助各级各类学校学生168.88万人，实现建档立卡户学生资助全覆盖；落实36.86亿元专项资金，改扩建校舍358.27万平方米，极大改善薄弱学校办学条件。

4月21日 省农业厅公布农村土地确权情况。全省所有涉农县乡及98.8%的村民小组都开展土地确权登记颁证工作，测绘影像资料全部提供到位，市级信息平台建设基本完成并投入运行，县级确权登记颁证软件全部安装到位，并已对93.2%的农户、93%的耕地完成调查，74.9%的村民小组完成二轮公示，向186.7万农户颁发土地经营权证书，基本完成确权登记工作总量的80%以上。

4月26日 陕西省大气污染防治工作专题会议召开，提出，全年关中地区削减燃煤260万吨，关中地区城区实现20蒸吨以下燃煤锅炉清零，陕北、陕南地区完成388台燃煤锅炉拆改任务；年内完成关中地区30万千瓦及以上燃煤火电机组超低排放改造。

同月 省委出台《陕西省全面深化改革督察工作办法》，健全改革督察工作机制，推动改革各项举措落地生根。提出，建立分级督察工作机制，重点对各专项小组、各市（区）、省级各部门等进行督察。其中，督察方式包括全面督察、专项督察和日常督察。

同月 陕西省启动建立省、市、县、镇、村五级农村贫困劳动力统计制度。同时，选择30个贫困村开展农村贫困劳动力监测工作。

5月1日 陕西省在建筑业、房地产业、金融业、生活服务业四大行业全面推开税收营改增试点改革，营改增税制转换在陕西成功落地。

5月7日 全国首个液化天然气下乡试点工程通气典礼在周至县马召镇桃李坪村举行。项目自2015年1月21日开建，总投资280万元，可供2000户农户用气，辐射周至县马召镇桃李坪村周围5个行政村。

5月18日 省政府决定阶段性降低全省失业、工伤、生育三项社会保险费率，期限为2016年7月1日至2018年6月30日，预计可降低企业成本约32.5亿元。全省统一将失业保险费率由国家规定的2%降至1%，为全国最低。工伤保险根据基金结余情况调整，生育保险参保者生一孩和二孩将享受同等待遇。

5月20日 陕西省食品小作坊实行“一票通”制度，使小作坊生产的食品“来源可追溯、去向可查询、风险可掌控、责任可追究”。“一票通”是依据有关法律法规和实际生产需要，统一格式、统一内容，规范小作坊产品的销售凭证为同一种多联票据。

6月1日 根据省政府优化整合中等职业教育资源的要求，全省对40所技工院校进行撤并，对18所技工院校进行转型，改为培训机构。

6月6日 省政府与中国泛海控股集团签署“泛海助学·陕西行动”框架协议。根据协议，至2020年，泛海集团将按每人5000元的标准，每年无偿资助1万名陕西省建档立卡贫困家庭应届大学新生，5年共计捐赠2.5亿元，将惠及5万名贫困家庭学生。

6月13日 陕西省专业干部挂职动员会在西安召开，107名金融类和43名科技、经营管理、城建类干部赴基层一线，挂任副县（市、区）长，挂职时间2年，首次实现了专业干部到全省县（市、区）挂职的全覆盖。

6月14日 省政府印发《陕西省推进考试招生制度改革实施方案》，计划改进招生计划分配方式、改革考试形式和内容、启动高考综合改革等。

6月23日 陕西省移民（脱贫）搬迁工作推进会在西安召开，会议安排部署新一轮移民搬迁工作。

同月 陕西省新型农村合作医疗、计划免疫业务信息系统实现与国家连通。

7月1日 省政府与中兴通讯股份有限公司签署战略合作协议暨中兴微电子项目落户西安高新区签约仪式举行。

同日 省政府召开土地例行督察整改工作会，针对国家土地督察西安局对土地例行全省督察中发现的以渭河治理为代表的生态工程用地、设施农业发展占用耕地、基本农田土地违法等突出问题，要求分类施策综合施治。

7月6日 陕西省城镇居民医保政府补助标准由2015年的每人每年400元提高到每人每年440元。

同日 陕西省出台8项举措加快推进职称制度改革，其中包括5类人员不再考外语；职称外语、计算机应用能力考试免试审批权限下放；职称申报与个人年度考核挂钩等。

7月8日 省委办公厅印发《陕西省党政干部鼓励激励办法（试行）》《陕西省党政干部容错纠错办法（试行）》《陕西省推进省管党政领导干部能上能下办法（试行）》。2018年，省委修订并重新印发“鼓励激励、容错纠错、能上能下”三项机制，要求全省各地各部门结合实际认真贯彻执行。

7月15日 省政府颁布的《关于深化商事制度改革促进大众创业万众创新的实施意见》施行，提出深化体制改革、加快构建众创空间、充分激发人才活力等多方面措施。

7月20日 《陕西省人民政府关于加强农村留守儿童关爱保护工作的实施意见》出台，要求全面建立家庭、政府、学校尽职尽责，社会力量积极参与的农村留守儿童关爱保护工作体系，完善农村留守儿童救助保护机制，有效遏制侵害农村留守儿童权益的事件发生。

7月29日 陕西全面实施资源税改革，建立税收与资源价格直接挂钩的调节机制。这是继对原油、天然气、原煤等资源实行从价计征改革之后，对铁矿石、金矿、铜矿、铅锌矿等38个矿产资源品目实行一系列资源税改革。

8月3日 陕西省启动渭河生态区建设，投资189亿元，面积达到1000平方千米。

8月11日 工信部公布国家智能制造试点示范项目名单，全国共计63家单位。其中，陕西省有中航工业西安飞行自动控制研究所的微小惯性器件智能制造；陕西法士特齿轮有限责任公司的节能重卡变速器智能制造；中煤陕西榆林能源化工有限公司的煤化工智能工厂；西安中兴通讯终端科技有限公司等4家单位的智能终端智能制造入选。

8月15日 省委办公厅、省政府办公厅印发《关于建设“一流大学、一流学科，一流学院、一流专业”的实施意见》，引导和支持省内高等院校强化内涵建设、优化学科结构、办出专业特色、争创一流目标。

同日 咸阳市启动新农合大病保险“一站式”即时结算工作，标志着该市成为全省首个开通新农合大病保险“一站式”即时结算服务的城市。

8月16日 省政府决定再取消、下放14项行政审批等项目。其中，取消和部分取消11项，下放和部分下放管理层级3项。

8月18日 首趟中欧班列西安—华沙正式开行。全程9048千米，途经哈萨克斯坦、俄罗斯、白俄罗斯等国终到波兰华沙。

8月19日 省物价局、省财政厅、省教育厅联合下发秋季各级各类学校收费项目及标准，规定自秋季起，公办高中开始免收学费。9月1日，陕西省实行普通高中免学费政策。从秋季学期开始，陕西免除普通高中学生学费，惠及学生80.49万人。

8月24日 《陕西省全民科学素质行动计划纲要实施方案（2016—2020）》出台。

8月25日 陕西省退休人员基本养老金调整工作全面展开。从2016年1月1日起，对2015年12月31日前按规定办理退休手续的企业和机关事业单位退休人员（含退职人员，不含新中国成立前参加革命工作享受本人原工资100%退休金待遇的老工人）的基本养老金（含退职生活费）水平进行调整提高。同时，决定对20世纪60年代精简退职职工的生活补助费标准予以调整提高。

同日 陕西省119个普通公路项目在咸阳举行开工仪式。119个项目总投资126.9亿元，建设里程2052千米。

8月26日 徐立平、张新停、李世峰、杨峰、李晓佳、席小军、张红法、彭永利、闫晓德、胡永刚等10人获得“三秦工匠”荣誉称号。“三秦工匠”是陕西省总工会从企业一线技术岗位上评选出的具备爱岗敬业、刻苦钻研、一丝不苟、精益求精、勇于创新、追求卓越“工匠精神”的优秀高技能人才。这是陕西省总工会首次在全省广大职工中评选“三秦工匠”。

8月30日 省政府决定上调工伤保险待遇标准，并从1月1日起执行。本次调整的范围和对象为，2015年12月31日前（含31日）

经过工伤认定、劳动能力鉴定并按月享受伤残津贴、生活护理费的工伤职工及按月享受工亡职工供养亲属抚恤金的人员。

同日 省政府印发《陕西省移民（脱贫）搬迁工作实施细则》，提出到“十三五”末全面完成35.5万户建档立卡户125万人扶贫搬迁及同步实施的避灾、生态和其他类型的搬迁安置任务。

同月 陕西省检察体制改革推进会在西安召开。全省检察人员分类管理、司法责任制、检察官职业保障、省以下检察机关人财物统一管理、内设机构改革等各项改革工作得以全面推进。

9月1日 省教育厅公布，自2012年春季学期营养改善计划国家试点启动以来，全省有226万学生享受义务教育营养改善计划。享受人数占全省义务教育阶段学生总数的74%，其中52个县（市、区）还实现了城乡义务教育阶段学生全覆盖，实施规模居全国前列。

9月2日 “陕西省权责清单”发布平台正式上线运行，标志着全省全面完成市县两级政府权责清单工作。

9月5日 省财政厅联合省国土资源厅下发《陕西省避灾生态移民搬迁补助资金管理办法》，对资金补助标准及分担比例、资金申请及拨付、资金使用、监督检查等方面作了详细规定。选择集中安置的每户补助4.5万元，在农村分散安置的每户补助3万元。

9月7日 中国首个职业农民大专班在杨凌示范区正式开学，标志着中国职业农民培育工作步入规范化、学历化和专业化的新阶段。

9月10日 全国铁路运行进行大规模调整。其中，西安新增23对动车组列车。随着郑徐高铁正式载客运营，西部高铁首次与东部高铁网实现直连，西安分别与上海、南京、杭州、福州、青岛、济南等17个大中城市实现高铁互联。

9月12日 包（头）茂（名）线黄延高速公路扩能工程北段建成通车，标志着西安至延安第二通道全线贯通。黄延高速公路扩能工程北段是国家高速公路包茂线在陕西境内的重要组成路段，路线起于铜川市宜君县崖头庄，止于延安市安塞区沿河湾镇南侧。路线全长153.9千米，按双向六车道的高速公路标准建设，设计时速100千米。该工程南段全长64千米，已于2015年12月7日正式通车运营。

9月13日 苏陕扶贫协作联席会议在西安召开，江苏、陕西两省签署《关于进一步加强扶贫协作和经济合作战略协议》。两省不仅建立了扶贫协作联席会议机制，而且在建立市际结对关系的基础上，完善建立县际结对帮扶关系。江苏省确定2016年安排苏陕扶贫协作专项资金2亿元。

9月21日 省政府印发《陕西省食品安全行政责任追究办法》。规定，人民政府主要负责人对本行政区域的食品安全工作负总责，分管负责人负领导责任；履行食品安全监督管理职责的部门主要负责人对食品安全监督管理工作负直接领导责任，从事监督管理的工作人员负直接监督管理责任。任何组织和个人都有权举报地方各级人民政府及有关部门不履行或不正确履行食品安全监督管理职责的行为。举报内容经查属实且符合责任追究情形的，应启动行政责任追究程序。

9月22日 省政府办公厅转发《陕西省保障性安居工程建设管理工作奖励办法》。该《办法》对保障性安居工程建设考核奖励的等次类别、奖励资金的额度和适用范围等作出新的规定，其中被评为先进的市级政府，最高可获3000万元奖励。

10月12日 英国西安签证申请中心举行揭幕仪式。英国签证中心的成立，使可在陕办理签证的欧洲国家增加至9个（英国、比利时、意大利、瑞典、芬兰、克罗地亚、希腊、奥地利、西班牙）。

10月13日 省委召开专题会议，研究全省扶贫移民搬迁工作。会议强调，要顺应群众期盼、坚持实事求是，进一步细化易地搬迁实施方案，不断完善资金筹措与分配、补助方式与标准等方面的政策，确保贫困群众住房不举债、脱贫有保障。

10月15日 由文化部和陕西省人民政府共同主办的第11届中国艺术节在延安开幕。

10月16日 在北京召开的全国脱贫攻坚奖表彰大会上，省供销合作总社主任陈纯山被国务院扶贫开发领导小组授予全国脱贫攻坚奖创新奖。商南县扶贫局、长武县扶贫办分别获得人力资源和社会保障部、国务院扶贫办表彰的全国扶贫系统先进集体，安康市扶贫局副局长刘子龙、略阳县扶贫办主任巩长青荣获“全国扶贫系统先进工作者”称号。

10月20日 陕西省取消每户每月1元的城市居民天然气维修费。

10月28日 陕西省个人信用报告查询县域全覆盖集中开通仪式在西安举行，38个自助查询点顺利开通。至此，陕西省个人信用报告查询范围实现县域全覆盖。

11月1日 陕西省个体工商户“两证整合”登记制度改革工作正式开启，西咸新区工商局沣东新城分局发出全省首张标注有统一社会信用代码的个体工商户“两证整合”营业执照。

11月8日 西安地铁3号线正式开通运营。地铁3号线试验段于2011年5月11日开工建设，全线于2012年8月开工建设，呈半环形走向，东北方向起自灞桥区保税区站，西南方向至雁塔区鱼化寨站，全长39.15千米，其中地下27.13千米，地上高架线11.57千米；共设26座车站，其中地下站19座、高架站7座。

11月28日—12月28日 中央第六环境保护督察组对陕西省开展环境保护督察，并形成督察意见。经党中央、国务院批准，督察组于2017年4月11日向陕西省委、省政府进行了反馈。

12月2日 郑江、张磊被中宣部、中央综治办、公安部、中央军委政法委员会、全国总工会、共青团中央、全国妇联、中华见义勇为基金会授予第13届“全国见义勇为模范”荣誉称号。2014年8月18日凌晨，汉中市镇巴县泾洋街道大垭村人郑江在镇巴县城租住房中看到楼下有4名男子包围一名警察并企图抢夺警察枪支，郑江抄起木棍下楼与警察将4名男子分南北两头堵住，并协助支援民警控制住了4名男子。2014年7月6日，咸阳市乾县政协办公室职工张磊在乾县大北沟水库钓鱼时，救起3名落水儿童。

12月8日 陕西省与中国东方航空集团签署战略合作框架协议。根据协议，双方将共同把西安咸阳国际机场建设为“一带一路”上的国际航空枢纽，把航空产业及相关服务业打造成陕西的支柱产业。

12月上旬 省财政厅印发《关于实施支持农业转移人口市民化若干财政政策的意见》，明确出台支持农业转移人口市民化的一系列政策。

12月19日 西安首次启动重污染天气Ⅰ级应急响应。全市所有幼儿园、中小学停课。全市范围内机动车（特种车辆除外）限行，限行比例不低于50%。

12月21日 包（头）海（口）线西安—延安—榆林高铁西延段开建。西延高铁计划于2025年10月开通，设计时速目标值350千米，建成后延安至西安通达时间将缩短至1个小时。西延高铁的建设对延安市打造区域综合交通枢纽节点城市，进一步扩大对外合作交流，促进产业结构优化，推动延安经济高质量发展具有重大意义。

同日 第四军医大学唐都医院为甘肃省庆阳市一患者提供跨省就医即时结报服务，这在陕西是首次。

12月28日 省政府颁布《关于加快推进全省“互联网+政务服务”工作的实施意见》，要求加快构建“互联网+政务服务”体系，推动政府职能转变，提升政务服务水平，最大限度利企便民。2017

年年底，陕西基本建成省级“互联网+政务服务”平台，全面公开政务服务事项，实现统一申报、统一受理、统一反馈和全流程监督，显著提升省级政务服务能力。2019年，建成了省级统筹、部门协同、贯通市县乡村的多级联动“互联网+政务服务”体系，做到政务服务事项“应上必上、全程在线”，实现办事“一号申请、一窗受理、一网通办”，大幅提升政务服务标准化、网络化、智慧化水平。

同日 陕西金融资产管理股份有限公司与陕西煤业化工集团、北京银行西安分行在西安签署市场化债转股合作协议，标志着陕西省第一个市场化债转股项目正式落地。

12月30日 西安市纯电动公交车投运启动仪式在西安举行，标志着西安开启了绿色交通、绿色发展的新时代。

二〇一七年

1月9日　省政府印发《陕西省推进供给侧结构性改革去杠杆行动计划》。针对去杠杆重点对象非金融企业，提出优化企业资产和融资机构降低企业杠杆率的8项措施。提出到2020年年末，实现全省融资结构明显优化、证券化率显著提升；政府负债规模有效控制，企业负债率稳步降低；金融机构杠杆率保持合理水平，不良贷款率得到有效控制，提高金融服务实体经济和创新驱动发展的质量和效益，支持全省经济结构调整和产业转型升级。

同日　2016年度国家科学技术奖励大会在北京召开，全省32项技术成果荣获国家科学技术奖励。占全国科技奖励授奖总数的11.5%。陕西省科研单位主持完成18项，参与完成14项，主持完成的通用项目数量居全国第四位。其中，国家自然科学奖6项，居全国第二位，为陕西省历年最好成绩；国家技术发明奖4项，居全国第三位；国家科技进步奖6项，居全国第六位。

2月13日　延安市新城北区、延安市安塞区、渭南市富平县、韩城市龙门开发区等地区的5个项目，被列入国家能源局批复的全国首批23个多能互补集成优化示范项目，总投资196亿元。多能互补集成优化示范项目的推进，能提高能源系统效率，利于稳增长政策措施的落实。

2月26日　中国西部科技创新港建设开工。中国西部创新港是教育部和省政府共同建设的国家级项目，是陕西省和西安交通大学落实“一带一路”、创新驱动及西部大开发三大国家战略的重要平台。

3月13日 黄土高原山水林田湖生态保护修复工程建设全面开工。该项目是财政部、国土资源部、环境保护部贯彻落实习近平总书记提出的“山水林田湖是一个生命共同体的理念”，由中央财政设立重点生态保护修复治理专项资金，专项用于山水林田湖生态保护修复的重点项目，首批将陕西省纳入重点支持范围，对建设美丽陕西具有重要意义。该项目涉及延安6个县（区）、铜川市4个县（区）和富平县，在陕西总投资119.77亿元，其中中央奖补资金71.61亿元，是生态保护类项目获得国家支持最大的项目之一。当年，首批中央奖补资金20亿元已拨付到位。

3月30日—31日 中宣部向全社会公开宣传发布“以国为重的大国工匠”徐立平的先进事迹，授予徐立平“时代楷模”荣誉称号。4月10日，徐立平所在班组被中国国防邮电工会、中国航天科技集团有限公司联合命名“徐立平班组”，授牌仪式在航天科技四院举行。

4月1日 中国（陕西）自由贸易试验区正式揭牌运行。陕西自贸区的实施范围119.95平方千米，涵盖3个片区：中心片区87.76平方千米，西安国际港务区片区26.43平方千米，杨凌示范区片区5.76平方千米。按区域布局划分，自贸试验区中心片区重点发展战略性新兴产业和高新技术产业，打造面向“一带一路”的高端产业高地和人文交流高地。2017年12月14日，《中国（陕西）自由贸易试验区管理办法》颁发实施。2021年5月1日，《中国（陕西）自由贸易试验区条例》正式施行。

同日 由省公安厅主办的全国公安机关首家打拐反拐公益性网站“三秦回家网”正式开通运行。该网站面向全国，为广大群众提供免费服务和帮助。全年，发布失踪人员信息554条，找回失踪、被拐儿童6名。

4月9日 中兴智能终端制造总部项目暨中兴智能终端制造二期项目落户西安高新区签约仪式在西安举行。2014年7月25日中兴通讯智能终端生产项目正式签约西安高新区。自2015年2月9日投产，2016年实际产销为2300万部，具备25条生产线，年产值173亿元，解决就业3400人。中兴智能终端制造二期项目落户达产后，将新增产1500万部，新增产值100亿元以上，新增投资16亿元。

4月11日 为进一步落实《陕西省人民政府关于印发工业稳增长促投资21条措施的通知》精神，按照“稳能源、促化工、兴电子、强制造、扩新兴、优传统”的总体思路，确保实现全年工业稳增长促投资目标任务，省政府出台《关于进一步落实〈工业稳增长促投资21条措施〉的实施意见》，针对全面落实国家支持工业发展的有关政策措施、强化重大项目重点企业包抓帮扶机制等21条措施分别安排了责任单位，确保工业稳定增长。

4月24日 省政府决定从2017年起举办陕西省全民健身运动会，以后每两年举办一次。5—9月，陕西省首届全民健身运动会在渭南举行。全省12个地市及48个厅局、院校、行业系统均组团参赛。各项目参赛队638支，领队、教练、运动员人数达12118人，裁判员及工作人员5280人，观众人数达309万余人次。参赛人员年龄最大82岁，最小仅5岁。

5月27日 绥德县胡菊梅家庭荣获2017年全国“最美家庭”荣誉称号。2012年，胡菊梅丈夫不幸查出患有尿毒症，胡菊梅毅然捐肾救夫。

6月2日 西安市和韩城市医保网络系统正式接入国家异地就医跨省结算信息系统，实现了互联互通，符合条件的陕西省外出人员和外省来陕人员住院费用可直接结算。至此，陕西省与国家异地就医跨省系统联网对接全部实现，较国家规定的全面启动联网运行目标提前了 3 个月。

6 月 8 日 中央第十一巡视组向陕西省委反馈巡视“回头看”情况，省委根据反馈情况开展巡视整改工作。根据中央统一部署，2 月 26 日至 4 月 26 日，中央第十一巡视组在陕西开展了巡视“回头看”，查找省（区、市）党委在政治担当、政治生态、执行政治纪律等方面存在的突出问题。

6 月 18 日 国务院正式批准西安港为汽车整车进口口岸。这是继西安港获批国家一类口岸、进境粮食指定口岸、进口肉类指定口岸之后，国务院批准陕西西安设立的又一开放功能平台。

7 月 9 日 宝（鸡）兰（州）客运专线开通运营，以西安为中心的西北地区高铁与全国高铁网正式实现互联互通。至此，横贯中国东西的高铁大通道徐州至乌鲁木齐段全线开通。宝兰客专全长 400 千米，设计时速 250 千米。2012 年 10 月 19 日，宝兰客专陕西段工程开工，陕西境内 45.9 千米，设有隧道 12 条，总长 39.9 千米，总投资 53 亿元。

7 月 10 日—11 日 国务院总理李克强在杨凌农业高新技术产业示范区和宝鸡市考察。要求陕西抢抓发展机遇，锐意改革创新，在西部开发开放中起到引领和支撑作用。12 日，省委召开常委会议，传达学习李克强总理来陕考察时的重要指示精神，研究贯彻落实措施。

7 月 13 日 省政府办公厅印发《关于开展“减证便民”专项行动的通知》。专项行动坚持依法依规和合理合情原则，做到“六个一律”，即凡是没有法律法规依据的，一律取消；凡是办事单位能够通过网络自行核实或信息共享方式办理的，一律取消；凡是能够通过申请人现有证照、凭证证明的，一律取消；凡是能够通过申请人采取书面承诺、签字声明或提交相关协议办理的，一律取消；凡是开具证明的部门无权查证、无法开具的，一律取消；凡是能够通过公序良俗进行规范或者通过常识推断的，一律取消。凡未纳入清单范围的证明事项和盖章环节，一律不得要求办事群众、企业提供。各单位不得擅自增设证明环节，确需新设的必须逐级审核并报省推进职能转变协调小组办公室审查论证后纳入清单管理。全省保留和取消的证明事项和盖章环节清单将通过政府门户网站向社会公开。2017 年 7 月—11 月，全省开展“减证便民”专项行动，全面清理涉及企业和群众办事创业的各类证明和盖章环节并实施清单管理。

7 月 18 日 陕西省与吉利集团在西安签署新能源汽车产业化项目合作协议。当年，吉利 36 万台汽车发动机下线，汽车整车产量达 19.4 万辆。

7 月 24 日 《陕西省农村义务教育学生营养改善计划管理办法（试行）》施行。营养改善计划是国务院自 2011 年起实施的旨在改善农村义务教育学生营养状况的一项健康计划，2012 年起，陕西将“蛋奶工程”与国家营养改善计划并轨，2014 年年底实现了全省农村义务教育学生营养改善计划全覆盖。《办法》中明确规定，全省 43 个营养改善计划国家试点县要在 2017 年年底全面实施学校食堂供餐，64 个地方试点县（市、区）要加快制定学校食堂供餐或配餐企业送餐方案，到 2020 年全面实现学校食堂供餐。

7 月 25 日 20 时—26 日 8 时 榆林子洲、绥德等 6 县（区）突发汛情。其中，12 小时最大降雨量为子洲县水地湾站 236.6 毫米、李家河站 217.8 毫米，绥德县赵家砭站 257.7 毫米。洪水损坏堤防 34 处 12.14 千米、护岸 221 处，损毁淤地坝 167 座、水文测站 21 个。清水沟水库漫溢决口致使子洲、绥德县城供水系统瘫痪。省防总 26 日 6 时启动无定河流域Ⅳ级防汛应急响应，17 时启动陕北地区及黄河Ⅲ

级防汛应急响应。经全力抗洪救灾，7月31日，子洲县城实现城区部分管网供水节点目标，绥德县城供水服务面达到70%。8月3日，国家防汛抗旱总指挥部、水利部紧急拨付陕西省中央特大防汛抗旱经费8000万元，支持抗洪抢险和灾后水利设施修复建设。省慈善协会紧急筹措200万元，拨付榆林市慈善协会抢险救灾。8月21日，省委召开常委会会议研究支持榆林灾后重建和加快发展的措施。

同月 《陕西省“十三五”加快残疾人小康进程规划纲要》颁布。截至目前，全省有128.47万持证残疾人，有建档立卡的贫困残疾人26.04万人。在就业方面，陕西省处于就业年龄段的残疾人有64.18万人，实际就业的仅有26.32万人。《纲要》规定了促进残疾人就业的特惠政策，除免费技能培训外，还包括为有就业创业需求和有能力的城乡残疾人提供职业介绍、职业指导等服务。

8月3日 《陕西省农业水价综合改革实施意见》出台，标志着陕西农业水价综合改革正式开展。《改革实施意见》规定，陕西省根据粮油作物和经济作物灌溉分类确定水价，并推行超定额累进加价制度及节水奖励。2018年，陕西省印发《精准补贴和节水奖励办法》。推进实行陕西灌溉用水超额加价，农民节水获奖励的制度。

8月14日 陕西首个“陕电外送”特高压工程——榆（林）横（山）至潍坊1000千伏特高压交流输变电工程正式投运，这是当时世界上输电距离最长的特高压交流工程，自此陕西电网进入特高压新时代。榆横—潍坊工程于2015年5月获得国家发展和改革委核准，途经陕西、山西、河北、山东4省，变电容量1500万千伏安，全线双回路架设，全长2×1048.5千米。工程投资241.8亿元。

8月17日 全国卫生计生系统表彰大会在北京召开。陕西省人民医院重症医学科主任尹贻明获“白求恩奖章”，是陕西省首位获此殊荣者。

8月27日—9月8日　第13届全国运动会在天津市举行，陕西代表团获得16枚金牌、19枚银牌、17枚铜牌，创历届最佳成绩。

8月28日　国务院医改办、国家卫计委、财政部、国家中医药管理局四部委联合印发《关于确定公立医院综合改革首批国家级示范城市和第二批国家级示范县的通知》，将宝鸡市等15个城市确定为公立医院综合改革首批国家级示范城市，将子长县等26个县（区）确定为第二批国家级示范县。

同日　陕西沿黄公路正式通车。沿黄公路是陕西省沿黄河西岸修筑的一条南北向公路通道，北起榆林市府谷县墙头乡，南至渭南市华山莲花座，全长828.5千米，总投资69.4亿元。沿线经过榆林市、延安市、渭南市等4市12区县（含8个国家扶贫开发工作重点县）72个乡镇1220个村，直接受益人口200多万人。

9月1日　新修订的《陕西省消费者权益保护条例》施行。《条例》加强了对消费者权益的保护力度。

同日　陕西省产业扶贫投资开发有限公司运营启动仪式在西安举行。启动会上，陕西医药控股集团代表新组建公司与陕西金融控股集团签订投资合作协议，与佛坪县6家农村集体经济组织签订产业扶贫项目。这是陕西省产业扶贫的创新模式。

9月6日　省政府印发《陕西省秦岭生态环境保护整改工作方案》。《方案》根据中央第六环境保护督察组来陕督察情况及自查情况，本着举一反三、突出重点、各负其责、综合施策的原则，以《陕西省秦岭生态环境保护条例》为遵循，以保护好秦岭生态环境为目标，以系统化推进山水林田湖综合治理为方针，统筹推进植被保护与水源涵养、生物多样性保护、资源高效综合利用、绿色循环发展四大任务，着力修复自然生态功能，规范开发建设秩序，完善管理体制机制，使秦岭地区进一步形成主体功能定位清晰、生态屏障坚强有力、人与自然和谐相处、经济发展与民生改善共生共赢的发展新格局。提出，到“十三五”末，全面遏制秦岭地区各类破坏环境的行为，各类开发建设活动得到基本规范，矿区复垦、自然保护区、生态示范区建设进一步加强。秦岭国家公园初步建成，空气质量达到国家一、二级标准，地表水质量达到功能区划水质要求，汉江和丹江出省境水质稳定保持达标的整改目标。

9月18日 《陕西省人民政府关于加强困境儿童保障工作的实施意见》实施。重点对因家庭贫困导致生活、就医、就学等困难的儿童，因自身残疾导致康复、照料、护理和社会融入困难的儿童，以及因家庭监护缺失或监护不当遭受虐待、遗弃、意外伤害、不法侵害等导致人身安全受到威胁或侵害的儿童予以解困。

9月21日 教育部、财政部、国家发展和改革委公布世界一流大学和一流学科建设高校及建设学科名单，全国共有137所高校入围。陕西8所高校入选，其中3所（西安交通大学、西北工业大学、西北农林科技大学）入选世界一流大学建设高校，5所（西北大学、西安电子科技大学、长安大学、陕西师范大学、第四军医大学）入选世界一流学科建设高校。

9月27日 秦岭国家植物园开园。秦岭国家植物园位于秦岭中段，规划面积639平方千米，是由国家林业局、中国科学院、省政府和西安市政府联合共建的综合性大型植物园，是当时国内面积最大的植物园，也是中科院确定的全国五大核心植物园之一。

9月 《陕西省川陕革命老区振兴发展规划实施方案》和重点项目表出台。《方案》确定的实施范围包括汉中、安康、商洛3个设区市以及宝鸡市的凤县、太白县，共30个县（区），面积7.72万平方千米，占全省的37.5%。涉及常住人口863万人，占全省的22.6%；地区生产总值2899亿元，占全省的15.1%。为支持川陕革命老区振兴发展，全省从财政、金融、土地、科技、人才、生态等方面给予相应支持。

10 月 9 日　陕西非税收入收缴管理系统与人民银行财税库银横向联网系统成功对接，填补全国财税库银横向联网系统中非税收入电子化缴库的空白，陕西省成为全国第一个全面实现非税收入电子化缴库的省份。

10 月 11 日　2014 年 3 月 26 日开建的陕西大剧院建成。陕西大剧院是陕西省十大标志性文化设施项目之一，位于西安曲江新区，占地 2.27 公顷，总建筑面积 5.2 万平方米，建筑分地上 3 层、地下 2 层，包括一个 1902 座的歌剧厅和一个 526 座的戏剧厅。

10 月 23 日　省物价局发布《陕西省清洁供暖价格政策实施意见》，综合运用峰谷价格、阶梯价格、市场化交易等政策措施，支持全省清洁供暖普及推广。同时，也对企业收费行为进一步规范，明确供热供气管网设施建设收费政策，对违规设立或越权出台的收费项目坚决清理取缔，重点查处供热供气等市政垄断企业向市场主体收取“碰口费”或“配套费”行为。这是落实铁腕治霾“刚性治标、系统治本”的工作要求。

11 月 9 日　省政府颁布《关于激发重点群体活力带动城乡居民增收的实施方案》。《方案》瞄准技能人才、新型职业农民、科研人员、小微创业者、企业经营管理人员、基层干部队伍、有劳动能力的困难群体等增收潜力大、带动能力强的七大群体，深化收入分配制度改革，实施差别化收入分配激励政策，带动城乡居民实现总体增收。

11 月 23 日　省政府办公厅印发《关于支持实体经济发展若干财税措施的意见》。《意见》提出减轻企业税收负担、加大收费清理和降费力度、促进供给侧结构性改革、支持科技创新和成果转化、支持多渠道融资等五大方面30条意见。《意见》出台的主要目的是为了减轻陕西企业的税收负担、降低制度性交易成本，激发市场主体的内生动力。

11月27日 中国工程院公布新当选院士名单，其中陕西省有2位科学家入选，分别是：省地质调查院王双明、西北农林科技大学植保院康振生。

11月28日 中国科学院公布新当选院士名单，其中陕西省有4位科学家入选，分别是：西北大学张宏福教授，西安交通大学管晓宏教授、郭烈锦教授，西北农林科技大学水土保持研究所邵明安。

12月6日 西（安）成（都）高铁正式开通运营。西成客运专线是国家中长期铁路网规划的重要组成部分，线路全长658千米，设计时速250千米，于2012年10月27日正式开工建设。陕西段全长342.9千米，其中桥梁和隧道占93.5%，超过10千米的隧道7条，最长的天华山隧道达16千米。客运专线在陕西境内设有西安北、汉中、宁强南等10个车站。随着全线正式通车，从西安到成都乘坐高铁仅需3小时，陕川两省形成“一日经济圈”。

同日 省金融办、省财政厅、省农业厅、省扶贫办、中国人民银行西安分行、陕西银监局、陕西证监局、陕西保监局共同制定下发了《陕西省金融支持深度贫困地区脱贫攻坚十项政策措施》。围绕扩大深度贫困地区扶贫贷款投放规模、激发金融机构支持深度贫困地区活力、实现深度贫困地区“融资”与“融智”有效结合、提升深度贫困地区金融服务水平和防范深度贫困地区金融风险等五个重点方面，向深度贫困地区着力倾斜，并在扶贫贷款投放、差异化监管、扶贫小额信贷、农业保费补贴等方面均有所突破和创新。

12月7日 省人社厅、省财政厅、省扶贫办联合印发《关于切实做好社会保险扶贫工作的实施意见》。《意见》提出支持帮助建档立卡贫困人口、低保对象、特困人员等困难群体及其他社会成员参加社会保险，助力参保贫困人员精准脱贫。确定的社会保险扶贫政策包括养老、医疗、工伤、失业、生育五大险种。

12 月 9 日 奕斯伟硅产业基地项目签约仪式在西安市举行。西安高新区与北京芯动能投资管理有限公司、北京奕斯伟科技有限公司三方共同签署硅产业基地项目投资合作意向书。该项目总投资超过 100 亿元，是全国仅有的三个通过国家发展和改革委员会、工信部“窗口指导”评审的集成电路用大硅片生产项目之一。

12 月 15 日 陕西省首家诉讼与公证协同调解中心在西安市雁塔区人民法院成立。中心的成立是陕西省贯彻落实构建多元化纠纷解决机制的有益实践，有助于缩短纠纷处理时间，降低诉讼成本，有效节约了司法诉讼资源。

12 月 25 日 CEC · 咸阳 8.6 代液晶面板生产线项目在咸阳高新区正式投产。该项目是由中国电子信息产业集团有限公司（简称“CEC”）投资 280 亿元，建设一条生产能力为月加工 12 万张基板玻璃（2250 毫米 ×2610 毫米）的液晶面板（TFT-LCD）生产线，是中国西北地区首条 8.6 代液晶面板生产线，是名副其实的“丝绸之路第一板”。

本年 陕西省实现生产总值 21473.45 亿元，增长 7.8%，首次突破 2 万亿元大关。农村居民人均可支配收入达到 10265 元，首次突破万元大关。全省帮扶 7.9 万名就业困难人员实现就业，零就业家庭实现动态清零。

本年 陕西省建立新型农村合作医疗、大病保险、医疗救助、补充医疗保障“四重保障”体系，并将贫困人口大病起付线降至 3000 元，住院报销比例提高 10%、慢性病封顶线提高 20%，免除门诊一般诊疗费、乡镇卫生院起付线、定点医院住院押金，将县级医院和省市级医院非合规费用控制在5%和8%以内。从2018年起，按照人均70元的筹资标准，全面实施补充医疗保障制度，为贫困人口建立起新型农村合作医疗、大病保险、医疗救助和补充医疗“四重保障”，确保贫困人口住院医疗费用经过“四重保障”后，合规医疗费用报销比例不低于80%。

二〇一八年

1月2日 陕西省首张水资源税税票在西安市地税局曲江新区分局开出，标志着全省水资源税顺利开征。

1月8日 2017年度国家科学技术奖励大会揭晓，陕西省36项科技成果荣获国家科学技术奖励。其中，自然科学奖6项、技术发明奖9项、科学技术进步奖21项。这些项目中，由陕西省科研单位主持完成19项，参与完成17项。主持完成的14项通用项目，数量居全国第四位。

1月12日 安康市移民搬迁博物馆正式向市民开放，这是陕西省首个建成并对公众开放的移民搬迁博物馆。

1月16日 全国文化科技卫生“三下乡”集中示范活动启动仪式在汉中市西乡县举行。此次“三下乡”活动要求充分发挥文化科技卫生“三下乡”活动的品牌效应和示范作用，进一步动员社会各方力量，按照产业兴旺、生态宜居、乡风文明、治理有效、生活富裕的总要求，大力组织开展“三下乡”活动，深入实施乡村振兴战略，助力精准扶贫，补齐“精神短板”。

同月 省委、省政府颁布《关于推进防灾减灾救灾体制机制改革的实施意见》。《意见》从建立健全防灾减灾救灾统筹组织体制、提升工作能力、完善保障机制等三个方面，列出了21项任务清单，明确了完成时限。

2月1日 省政府办公厅颁布《关于制定和实施老年人照顾服务

项目的实施意见》。其中完善老年人补贴制度规定对低保家庭中70周岁及以上老年人，按每人每月不低于当地低保标准的20%增发保障金。对低保家庭中重度残疾人，按规定每人每月不低于当地低保标准的50%或30%增发保障金。对低保家庭中重病患者，按每人每月不低于当地低保标准的50%增发保障金。

2月3日 省政府出台《关于统筹推进县域内城乡义务教育一体化改革发展的实施意见》，着力实现全省城乡义务教育学校建设标准统一、学校基本装备配置标准统一、教师编制标准统一、生均公用经费基准定额标准统一。

2月6日 陕西省与中国科学院共建中国科学院西安科学园协议签约仪式在西安举行。西安科学园一期为科技创新区，致力于打造国家级科学研究基地、先进技术研发基地和高级人才培养基地；二期为产业转化孵化区，着力培育一批高科技创新企业，打造高水平的成果转化中心、科技金融中心和创业孵化中心。

2月7日 省委、省政府召开全省扫黑除恶专项斗争电视电话会议，全省全面开展扫黑除恶专项斗争。2018年年初至2021年4月底，全省打掉黑社会性质组织91个，恶势力犯罪集团315个、团伙487个，破获刑事案件15607起，刑拘、逮捕19286人，1352名涉黑涉恶犯罪嫌疑人投案自首。打掉的涉黑组织超过2017年以前的总和，破案数和打击处理人数超过前十年的总和。同期，立案查处政法干警涉黑涉恶腐败和“保护伞”问题966件1455人。2020年，全省人民群众对扫黑除恶专项斗争知晓率达到98.26%、成效满意率达到97.78%。2021年，省委、省政府及时调整成立新的省扫黑除恶斗争领导小组及其办公室，印发《关于常态化开展扫黑除恶斗争巩固专项斗争成果的实施意见》，提出了七个方面26条具体措施。按照“1+N”模式，陕西省、市、县三级扫黑除恶长效机制基本建成，扫黑除恶常态化开展。

2月8日2时23分 中国长征三号乙运载火箭在西昌卫星发射中心点火升空，成功将嫦娥四号探测器送上太空。位于西安航天基地的中国航天科技集团六院为长征三号乙运载火箭和嫦娥四号探测器研制各类发动机近50台，提供全部动力系统。

2月24日 西安航空基地综合保税区经国务院批复正式设立，这是中国中西部地区首个以航空产业为发展特色的综合保税区。

同日 西北地区首家知识产权审判专门机构——西安知识产权法庭正式成立。

2月25日 陕西省湖长制启动。2018年年底前，陕西对常年水域面积1平方千米以上的天然湖泊实施湖长制，并将全省所有人工湖、塘堰、涝池纳入湖长制管理。

2月27日 省政府颁布《脱贫攻坚春季攻势易地扶贫搬迁行动方案》，全面启动脱贫攻坚春季攻势易地扶贫搬迁行动。当年，省级财政扶贫资金投入30亿元，增长30.4%，其中对深度贫困县投入增长50.5%。全年贫困人口转移就业28.8万人，易地扶贫搬迁安置房竣工9.1万套，危房改造7.9万套，贫困人口大病救治率99.4%，新改建农村公路1.2万多千米。

3月1日 省政府召开省脱贫攻坚专题会议，传达学习习近平总书记在四川成都打好精准脱贫攻坚战座谈会上的讲话精神，学习贯彻国务院扶贫开发领导小组第二十二次全体会议精神，研究部署下一阶段工作。

同日 《陕西省实施女职工劳动保护特别规定》施行，为女职工在经期、孕期、产期及哺乳期提供特别的劳动保护。

同日 陕西省有17个项目入选全国第四批政府和社会资本合作（PPP）示范项目，合计投资额589亿元，入选项目数及投资总额两项指标均居全国前列。

4月9日—10日 陕西省党政代表团赴江苏省推进对口扶贫协作。两省在南京举行苏陕扶贫协作高层联席会议，两省有关部门、单位签署13个专项协议和33个项目合作协议。

4月12日 省环保厅、省国土资源厅、省水利厅、省林业厅联合印发《陕西省“绿盾2018”自然保护区监督检查专项行动工作方案》，对全省的自然保护区监督检查专项行动进行安排。

4月19日 陕西共青团希望工程三年攻坚公益计划——“守护童年、筑梦飞翔”儿童神经系统疾病慈善救助项目，在空军军医大学唐都医院正式启动。

5月3日 省政府出台《关于深化商事制度改革促进市场主体发展的意见》。

5月10日 省统计局发布数据显示，陕西省服务业继续保持较快增长，服务业占比首次突破50%。

5月14日 省政府第六次常务会议审议通过了《落实食品安全党政同责的意见》。全省将从农田到餐桌全链条监管食品安全。陕西是首批国家食品安全示范城市试点省份之一。

5月30日 中共中央总书记、国家主席、中央军委主席习近平给铜川市耀州区照金镇北梁红军小学学生回信，冀望传承红色基因，做有用之才，并祝他们和全国各族少年儿童节日快乐。

6月16日 省政府颁布《陕西省“十三五”基本公共服务均等化规划》。《规划》指出“十三五”时期，要按照全面建成小康社会的目标要求，围绕基本公共服务均等化，健全制度，强化供给，提高质量，使全体人民在共建共享发展中有更多获得感。

6月23日 省民政厅等9部门联合发布《关于加强农村留守老年人关爱服务工作的意见》。《意见》提出要强化家庭和子女在赡养、抚养留守老人中的主体责任和法定义务；落实县乡两级政府在维护留守老人权益中的基本职责；充分发挥老年人组织、村民互助服务组织、社会工作服务机构作用，健全农村留守老人关爱服务工作机制。

7月16日 《陕西省人民政府关于加快推进“四好农村路”建设的意见》出台。提出到2018年年底，交通脱贫保底性任务全面完成，实现100%建制村通畅；到2020年，农村公路全面实现“两个纳入”，全面落实县级农村公路质量监督责任；到2020年，农村公路经常性养护率达到100%；到2020年，具备条件的建制村通客车比例达到100%。

同日 省委办公厅、省政府办公厅联合制定印发《陕西省“三秦工匠计划”实施办法》。“三秦工匠计划”由三秦工匠、陕西省首席技师、陕西省技术能手三个项目构成。计划用5年左右时间，面向省内外培养引进支持不同层次、不同领域技术技能人才1100名左右。

7月30日 秦岭北麓违规建别墅问题专项整治工作动员部署大会在西安召开，全省启动专项整治工作。11月15日，通报秦岭北麓西安境内违建别墅专项整治情况。11月17日—18日，省委、省政府按督察组要求彻查彻改问题。全省全面彻底整治了秦岭北麓西安境内违建别墅问题，依法依规做好撤销立项、违建拆除、资金追缴、土地收回、覆土复绿等工作，拆除违建别墅1185栋，没收9栋，回收国有土地4557亩，退还集体土地3257亩，复绿2646亩，举一反三督促涉秦岭各市开展全面整治，实现了政治上查清、整治上彻底、长远上规范的目标。12月，省委十三届四次全会审议通过《关于全面加强秦岭生态环境保护工作的决定》。

同月 省检察机关召开“捕诉合一”改革试点动员部署会议，宣告全省检察机关正式启动“捕诉合一”改革试点工作。会议印发了《全省检察机关开展“捕诉合一”改革试点工作方案》，要求试点地区检察机关贯彻落实办案责任制，实现部门检察官向全能型检察官转变，实现对侦查活动、刑事审判活动的全域监督。此次试点在陕西渭南、延安、汉中三个市级检察院及其所辖全部区县检察院推行。12月1日，“捕诉合一”办案机制在全省检察机关全面铺开。

8月4日 省政府办公厅印发《陕西省优化提升营商环境工作三年行动计划（2018—2020年）》和《陕西省优化提升营商环境2018年工作要点》，力求努力营造更具吸引力的国际化、法治化、便利化营商环境，全面推动陕西新一轮改革开放。

8月18日—9月2日 第18届亚运会在印度尼西亚雅加达举行。12名陕西运动员入选中国代表团，获3枚金牌、3枚银牌。金牌获得者分别是：司雅杰（获女子单人10米跳台金牌）、杨昊（获男子双人10米跳台金牌）、王倩（获女子10米气手枪金牌）。

8月25日 由省政府残工委主办，西安市政府残工委、莲湖区政府残工委承办的以“残疾预防、从我做起”为主题的陕西省第二次全国“残疾预防日”宣传教育活动在西安举行。省委、省政府从强化预防和康复保障入手，实施了一系列有关残疾人的民生工程，使20余万残疾人得到不同程度康复训练。省残联先后投入7500万元，支持建成103个规范化县级康复中心、11个市级聋儿康复机构、12个市级辅助器具中心、110个社区康复服务站和48个其他各类康复机构。

8月27日 省委、省政府出台《关于进一步加强耕地保护和改进占补平衡的实施意见》。《意见》提出到2020年，全省耕地保有量不少于5414万亩，永久基本农田保护面积不少于4595万亩，建成高标准农田1966万亩。2018年落实5804万亩耕地和4595万亩基本农田保护任务，通过土地整治新增补充耕地21万亩。建设高标准农田68万亩，完成65万亩建设目标，完成率达到104.6%。

同月 省政府实施乡村振兴战略的40条实施意见。实施意见提出，到2020年，乡村振兴取得重要进展，现行标准下农村贫困人口实现脱贫、贫困县全部摘帽，解决区域性整体贫困；到2035年，乡村振兴取得决定性进展，农业农村现代化基本实现；到2050年，乡村全面振兴，农业强、农村美、农民富全面实现。

同月 省政府印发《推动汽车产业加快发展的支持措施》，提出设立40亿元专项资金，用于支持汽车产业发展。《措施》支持新能源与清洁能源汽车推广应用。并加快全省公交、出租、物流等公共领域新能源汽车替换；扩大甲醇、乙醇、氢燃料等汽车在全省推广应用；对于购买省内生产的甲醇、乙醇、氢燃料等汽车，重型卡车按每辆1万元补助，乘用车按每辆5000元补助。2018年，汽车总产量达62.13万辆。其中，新能源汽车产量为13.85万辆。

9月6日 国家卫生健康委员会、国家中医药管理局、中央军委后勤保障部卫生局在子洲县联合启动“服务百姓健康行动”全国大型义诊活动周。

9月14日 省委、省政府发布《关于打赢脱贫攻坚战三年行动的实施意见》。《意见》提出重点开展深度贫困地区攻坚行动、精准帮扶到村到户到人行动、贫困地区基础设施补短板行动等。

9月30日 省政府出台《陕西省人民政府关于建立残疾儿童康复救助制度的实施意见》。救助对象为符合条件的0—6岁（含6周岁）视力、听力、言语、肢体、智力等残疾儿童和孤独症儿童。

10月17日—11月30日 中央第四巡视组对陕西开展了脱贫攻坚专项巡视。

10月30日 中欧班列“长安号”开行首超1000列活动在西安国际港务区举行。

10月31日 省政府召开会议，专题研究安排“大棚房”（工商企业和个人借建农业大棚之名，占用耕地甚至永久基本农田，违法违规建设“私家庄园”等非农设施乱象）问题专项清理整治推进工作。

同月 省委办公厅、省政府办公厅印发《关于进一步支持检察机关提起公益诉讼工作的意见》，支持检察机关依法开展公益诉讼工作。2020年3月25日，《陕西省人民代表大会常务委员会关于加强检察公益诉讼工作的决定》施行。全省各级党委、人大、政府出台支持公益诉讼工作的意见44个，检察机关与监察机关、行政机关建立沟通协调机制60个。检察机关提起公益诉讼制度，是党中央在全面依法治国背景下构建监督制约机制体系所作出的一项重大制度设计，全国于2018年7月1日全面实施检察机关提起公益诉讼制度。省检察机关自2015年7月开展公益诉讼试点工作，截至2017年6月底，办理了一批公益诉讼案件，督促行政机关挽回被毁损国有林地1822亩，清理被污染水域面积4888平方千米，收回欠缴国有土地使用权出让金超过1.19亿元，公益诉讼工作成效逐步显现。

11月15日 国家发展和改革委员会印发《汉江生态经济带发展规划》。汉江生态经济带规划范围包括陕西省汉中市、安康市、商洛市全境。

11月20日 省教育厅、省财政厅联合出台《关于进一步落实好连片特困地区乡村教师生活补助政策的实施意见》。按照《意见》要求，对连片特困地区乡村教师发放生活补助，平均补助标准每人每月400元，补助要按时直接发放到教师个人工资账户。所需资金由市、县自主落实，省级统筹中央奖补资金按照50%的比例予以补助。实施范围为43个国家集中连片特困县所属义务教育阶段公办学校在编在岗5.8万乡村教师，达到全覆盖。

11月23日 省市场监督管理局、省税务局、省自然资源厅等5家单位联合发出《关于鼓励引导工商资本和城市居民参与乡村振兴的指导意见》。这是广泛动员工商资本和城市居民积极参与乡村振兴，力争到2019年，推动农村一、二、三产业融合发展，实现工商资本、农业资源有序双向流动，探索多种形式、多元化的“农企合作”模式，助推农业农村现代化发展的举措。

11月24日 省政府发布《陕西省深入实施国企国资改革攻坚加快推动高质量发展三年行动方案》，这是有效破解国企国资体制机制不活、布局结构不优、企业主业不突出、创新能力不强、质量效益不高和开放程度低等突出问题的举措。

12月6日 省住房和城乡建设厅、省生态环境厅、省财政厅、省农业农村厅联合公布2018年陕西省美丽宜居示范村名单，西安市蓝田县小寨镇董岭村、宝鸡市凤县红花铺镇永生村、咸阳市礼泉县赵镇堡里村等140个村上榜。

12月20日 “引红济石”调水工程通水。工程位于太白县境内，自秦岭南麓汉江水系褒河支流红岩河上游取水，通过穿越秦岭腹地19.76千米隧洞自流调入石头河，经石头河水库结合自产水量进行调蓄后，年供水能力达到2.66亿立方米，除保持向西安市供水0.95亿立方米外，新增向咸阳、杨凌、宝鸡等城市供水1.26亿立方米；保证向岐山、眉县灌区供水0.55亿立方米外，还向渭河生态补水4696万立方米。

12月26日 西安地铁4号线建成运营。西安地铁4号线试验段于2012年7月开工建设，全线于2014年5月开工建设。西安地铁4号线北起未央区北客站（北广场）站，南至长安区航天新城站，联通了西安国家民用航天产业基地、曲江新区及西安经济技术开发区等新区，全长35.2千米。

12月30日 “全国百名杰出新型职业农民”评选活动揭晓。陕西省孙键、石宇锋、王海军、田珍4名高级职业农民荣获“全国百名杰出新型职业农民”称号。

同月 省政府出台《关于实施“3+X”工程加快推进产业脱贫夯实乡村振兴基础的意见》。实施农业特色产业“3+X”工程，大力发展以千亿级苹果为代表的果业、以千亿级奶山羊为代表的畜牧业、以千亿级棚室栽培为代表的设施农业，因地制宜做优做强魔芋、中药材、核桃、红枣和有机、富硒、林特系列产品等区域特色产业。

本年 陕西省落实减税降费政策，取消省级涉企金融服务和行政事业性收费，为企业降低成本800多亿元。

本年 陕西省农村承包地确权登记颁证全面完成，60%的村成立集体经济组织，96%的村完成清产核资，854个试点村“三变”改革成效明显，99个县建成农村产权交易中心，农村土地流转率达到26.9%。

本年 陕西省城镇12.5万和农村57.6万低保对象实现应保尽保。

二〇一九年

1月2日 杨凌示范区五泉镇王上村举行农村集体经济组织登记证书颁发仪式，杨凌的81家股份经济合作社成为陕西省首批农村集体经济组织登记证的拥有者，标志着陕西省农村集体产权制度改革取得阶段性成果。

1月5日 省委、省政府正式印发《关于推动民营经济高质量发展的若干意见》，旨在进一步明晰陕西省民营经济发展的思路和目标，夯实推动民营经济高质量发展的责任体系。

1月8日 2018年度国家科学技术奖励大会在北京召开，陕西省33项科技成果获国家科学技术奖励，占2018年度三大奖授奖总数的11.87%。其中，主持完成14项，参与完成19项，通用项目的获奖总数居全国第五位。

1月9日 渭南国家光伏发电应用领跑示范基地顺利实现并网发电。该基地是陕西省首个国家级光伏发电应用领跑示范基地。基地总装机容量50万千瓦，总投资约30亿元，年提供绿色电能6.5亿千瓦时。

1月15日 中央纪委国家监委公布，中共陕西省委原书记赵正永涉嫌严重违纪违法，接受中央纪委国家监委纪律审查和监察调查。1月16日，省委召开常委会会议、省政府召开党组会议、省政协党组召开扩大会议、省人大常委会党组召开扩大会议，通报中央对赵正永涉嫌严重违纪违法进行纪律审查和监察调查的决定。

1月14日　省生态环境厅、省市场监督管理局联合举办新闻发布会，发布《陕西省黄河流域污水综合排放标准》《农村生活污水处理设施水污染物排放标准》《锅炉大气污染物排放标准》《关中地区重点行业大气污染物排放标准》4项地方标准。

1月16日　陕西移动成功在西安大雁塔文化休闲景区实现5G网络超高清视频直播，标志着陕西省首个5G联创示范区正式建成。

同日　全国文化科技卫生“三下乡”集中示范活动在汉中市略阳县举行。此次活动中，国务院扶贫开发领导小组办公室为略阳县提供中央扶贫专项资金500万元，重点用于贫困村道路和饮水项目建设；陕西省“三下乡”活动领导小组各成员单位累计对接落实项目42个，到位资金1.47亿元。

1月20日　中国首位接受子宫移植手术的患者在空军军医大学西京医院妇产科平安产子。这是中国第1个、全球第14个在移植子宫内孕育的宝宝。

1月22日　全国三北防护林站（局）长会议在西安召开。三北防护林工程涉及陕西省关中、陕北9市（区）的68个县（市、区），覆盖全省70%的水土流失面积和所有沙化、荒漠化土地。通过实施该工程全省累计完成造林3533.35千公顷，工程区森林覆盖率由12.9%上升到34.98%，陕北黄土高原成为全国连片增绿幅度最大的区域。

同月　省检察院与省教育厅共同印发《关于预防中小学幼儿园学生性侵害工作实施方案》。全省严惩性侵、拐卖、虐待未成年人犯罪，强化对留守儿童、困难儿童的司法保护。随后省检察院会同省教育厅对渭南、安康等地开展督导检查。

2月13日　省政府印发《秦岭生态环境保护行动方案》。《行动方案》明确，2019年6月底前，专项整治后续工作全面完成，乱搭乱建、乱砍乱伐、乱采乱挖、乱排乱放、乱捕乱猎等问题全面整治到位，秦岭区域生态环境保护工作持续加强。2020年年底前，秦岭禁止、限制开发区内矿业权、小水电有序退出，矿山修复和尾矿库治理有序推进，宗教场所、旅游景点、农家乐等常态化管理工作全面加强，秦岭生态环境得到全面恢复。

2月14日 中国首例试管婴儿亲体肝移植手术患儿从西安交通大学第一附属医院康复出院。

2月15日 省委宣传部、省地方金融监督管理局、人民银行西安分行联合印发《陕西省文化金融融合发展三年行动计划（2019—2021年）》，要求到2021年全省文化类贷款余额达500亿元，全省文化产业基金总规模达200亿元。

同日 陕北风电基地750千伏集中送出工程北环部分正式投运。该工程北至榆横750千伏变电站，南至西安北750千伏变电站，投资约49.8亿元，是陕西电网建设史上投资最大、建设规模最大、距离最长的强网输变电工程，途经榆林市、延安市、铜川市、渭南市、咸阳市、西安市的23个县（区）。

2月21日 省残疾人联合会等10部门联合印发《扎实推进助残脱贫实施方案》，确定助残脱贫8个任务目标，确保到2020年贫困残疾人和全省人民共同实现全面小康。

2月22日 省委召开中央脱贫攻坚专项巡视整改工作部署会议。会议强调，要结合实际，明确整改任务，完善长效机制，把巡视整改和打赢脱贫攻坚战、实施乡村振兴等统筹起来一体推进，做到全面改、真正改、彻底改。要放大整改成果，严格执行“两不愁、三保障”标准，落实精准要求，加大攻坚力度，努力在提高政治站位、推进重点任务、提高脱贫质量、改进工作作风上见实效。要夯实五级书记抓脱贫的政治责任，凝聚整改合力，加强和改进督导问责，以实实在在的整改成效让党中央放心、让三秦百姓满意。

2月28日 省教育厅、省民政厅、省人力资源和社会保障厅、省应急管理厅、省市场监督管理局五部门联合印发《关于规范校外培训机构发展的工作方案》，为校外培训机构画出“十条红线”，即校外培训机构不准举办、受托举办或变相举办与中小学入学或升学挂钩的选拔性考试、竞赛、排位赛、分班测试等；不准以名师、名校进行招生宣传、承诺保过等；不准“超纲教学”“提前教学”“强化应试”；不准与中小学教学时间相冲突开展培训；不准在公示的收费项目和标准外收取其他费用；不准以学前班、幼小衔接等名义提前教授小学内容；不准聘用中小学在职教师；不准张贴应试成绩和学生考取学校相关消息；不准超审批范围开展教育教学活动；不准为学生代办或承诺建学籍。

3月4日 省财政厅、省工业和信息化厅联合印发《关于做好省级中小企业发展专项资金融资服务业务降费奖补项目申报工作的通知》，对省中小企业在中国青年创新创业板成功挂牌和融资的给予奖励。

3月18日 省政府出台《陕西省青山保卫战行动方案》。行动方案中的青山，是指陕西省行政区域内的秦岭、陇山、大巴山、米仓山、黄龙山、白于山、子午岭、北山、黄河沿岸低山等具有重要生态价值，有相对独立生态系统的山体。共涉及全省11个市、82个县（市、区），包括19个县（区）的全部区域以及63个县（市、区）的部分区域，总面积9.42万平方千米，占全省面积的45.82%。到2020年，完成生态保护红线勘界定标工作，健全生态保护红线监管制度，实现一条红线管控重要生态空间，确保青山区域生态保护红线面积不减少、性质不改变、功能不降低。青山区域矿山地质环境治理恢复面积达到3.8万亩，秦岭区域水土流失治理率达到60%以上，各类生态破坏行为有效遏制，生态系统有效保护，生态功能持续提升，生物多样性有效保障。

3 月 28 日 省税务局推出《保障减税降费政策落实落细“20 条硬措施”》。其中，在宣传辅导方面，将采取线上线下相结合的方式，对纳税人展开全方位、多维度申报培训，让纳税人既懂税收政策，又懂操作流程；在纳税服务工作方面，要以“放管服”改革、优化营商环境为契机，提高网上办、掌上办、自助办的覆盖面和使用率，释放“互联网 +”的聚合效应，全面实现“最多跑一次”目标。

4 月 4 日 教育部等四部门印发《〈关于在院校实施“学历证书 + 若干职业技能等级证书”制度试点方案〉的通知》。要求自 2019 年开始，陕西重点围绕服务国家需要、市场需求、学生就业能力提升，从 10 个左右领域做起，启动 1+X 证书制度试点工作。有关院校将 1+X 证书制度试点与专业建设、课程建设、教师队伍建设等紧密结合，推进“1”和“X”的有机衔接，提升职业教育质量和学生就业能力。通过试点，深化教师、教材、教法“三教”改革；促进校企合作；建好用好实训基地；探索建设职业教育国家“学分银行”，构建国家资历框架。

4 月 14 日 西安至莫斯科全货运航线正式开通，该航线是陕西首条由外国航空公司执飞的全货运航线。至此，西安咸阳国际机场全货运航线累计达 20 条，国际全货运航线增至 7 条。

4 月 30 日 陕西首个 5G 电话在陕西移动数字化服务体验中心成功打通，标志着陕西正式步入 5G 通信时代。

5 月 1 日 全省施行深度贫困地区特困供养服务设施（敬老院）建设改造行动计划。

5 月 14 日 省残疾人联合会和省图书馆共同打造的“盲人影屋”正式对外开放。影屋设在省图书馆视障阅览室，盲人观影时，有专门的工作人员现场讲解。

5月17日　省政府办公厅印发《陕西省深化科技奖励制度改革方案》。《方案》对奖项设置、评审制度等予以完善。

6月2日　陕西省文化和旅游厅选送的话剧《柳青》获得第16届文华奖。此剧成为唯一一部同时登上第12届中国艺术节、第16届中国戏剧节两项顶级艺术盛会的话剧作品。

6月3日　省委召开常委会会议，学习习近平总书记在“不忘初心、牢记使命”主题教育工作会议上的重要讲话精神，审议开展主题教育实施方案，安排部署主题教育工作。4日，全省“不忘初心、牢记使命”主题教育工作会议在西安召开。

6月11日　陕西省见义勇为基金会成立大会召开。基金会旨在通过积极开展帮扶救助活动、改善见义勇为人员居住条件以及充分维护见义勇为人员正当权益等方式，竭力把帮扶做实，使关怀到位。

7月1日　《陕西省公共文化服务保障条例》施行，标志着陕西省公共文化服务体系建设工作进入规范化、法治化轨道。

7月5日　省委、省政府印发《陕西省贯彻落实中央生态环境保护督察“回头看”及大气污染防治专项督察反馈意见整改方案》。《方案》要求，全面完成蓝天、碧水、净土、青山四大保卫战2019年度工作任务，全省设区市细颗粒物（PM2.5）平均浓度下降4%；地表水国考断面水质优良比例达到72%，力争消除国考劣Ⅴ类水体断面，城市建成区黑臭水体消除比例达到90%以上；土壤环境质量总体保持稳定；青山区域内突出生态破坏行为得到有效遏制，生态系统加快修复，生物多样性得到有效保护。建立健全生态环境保护长效机制，持续优化产业结构、能源结构、运输结构、用地结构，促进生态环境高水平保护和经济高质量发展。到2020年，全省一次能源消费总量控制在1.39亿吨标准煤以内，单位GDP能耗较2015年下降15%以上，单位GDP二氧化碳排放量较2015年下降18%以上。

7月12日 在全国构建和谐劳动关系先进表彰会上，陕西省西北工业集团有限公司、陕西法士特汽车传动集团有限公司、西北有色金属研究院、陕西烽火通信集团有限公司、西安陕鼓动力股份有限公司、西安市公共交通总公司、宝鸡育才玻璃（集团）有限公司、陕西照金村红色旅游发展（集团）有限公司、陕西红星美羚乳业股份有限公司、陕煤集团神南产业发展有限公司10家企业和咸阳高新技术产业开发区1个工业园区受到表彰。

7月14日 省政府印发《关于建立产前筛查和新生儿疾病筛查服务制度的实施意见》，全省大范围推广产前筛查、新生儿遗传代谢性疾病筛查、新生儿先天性听力障碍和先天性心脏病筛查。8月1日，陕西省投入2384万元，在全国率先开展产前和新生儿重点疾病免费筛查。

7月22日 科创板在上海证券交易所开板。陕西省两家企业——西部超导材料科技股份有限公司、西安铂力特增材技术股份有限公司位列首发开板25家企业之中。

7月25日—26日 中国共产党陕西省第十三届委员会第五次全体会议在西安举行。会议审议通过省委、省政府《关于推动高质量发展的实施意见》。

同月 《中共陕西省委关于加强新时代公安工作的实施意见》出台，聚焦捍卫国家政治安全、维护社会安定、严打整治，切实保障人民安宁。全省11个市（区）均制定了贯彻落实省委《实施意见》的具体措施。

8月2日 省脱贫攻坚领导小组召开会议。会议审议国家脱贫攻坚巡查反馈意见整改工作方案、强化脱贫攻坚巡回督导工作的意见、脱贫人口“回头看”工作实施方案、中省财政专项扶贫资金与贫困县财政涉农整合资金负面清单、脱贫攻坚常态化约谈实施办法等文件。

8月15日 《陕西省家庭经济困难学生认定工作实施办法》施行。规定家庭经济困难学生认定工作坚持“自愿申请、客观公正、统一规范、公开透明”的原则，家庭经济困难学生认定，高校可采取家访、个别访谈、大数据分析、信函索证、量化评估、民主评议等方式进行核实。认定过程应尊重和保护学生隐私，严禁让学生当众诉苦、比困和“轮流坐庄”。明确家庭经济困难学生认定结果，作为财政、教育、人力资源和社会保障部门分配资助名额和安排资助资金以及学校贯彻落实各项资助政策的主要依据。

8月16日 第十届茅盾文学奖获奖名单公布，陕西作家陈彦的长篇小说《主角》获得本届茅盾文学奖。

9月1日 《西安市生活垃圾分类管理办法》正式实施。到2025年，全省地级及以上城市、杨凌示范区、韩城市将基本建成生活垃圾分类处理系统。

9月5日 全国退耕还林还草工作会议在延安召开。会议表彰获得全国生态建设突出贡献的先进集体和先进个人。

9月16日 陕西省启动中央扫黑除恶督导反馈问题整改工作。截至2019年11月，中央督导组移交的2461件涉黑涉恶线索，100%核查完毕，已办结2330件；对中央督导组建议问责的15个问题线索坚决彻查，已对123名干部和11个责任单位进行了问责。

9月25日 国家卫生健康委员会办公厅、国家中医药管理局办公室印发《关于印发紧密型县域医疗卫生共同体建设试点省和试点县名单的通知》。陕西省高陵区、凤翔县、眉县、岐山县、彬州市、永寿县、宜君县、华州区、大荔县、子长市、洛川县、榆阳区、神木市、府谷县、清涧县、子洲县、宁强县、西乡县、镇巴县、石泉县、汉阴县、丹凤县、镇安县、韩城市等24个县（区）入选全国紧密型县域医疗卫生共同体建设试点名单。

9月29日 铜川光伏技术领跑者基地项目顺利全容量接入。该项目为陕西省最大光伏电站项目，年发电量约7亿千瓦时。

10月1日 农村低保最低限定保障标准从每人3990元/年提高到4310元/年。及时启动社会救助和保障标准与物价上涨挂钩联动机制，发放价格临时补贴2.15亿元、取暖补贴3.91亿元，兜牢困难群众基本生活。

10月14日 省住建厅、省发展和改革委、省财政厅联合出台《关于推进全省城镇老旧小区改造工作的实施意见》和《城镇老旧小区改造中央补助资金申报指南》，指导老旧小区改造工作，标志着陕西省老旧小区改造工作逐步实施。按照部署，全省优先改造无产权单位、无有效管理、无业委会的“三无”小区。重点改观老旧小区面貌，改善房屋功能，改造基础设施，改优居住环境，提升人民群众的获得感、幸福感和安全感。全省改造涉及9351个小区、119万余户居民。

10月17日 陕西省脱贫攻坚奖表彰大会暨先进事迹报告会在西安举行。会议对50个先进单位和124名先进个人进行表彰。

同月 省科技厅制定《新一代人工智能领域科技创新工作推进计划》，从技术研发、成果转化、平台建设、人才培养、企业培育、生态构建等方面进一步加大试验区建设支持力度。2020年3月9日，科技部正式致函陕西省政府批复支持西安建设国家新一代人工智能创新发展试验区，围绕国家重大战略和西安市经济社会发展需求，探索新一代人工智能发展的新路径新机制，形成可复制、可推广经验，发挥人工智能对西安高质量发展的支撑引领作用，有力促进“一带一路”建设。2020年4月9日，“西安·国家新一代人工智能创新发展试验区”启动建设大会在西安高新区举行。西安市委、市政府将人工智能列入“6+5+6+1”产业体系，加强政策和资金支持，推动产学研一体联动，拥有省部级以上研发平台49个、关联企业150余家，涵盖了人工智能主要产业领域。

11月1日16时 西安至德国曼海姆中欧班列从西安新筑车站开出。这是陕西首次采用“铁—海—铁”多式联运方式开行中欧班列并使用统一运单，实现跨境多式联运“一单到底”。

11月6日 全国首个省级乡村振兴标准化技术委员会成立，标志着陕西省乡村振兴建设进入标准化时代。

11月17日—22日 国家教育督导检查组对陕西省申报的义务教育发展基本均衡县（市、区）进行督导检查。陕西省全面通过国家义务教育基本均衡发展评估认定。

11月20日 省政府印发《陕西省职业教育改革实施方案》，要求把职业教育摆在教育综合改革和经济社会发展中更加突出的位置，下功夫调结构、提质量、强师资、建体系，用5—10年时间实现“三个转变”，即由政府举办为主向政府统筹管理、社会多元办学的格局转变，由追求规模扩张向提高质量转变，由参照普通教育办学模式向企业举办、社会参与、专业特色鲜明的类型教育转变。即到2022年，职业学校教学条件基本达标，一批本科高校向应用型转变，建设30所省级高水平示范性中职学校（含技工院校）；建设4所国家级高水平高职院校、4个左右国家级骨干专业（群）。行业企业参与职业教育的积极性有较大提高，培育一批产教融合型企业，建设10个左右高水平专业化产教融合实训基地。职业学校实践性教学课时原则上占总课时一半以上，顶岗实习时间一般为6个月。“双师型”教师（同时具备理论教学和实践教学能力的教师）占专业课教师总数的50%以上，建设一批教学创新团队。从2019年开始，在职业学校、应用型本科高校启动“学历证书＋若干职业技能等级证书”制度试点工作。

12月1日 《陕西省秦岭生态环境保护条例》实施。该条例2008年3月1日颁布实施后，2017年3月1日第一次修订，本次修订为第二次修订。新《条例》在秦岭环境保护规划体系中明确划定了核心保护区、重点保护区和一般保护区范围，以此替换了此前“禁止开发区”“限制开发区”和“适度开发区”的规定。

12月6日 中宣部、公安部发布全国“最美基层民警”评选结果：陕西省宝鸡市公安局渭滨分局经二路派出所社区民警仇群获全国“最美基层民警”称号。仇群自2000年部队转业后参加公安工作以来，先后荣立个人二等功1次、个人三等功1次，多次荣获个人荣誉及嘉奖。

12月9日 陕西省首条5G智慧公交线路在西咸新区正式开通，首批装载有5G通信设备的10余辆828路公交车投入使用。

12月28日 在陕西文化产业合作峰会上，陕西省文化金融服务中心揭牌成立。这是全国首家省级综合性文化金融服务平台。

12月30日 陕西每千人医生数为2.8人，达到小康社会人均医生指标。

本年 省委、省政府将平安建设重要指标列入年度目标责任考核，开创了更高水平平安陕西建设新局面，形成了从“小治安”到“大平安”转变的工作格局。当年，全省社会治安满意率达94.81%，同比上升0.59个百分点。

二〇二〇年

1月9日　西（安）延（安）高速铁路宜君—延安段控制性工程——新延安隧道开工建设，标志着西延高铁正式进入施工阶段。西延高铁是国家高速铁路网包（银）海高速铁路通道的重要组成部分，也是陕西省“米”字形高铁网主骨架的重要构成。线路全长约300千米，建设标准为双线客运专线，设计时速为350千米，2018年12月由国家发展和改革委批复。

1月10日　全省“不忘初心、牢记使命”主题教育总结会议在西安召开。

1月20日　绥（德）延（川）高速公路正式通车。该工程于2016年10月25日开工，项目全长119千米（含清涧—子长高速连接线），总投资概算131亿元。其中绥德至延川高速公路两端分别连接已建成通车的榆绥高速和延延高速，路线长度88.584千米。全线设计时速80千米，设置6处互通式立交。

1月21日　省委、省政府部署全省新冠疫情防控工作。22日，省卫生健康委员会公布陕西省新冠肺炎第一批定点医院名单。其中，省级定点医院4家，市级定点医院21家，县（区）级定点医院106家。23日，陕西确诊3例新冠肺炎病例。25日，省政府启动陕西省突发公共卫生事件一级应急响应，部署新冠肺炎疫情防控工作。2月4日，首例治愈的新冠肺炎患者出院。2月10日，孕妇患者剖宫产成功分娩。2月19日，一名89岁新冠肺炎重型患者去世，为全省首例死亡病例。3 月 26 日，陕西省卫生健康委员会官方发布消息：从 1 月 23 日陕西省首例新冠肺炎确诊病例起，经 64 天奋战，陕西省实现本地确诊病例清零。陕西抗击新冠疫情圆满告一段落。

1 月 24 日　空军军医大学 150 名医护人员飞赴湖北省武汉市抗击新冠肺炎疫情。1 月 26 日，陕西省 12 个市（区）51 家医疗机构共 137 名医疗业务骨干组成第一批陕西省医疗队飞赴湖北。之后，20 余批 1024 名陕西省医护人员陆续驰援湖北，共同抗击新冠肺炎疫情。3 月 17 日，陕西省首支撤离武汉的陕西国家紧急医学救援队，平安返回位于西安市长安区太乙宫的陕西省国家紧急医学救援基地。4 月 6 日，东方航空 MU7872 航班运送陕西省第二批援鄂医疗队 121 名队员降落在西安咸阳国际机场。自此，全省援鄂医疗队 1204 名医护人员，除 8 人因继续执行抗疫任务留在湖北外，其他人员全部平安返回。

2 月 18 日　省政府研究部署分类有序推动企业复工复产和分区分级统筹协调防疫工作，并对重点企业派驻联络员。全省优先组织贫困劳动力外出务工，用好社区工厂、公益岗位等促进贫困人口就近就地就业，通过“点对点、一站式”服务帮助贫困群众尽快返岗；发挥提前下达到县 83.5 亿元财政专项资金作用，加大对受疫情影响较大扶贫产业、扶贫项目帮扶，采取以工代赈、“一事一议”等方式推进项目建设；组织贫困户抢抓农时搞好春耕春管，安排 4200 万元财政专项资金支持蔬菜生产，多渠道解决贫困群众农产品卖难问题。同时，围绕剩余 18.34 万贫困人口精准施策，对有劳动能力的贫困人口加大产业就业帮扶力度，对特殊贫困人口强化低保、医保、救助供养等兜底保障；对标《中共中央国务院关于打赢脱贫攻坚战三年行动的指导意见》全面查漏补缺，推进农村环境干净整洁、具备条件建制村通客车、贫困人口养老保险全覆盖等任务扫尾清零，确保稳定实现

“两不愁、三保障”；发挥大扶贫格局作用，加强机关事业单位和驻村工作队帮扶，搞好同中央定点扶贫单位的工作对接，深化苏陕扶贫协作。

2月27日 省政府发布公告：经省政府批复同意，铜川市印台区等29个贫困县（区）正式退出贫困县序列。这是继2017年延长县等4个县（区）和2018年周至县等23个县脱贫退出之后，陕西省脱贫攻坚取得的又一次决定性胜利。至此，陕西56个贫困县（区）全部实现脱贫摘帽，区域性整体贫困基本解决。29个退出的贫困县（区）为：铜川市印台区、耀州区，渭南市白水县，榆林市佳县、清涧县、子洲县，汉中市南郑区、城固县、洋县、勉县、西乡县、略阳县、镇巴县、宁强县，安康市汉滨区、平利县、旬阳县、石泉县、紫阳县、白河县、汉阴县、宁陕县、岚皋县，商洛市商州区、洛南县、山阳县、丹凤县、商南县、柞水县。

3月2日 省委、省政府出台《关于抓好“三农”领域重点工作确保如期实现全面小康的实施意见》，提出对标全面建成小康社会目标，强化举措，夯实责任，尽锐出战，狠抓落实，全面完成打赢脱贫攻坚战和补上全面小康“三农”领域突出短板两大重点任务，持续抓好农业稳产保供和农民增收，推进农业高质量发展，保持农村社会和谐稳定，提升农民群众获得感、幸福感、安全感，确保脱贫攻坚战圆满收官，确保农村同步全面建成小康社会。

3月6日 省农业农村厅、省财政厅印发《应对新冠肺炎疫情影响支持农业稳产保供八条政策措施》，从扶持生猪养殖、增加蔬菜供应、建设冷藏保鲜设施、鼓励果品线上销售、优化农机购置补贴、建立检测绿色通道、支持农民合作社等新型主体承担农业项目、加快保险理赔等八个方面入手，推进全省农业恢复生产，确保重要农产品市场供应。

3月10日 省发展和改革委正式发布陕西省省级重点项目计划，确定实施600个省级重点项目，其中续建项目312个、新开工项目188个、前期项目100个，项目总投资3.4万亿元。

3月17日 陕西省首次新增1例境外（印度尼西亚）输入新冠肺炎确诊病例，全省开启外防输入的新冠肺炎疫情防控战。3月23日，为缓解首都境外人员入境压力，西安咸阳国际机场作为分流北京机场国际航班的入境点之一。

3月20日 陕西省电力重点项目集中开工现场会在西安市沣京工业园区110千伏沣京输变电工程现场举行。全省电力建设计划投资938亿元，其中电源工程投资678亿元，电网工程投资260亿元，共计续建159项，新开工363项。

3月31日 省政府印发《关于推进健康陕西行动的实施意见》，确定了推进健康陕西行动的“路线图”和“任务书”。在总体目标方面，到2022年，全省健康优先的制度设计和政策体系基本建立，居民主要健康指标达到全国平均水平以上；到2030年，健康优先的制度设计和政策体系更加完善，建成与陕西经济社会发展相协调的全民健康服务和治理体系，实现《“健康陕西2030”规划纲要》的各项目标。

4月20日—23日 中共中央总书记、国家主席、中央军委主席习近平先后来到陕西省商洛市、安康市、西安市，深入自然保护区、贫困山区、社区、学校、企业等，了解秦岭生态环境保护、脱贫攻坚、复工复产等情况，就统筹推进新冠肺炎疫情防控和经济社会发展工作、打赢脱贫攻坚战进行调研，看望慰问干部群众，听取省委和省政府工作汇报，发表重要讲话。

5月17日 陕西省重点招商引资项目云签约活动在线举办。活动签约47个重点项目，总投资1029.15亿元。其中，外商投资项目9

个，总投资43.45亿元；省际合作项目38个，总投资985.7亿元。

5月18日 省生态环境厅、省司法厅等单位为加快推进全省生态环境损害赔偿制度改革，规范生态环境损害赔偿磋商和损害鉴定评估工作，出台了《陕西省生态环境损害赔偿磋商办法（试行）》《陕西省生态环境损害鉴定评估办法（试行）》。

6月7日 陕西首条洲际第五航权全货运航线首尔—西安—洛杉矶正式开通。新航线每周1班，大约10个小时便可将货物运至大洋彼岸，全年将为陕西进出口企业提供近1万吨航空运力。

7月1日 西安、榆林两地间开行时速160千米“复兴号”动车组，陕北老区迈入“复兴号”动车时代。

同日 第14届全运会主场馆西安奥体中心、主体育场和游泳跳水馆顺利竣工、交付使用。工程于2017年10月9日开工建设，总建筑面积52.05万平方米，总投资79亿元。

7月7日 全国首例第四代机器人辅助自体肾移植手术在西安交通大学第二附属医院成功实施。

同月 省委办公厅印发《关于持续解决困扰基层的形式主义问题为奋力谱写陕西新时代追赶超越新篇章提供坚强作风保证的通知》。从深入学习贯彻习近平总书记来陕考察重要讲话，筑牢克服形式主义、官僚主义的思想政治根基；推动文件会议控量提质；提升督察检查考核实效；改进调查研究等九个方面提出要求，持续解决困扰基层的形式主义问题。

9月2日 西安市商务局组织全市有代表性的百余家餐饮企业，开展“珍惜粮食、反对浪费”公开承诺活动。9月13日，为进一步学习宣传贯彻习近平总书记关于制止餐饮浪费行为的重要指示，引导广大青少年培养“厉行节约反对浪费”的良好习惯。省粮食和物资储备局联合团省委在西安爱菊集团举办“拒绝餐饮浪费行为争做文明节俭青少年”主题宣传教育实践活动。

同日 国家卫生健康委发布《关于设置国家儿童区域医疗中心的通知》。《通知》明确提出在东北区域、华东区域、中南区域、西南区域和西北区域，设置5个国家儿童区域医疗中心。其中，在西北区域以西安交通大学附属儿童医院（西安市儿童医院）为主体。

9月8日 省人社厅、省财政厅、省自然资源厅、省交通厅、省水利厅、省林业局、省扶贫办联合印发《关于进一步用好公益性岗位发挥就业保障作用的通知》。《通知》要求全省各地把公益性岗位有关工作作为稳定和扩大就业的重要举措，统筹各方资源，加强资金保障，推动政策落实，切实发挥公益性岗位“兜底线、救急难”作用。

9月22日 国家卫生健康委、生态环境部、国务院扶贫办等联合组成的国家评估组，对陕西省地方病防治专项三年攻坚行动进行终期评估。评估组一致认为，陕西省62个大骨节病病县（区）、29个克山病病县（区）、107个碘缺乏病县（区）、8个燃煤污染型氟（砷）中毒病县（区）、3个饮水型砷中毒病县（区）全部达到消除标准，61个饮水型氟中毒病县（区）全部达到控制标准，已经实现地方病防治专项3年攻坚行动目标。

9月29日 省高院联合省检察院、省公安厅等7部门发布《关于加强协作推动陕西省黄河流域生态环境保护的意见》。《意见》旨在推动建立服务保障黄河流域生态保护的“行政执法+检察监督+司法审判”的综合治理模式，全面深化陕西省黄河流域生态环境保护。

10月1日 全省城乡低保标准分别提高5%和12%。提标后，全省城市低保平均保障标准达每人每月644元，农村低保最低限定保障标准达每人每年4827元。截至年底，全省共保障低保对象60.5万户、135.7万人。

10月10日 生态环境部公布全国第四批“绿水青山就是金山银

山”实践创新基地，陕西平利县名列其中。

10月11日 省检察院、省妇联印发《关于建立保护妇女儿童权益工作合作机制的实施意见》。《意见》提出，通过建立妇女儿童权益保护联动机制、落实涉案未成年人司法保护制度、完善法治宣传与犯罪预防工作机制等，加大对侵害妇女儿童权益犯罪的惩治打击力度，切实保障妇女儿童合法权益，推动妇女儿童权益保护社会治理体系和治理能力现代化建设。

10月15日 省政府新闻办举行的“决战脱贫攻坚”系列新闻发布会。全省有就业意愿的112.38万户贫困户每户至少有一人就业，202.12万名贫困劳动力实现就业创业，提前完成就业扶贫主要目标任务。

10月18日 省委、省政府出台《关于加快建立并监督实施陕西省国土空间规划体系的实施意见》。《意见》提出，到2020年年底，基本建立陕西省国土空间规划体系，逐步建立“多规合一”的规划编制审批体系、实施监督体系、法规政策体系和技术标准体系；基本完成县级以上国土空间总体规划编制任务，初步形成国土空间开发保护“一张图”。到2025年，依据国家政策标准，跟进健全全省国土空间规划法规政策和技术标准体系；全面实施国土空间监测预警和绩效考核机制；形成以国土空间规划为基础，以统一用途管制为手段的国土空间开发保护制度。到2035年，全面提升全省国土空间治理体系和治理能力现代化水平，基本形成生产空间集约高效、生活空间宜居适度、生态空间山清水秀，安全和谐、富有竞争力和可持续发展的国土空间格局。

10月19日 省财政兑现奖补资金741万元，支持78个重点县域工业集中区、小微企业创业创新基地、中小企业特色载体为1056家中小企业减免房租。

10 月 28 日 省财政安排秦岭生态环境保护专项资金 3 亿元；安排涉及秦岭生态环境保护 6 市 39 县（区）财政性转移支付 183.9 亿元，支持秦岭区域经济和生态环境保护协调发展。

10 月 29 日 省政府新闻办举行“决战脱贫攻坚”系列新闻发布会，介绍陕西脱贫攻坚兜底保障工作情况。近 5 年间，陕西省累计投入 367 亿元用于保障困难群众基本生活，实现建档立卡贫困人口应保尽保、应兜尽兜，农村特困人员供养服务机构覆盖所有贫困县，“爱心超市”覆盖所有贫困村，农村互助幸福院覆盖 482 个深度贫困村。

11 月 1 日零时 陕西省第七次全国人口普查工作结束。全省常住人口为 39528999 人，10 年共增加 2201621 人，增长 5.90%，年平均增长率为 0.57%。男性人口为 20226490 人，占 51.17%；女性人口为 19302509 人，占 48.83%。常住人口中，0—14 岁人口为 6852205 人，占 17.33%；15—59 岁人口为 25085592 人，占 63.46%；60 岁及以上人口为 7591202 人，占 19.20%，其中 65 岁及以上人口为 5266597 人，占 13.32%。常住人口中拥有大学（指大专及以上）文化程度的人口为 7272031 人。

11 月 3 日 省委全面依法治省委员会印发《陕西省法治政府建设“六大工程”实施方案》，法治政府建设“六大工程”正式启动。

同日 省政府出台《关于进一步促进中小企业发展的实施意见》。放宽市场准入，投资者申办公司的，首期出资可以用实物、知识产权、土地使用权等可以用货币估价并可以依法转让的非货币财产作价出资。注册资本分期到位的有限公司和股份有限公司，经全体股东同意、公司申请，出资期限可延长一年。落实税收优惠政策，各级税务部门要坚决落实国家和省政府已明确的扶持中小企业发展的各项税收优惠政策。对符合条件的小型微利企业，减按 20% 的税率征收企业所得税；中小企业缴纳城镇土地使用税确有困难的，可依法申请减免税；中小企业因有特殊困难不能按期纳税的，可依法在三个月内延期缴纳。

11月5日 省政府新闻办召开新闻发布会，由省公安厅建设运营的“互联网+公安政务服务”平台实现361项公安行政许可和服务事项的网上办理，累计为群众提供网上服务2071万余件次。

11月6日 省市场监管局、省发展改革委、省公安厅等6部门日前联合出台《关于进一步优化企业开办服务的通知》，从七个方面优化企业开办服务。

同日 陕西省首张沿黄河流域“跨省通办”营业执照在西安市市场监督管理局经开分局办结。标志着西安沿黄河流域“跨省通办”商事登记业务正式启动。

11月10日—2021年2月11日 陕西省在全省范围内开展根治欠薪冬季专项行动，力保农民工按时足额拿到工资。对查实的欠薪违法行为，要求做到“两清零”，即发生的政府投资工程项目、国企项目以及各类政府与社会资本合作项目拖欠农民工工资案件在年底前全部清零，其他欠薪案件在2021年春节前动态清零。

11月18日 空军军医大学西京医院心血管外科结构性心脏病微创治疗团队采用心血管3D打印技术进行多模态影像评估，成功为73岁主动脉瓣狭窄患者实施国内首例国产球扩瓣经导管主动脉瓣置换术。

11月22日 陕西省41.56万名建档立卡贫困残疾人口全部实现脱贫。

11月23日 全国首个省级乡村振兴标准体系建设五年规划——《陕西省乡村振兴标准体系建设规划（2021—2025年）》印发。按照乡村振兴“产业兴旺、生态宜居、乡风文明、治理有效、生活富裕”的总要求，构建了“产业振兴标准化体系”“生态振兴标准化体系”“文化振兴标准化体系”“人才振兴标准化体系”“组织振兴标准化体系”“乡村规划标准化体系”“考核评价标准化体系”等七个方面的标准体系规划。

11月24日 省生态环境厅、省自然资源厅联合部署加强丹江口库区及上游历史遗留矿山污染治理和生态修复工作。该项工作进一步改善水源地国土空间生态环境，提升南水北调中线工程水源质量。共涉及汉中、安康、商洛3市全部28个县（区），以及西安市的周至县、宝鸡市的太白县和凤县。

11月28日 第33届中国电影金鸡奖颁奖典礼在厦门揭晓。陕西省重大文化精品项目——《我和我的祖国》斩获金鸡奖评委会特别奖。

12月1日 西安高新区制定出台《西安高新区“交房（地）即交证”改革方案（试行)》，以工程建设项目审批制度改革为契机，落实国有建设用地“交地即交证”及新建商品住宅“交房即交证”改革工作。

同日 省林业局公布：陕西省生态脱贫取得显著成效，惠及全省贫困人口73.11万户、238.61万人。

12月2日 “陕西省冷链食品追溯管理系统”上线试运行。系统采用“首岸赋码、首站赋码、一码通用”模式，实现来源可查、去向可追。

同日 西北空中应急救援中心在西安成立。中心可承担空中侦查探测、空中指挥调度、空中消防灭火、空中紧急输送、空中搜寻救助、空中特殊吊载、空中应急通信、空中水上救援、应急救援演练等任务，将广泛整合社会航空应急救援力量，为发挥空中救援的“长臂功能”提供有力保障，对于推进应急管理体系和能力现代化建设具有重大意义。

12月3日 陕西省与中国气象局签署《共同推进陕西气象事业高质量发展共建气象防灾减灾示范省合作协议（2021—2025年）》。根据协议，将推进西安气象大数据应用中心项目建设二期、陕西气象防灾减灾第一道防线建设等重点工程建设。

12月4日 省扶贫办公布：全省各类特色产业扶贫项目覆盖贫困人口435万人次。

12月9日 为保障困难群众温暖过冬，陕西省已下拨城乡困难群众冬季取暖费2.12亿元，按照城市低保户每户1200元、农村低保户每户500元，城市特困人员每人1200元、农村特困人员每人500元的标准发放冬季取暖费，已全部发放到位。

12月16日 省级高速公路S27洋镇线西乡至镇巴高速公路顺利建成通车，结束了革命老区镇巴县不通高速公路的历史，也标志着汉中市实现了县县通高速公路目标。该工程于2016年11月开工建设，全长49.55千米，路线起于汉中西乡县堰口镇，止于汉中镇巴县小渡坝，与镇巴县城连通。西镇高速公路全线设计时速80千米/小时，为双向四车道，路基宽度25.5米，总投资72.03亿元。

12月23日 由中国能源建设集团西北院总承包建设的国华锦界电厂煤电一体化项目三期扩建工程5号机组通过168小时满负荷试运行，标志着世界首台汽轮机高位布置发电机组投入运营。该工程位于陕西神木锦界工业园内，是国家大气污染防治计划重点建设项目，也是国家“西电东送”北通道的重要电源点，于2016年5月获准开建。

12月25日 陕西省首针新冠病毒疫苗在西安市西咸新区空港新城底张中心卫生院完成接种，标志着全省重点人群新冠病毒疫苗接种工作全面启动。2021年5月31日，全省新冠病毒疫苗日接种突破100万剂次，达到126.06万剂次。截至6月25日24时，全省各市、县（区）累计报告接种新冠病毒疫苗3070万剂次、1670万人，未出现严重不良反应。

同日 全长52.1千米的旬邑至凤翔高速公路太峪至良舍段通车，陕西最后一个不通高速公路的县——宝鸡市麟游县实现了与全省高速公路网的连接。该项目是国家高速公路菏宝线在陕西省境内的重要组成路段，也是六盘山集中连片特困地区扶贫攻坚规划的重点建设项目。项目总里程约124千米，双向四车道，设计速度100千米/小时。至此，陕西如期完成“十三五”县县通高速公路目标，从全省任一县（市、区）城区驾车出发，均能在30分钟内驶入高速公路。

同日 省民政厅、省财政厅联合印发《陕西省城乡低收入家庭认定办法（试行）》，明确低收入家庭的认定条件、申办程序和工作责任。

同日 文化和旅游部公布首批60个国家文化和旅游消费试点城市，西安成为全省唯一入选城市。

12月26日 西（安）银（川）高铁全线正式开通运营。西银高铁陕西段2016年8月25日正式开工建设。2020年4月6日，西银高铁重点控制性工程——咸阳渭河特大桥完工。咸阳渭河特大桥全长13.6千米，共有桩基4370根。其中四线段长4.16千米，共有桩基1820根。西银高铁主线全长约618千米，其中陕西段163.4千米。西安至银川客车运行时间缩短至3小时以内。

12月28日 西安地铁5号线开通运营。地铁5号线于2016年1月13日开工建设一期工程，2017年2月18日开工建设二期工程，全线整体呈东西走向，西起西咸新区创新港站，东至灞桥区马腾空站，全长41.6千米，其中高架线18.13千米；共设34座车站，其中地下站22座、高架站9座。

同日 自2011年以来，全省对患有宫颈癌或乳腺癌的贫困妇女进行救助，截至年底，共筹集各类资金1.22亿元，救助15914人，其中“贫困母亲两癌救助专项基金”下拨资金7504万元，共救助7504人；省、市、县三级妇联积极争取本级财政支持筹集4696.69万元，救助8410人。

本年 省社会管理综合治理委员会办公室公布陕西省公众安全感调查数据，当年全省平安建设满意度达96.16%，社会治安满意率达96.61%、政法队伍的满意率达97.13%。

本年 陕西省各级人民法院受理案件77.03万件（新收72.33万件），审执结73.18万件。办理网上立案1.68万件、在线调解3.06万件、电子送达5.33万件、热线查询10.42万件次。制定《陕西省国家司法救助制度实施办法》，发放救助资金875件2422.8万元。

本年 陕西省三北防护林建设五期工程（2011—2020）共造林48.84万公顷。其中人工造林21.83万公顷，退化林修复1.6万公顷，封山育林25.4万公顷。

本年 《陕西统计公报》公布：2020年全年生产总值26181.86亿元，位列全国第14名。其中，第一产业增加值2267.54亿元，第二产业增加值11362.58亿元，第三产业增加值12551.74亿元。年末全省认定有效期内高新技术企业6198家。全年共签订各类技术合同49928项，合同成交金1533.68亿元。年末全省文化系统共有艺术表演团体50个，文化馆122个。全省公共图书馆116个，全年总流通627万人次。全省拥有卫生健康机构34978个（含村卫生室22977个），共有床位27.25万张。新建国民体质监测中心（站）23个，实现市、县全覆盖。据城乡一体化住户调查，全年居民人均可支配收入26226元，城镇居民人均可支配收入37868元，农村居民人均可支配收入13316元。全年城镇新增就业43.25万人，城镇失业人员再就业15.63万人，就业困难人员就业6.23万人，登记失业人员实有人数24.51万人，城镇登记失业率3.63%。年末纳入城市低保11.06万户、

20.08 万人，人均月保障标准最高 740 元，最低 590 元；纳入农村低保 49.4 万户、115.62 万人，保障标准每人每年最低 4827 元。农村特困人员救助（五保） 12.49 万人，其中，集中供养对象约 3.82 万人，基本生活标准每人每年 6279—15840 元，照料护理标准根据特困人员生活自理能力，分别不低于当地最低工资标准的 10%、15% 和 25%。全年累计实施临时救助 81.01 万人次。

二〇二一年

1月1日 新版《陕西省优化营商环境条例》经修订开始实施。2018年3月31日，审议通过《陕西省优化营商环境条例》，标志着陕西省优化营商环境工作进入规范化、法制化的轨道。新版《条例》提升针对性和有效性，故更具体更可操作，并兼具公平性、创新性等特点。

1月4日 省扶贫办公布：全省符合条件的97.81万名建档立卡贫困人口全部纳入兜底保障范围，稳定达到吃穿“两不愁”的脱贫退出标准。

1月7日 为切实保障好2020年度受灾困难群众冬春期间基本生活，帮助群众安全温暖过冬，省应急管理厅下拨中央和省级2020年度冬春救助资金3.419亿元。

同日 省扶贫办通报，全省“十三五”易地扶贫搬迁安置项目建设已全面完成，共建成2116个集中安置点，24.93万户84.36万名搬迁群众全部实际入住，旧宅腾退复垦任务全部完成，并在全国率先启动安置房不动产登记工作，已登记发证10.4万户。

1月21日 陕西建工（股票代码：600248）登陆上交所A股市场，成为陕西省首家营业收入超千亿元的上市公司。

2月8日 陕西省开展防范中小学生欺凌专项治理。通过集中查处通报一批情节恶劣、社会影响大的恶性事件，指导各地各校进一步摸排工作死角，织牢联动网络，为广大中小学生的健康成长提供良好校园环境。

2月9日　省委、省政府颁布《关于全面推进乡村振兴加快农业农村现代化的实施意见》。实施农业品牌提升行动，到2025年集中打造30个特色农产品优势区、100个区域公用品牌、1000个企业品牌和产品品牌。实施乡村振兴“十百千”工程，打造10个县（区）、100个乡（镇）、1000个行政村示范样板。到2025年，农村自来水普及率达到92%以上；基本普及卫生厕所，90%的自然村生活垃圾得到有效处理；居民主要健康指标明显提升，健康家庭、健康村庄、健康学校建设率均达到60%。巩固提升省级重点示范镇、文化旅游名镇和特色小镇，打造100个示范带动效应明显的乡村振兴示范镇、创建1000个美丽宜居示范村、建设1万户宜居示范农房。稳步提高土地出让收入用于农业农村比例，确保“十四五”期末土地出让收益用于农业农村比例达到50%以上。支持市县构建域内共享的涉农信用信息数据库，力争用2年时间实现区域内农户及新型农业经营主体信用归集入库。实施新型农村集体经济壮大示范行动，用3年时间打造100个省级示范村，推进“空壳村”全面清零。

2月25日　全国脱贫攻坚总结表彰大会在北京举行。中共中央总书记、国家主席、中央军委主席习近平向全国脱贫攻坚楷模荣誉称号获得者等颁奖并发表重要讲话。习近平强调，经过全党全国各族人民共同努力，脱贫攻坚战取得了全面胜利，现行标准下9899万农村贫困人口全部脱贫，832个贫困县全部摘帽，12.8万个贫困村全部出列，区域性整体贫困得到解决，完成了消除绝对贫困的艰巨任务。榆林市绥德县张家砭镇郝家桥村被授予“全国脱贫攻坚楷模”荣誉称号；陕西85人获“全国脱贫攻坚先进个人”、65个单位获“全国脱贫攻坚先进集体”。陕西省受表彰的全国脱贫攻坚先进个人中，有各级党政军机关和企事业单位、农村广大基层组织的党员、干部、群众，驻村第一书记和工作队员、志愿者等。85 名先进个人中，有 1 人已牺牲在脱贫攻坚战场。先进集体包括了基层党组织、政府部门、企业事业单位等。

3 月 2 日　陕西省政法队伍教育整顿动员部署会议在西安召开。重点整治政令不畅、执行不力、作风不实、条线顽瘴痼疾、影响公正执法司法等突出问题。会后，政法队伍教育整顿工作在各地政法机关迅速展开。

3 月 3 日　省残疾人联合会等单位联合举办第二十二次全国“爱耳日”宣传教育活动。活动为听力残疾人免费配发助听器 10000 台，其中 18 周岁以下听力残疾人经评估有需求的可配两台助听器（8—18 岁须为陕西户籍，持有听力残疾人证），7 周岁以下不受有无残疾证限制（省外儿童须有陕西当地签发的居住证）。省级为 18 岁以下听障儿童和青少年免费植入人工耳蜗，为已植入人工耳蜗一年以上的有调机需求的听力残疾人提供免费调机服务，并为在听力语言康复机构训练的听障儿童家庭每月提供送训费补助。自第一次全国“爱耳日”宣传教育活动开展以来，陕西已连续为听力残疾人开展多年服务。

3 月 11 日　陕北—湖北 ±800 千伏特高压直流工程陕西段全线贯通。工程于 2020 年 2 月开工，起于陕西省榆林市府谷县境内陕北换流站，终点为湖北省武汉换流站，线路全长 1137 千米，额定输送容量 800 万千瓦，总投资 185 亿元。在陕西境内途经府谷、神木、佳县、米脂、绥德、清涧 6 个县（市），线路全长 224 千米，共有铁塔 414 基，投资 13 亿元。

3 月 12 日　黄河流域西安生态环境司法保护基地在石川河阎良段揭牌。这是陕西首个黄河流域生态环境司法保护基地，开启了黄河流域生态环境司法保护“行政执法 + 检察监督 + 司法审判”综合治理模式。

3 月 18 日 陕西鼓风机（集团）有限公司旗下子公司正式签约河钢张宣高科氢能源开发和利用工程示范项目。该项目作为全球首座使用富氢气体直接还原的工业化示范项目，将用氢能源代替传统的碳能源，大幅降低制造生产过程中的碳排放，是中国钢铁行业能源绿色转型的一个重大突破。

3 月 22 日 国网陕西电力公布：陕西智慧车联网平台组织“绿电”交易，77 家充电设施运营商与 69 家光伏和风力发电站签约交易 5.68 亿千瓦时，交易“绿电”电量和参与交易的市场主体均创下国内新纪录。

3 月 30 日 省卫生健康委、省民政厅、省医疗保障局、省残疾人联合会联合印发《关于加强出生缺陷防治救助保障工作衔接的通知》。《通知》要求加强出生缺陷防治与民政救助、康复救助制度有机衔接，努力避免出生缺陷所致残疾，确保符合政策残疾患儿“应治尽治”，不断提高儿童健康水平。

4 月 14 日 西安铁路运输检察院在办理一起未成年人犯罪案件中，发现监护人监护缺位，向涉案未成年人监护人发出“督促监护令”，并进行宣告送达，督促监护人依法履行监护职责。这是陕西省检察机关发出的首份“督促监护令”。

4 月 20 日 《陕西省秦岭水资源保护利用专项规划》印发实施。《专项规划》主要内容包括秦岭水功能区划及水环境分区管控、水资源保护利用制度体系、水资源保护规划、生态需水保障及水生态保护修复、节水型社会建设、水资源利用规划、水资源保护监测管理体系建设等。该规划作为秦岭地区水资源保护及开发利用的顶层设计，对保障秦岭水源安全、提高水源涵养能力、促进全省生态环境保护和高质量发展具有重要意义。

5 月 1 日 陕西省统一调整失业保险金标准及相关待遇。调整后，失业保险金最高标准从每月 1620 元提高到每月 1755 元，最低标准从每月 1440 元提高到每月 1575 元。

5 月 7 日 全省农村人居环境整治提升五年行动启动实施，要求全面提升农村人居环境质量，为全面推进乡村振兴提供有力支撑。

5 月 15 日—29 日 由文化和旅游部、陕西省人民政府共同主办的中国秦腔优秀剧目会演在西安举行。西北五省区 1400 多名艺术家、专家参与秦腔展演等 4 大板块 20 余项活动。

5 月 17 日 省纪委监委召开加强作风建设切实解决群众反映强烈突出问题推进会，安排部署纠“四风”树新风重点工作，并印发《关于加强作风建设切实解决群众反映强烈突出问题的安排意见》。

5 月 27 日 省委、省政府颁布《促进全省城乡居民增收十条措施》。主要包括：完善居民增收工作机制。促进居民增收纳入全省“六保”任务。促进农民工就地就业创业。整合打造一批具有区域特色的农民工创业孵化示范基地和就业载体，全年新增返乡创业 1 万人以上。大力发展县域经济。加快培育新型农业经营主体，力争全省新增家庭农场 5000 家、农民合作社新增带动农户 5 万户。发展高质高效特色现代农业。新建高标准农田 290 万亩，推动土地出让收入优先用于高标准农田和“3+X”特色现代农业发展，优先用于支持 56 个脱贫县（区）巩固拓展脱贫攻坚成果同乡村振兴有效衔接。措施还包括发展农村电子商务，深化农村土地制度改革，提升劳动者职业技能，保障基层工资待遇，培育民宿和住房租赁市场等。

5 月 28 日 省委、省政府决定，授予荣亮等 586 名同志“陕西省脱贫攻坚先进个人”称号，授予西安市人力资源社会保障局就业促进处等 203 个集体“陕西省脱贫攻坚先进集体”称号。

5 月 31 日 省人力资源和社会保障厅、省财政厅调整 2021 年退休人员基本养老金。陕西省已超过 10 年连续上调养老金。

同月 根据中共中央办公厅、国务院办公厅《关于常态化开展扫黑除恶斗争巩固专项斗争成果的意见》精神，省委、省政府及时调整成立新的省扫黑除恶斗争领导小组及其办公室，印发《关于常态化开展扫黑除恶斗争巩固专项斗争成果的实施意见》，提出了7个方面26条具体措施。按照“1+N”模式，陕西省、市、县三级扫黑除恶长效机制基本建成，扫黑除恶常态化开展。

6月1日 省民政厅联合省政务服务中心在陕西省12345政务服务便民热线开通未成年人救助保护业务，打通儿童救助保护“最后一公里”。

6月5日 “秦创原”创新驱动平台项目集中开工活动在西咸新区举行。本次共有32个项目集中开工，总投资达448.2亿元，包含A板块孵化器、C板块加速器、鲲鹏智造园等科创载体类项目6个，A板块创新孵化中心、A板块综合科研平台、泛仕达机电股份有限公司西北研发生产基地等创新驱动项目14个以及路网工程、城西快速干道跨西宝高速立交等基础配套工程12个。

6月8日 省委部署开展作风建设专项巡视。本轮巡视成立8个巡视组，重点围绕“两个板块”“八个领域”，深入省直有关部门和重点问题涉及市（区）开展作风建设专项巡视。

6月17日 引汉济渭二期工程正式开工。引汉济渭二期工程是引汉济渭工程的重要组成部分，是国家“十四五”期间重点推进的150项重大水利工程之一，承担着将调入关中地区的优质汉江水输送至渭河两岸的西安、咸阳、渭南、杨陵4个重点城市、11个县（市、区）、1个工业园区以及西咸新区5座新城共21个受水对象的重要任务。建设工期5年。

7月1日 习近平总书记在庆祝中国共产党成立100周年大会上庄严宣告:“经过全党全国各族人民持续奋斗，我们实现了第一个百年奋斗目标，在中华大地上全面建成了小康社会，历史性地解决了绝对贫困问题，正在意气风发向着全面建成社会主义现代化强国的第二个百年奋斗目标迈进。”至此，陕西光荣地完成了全面建设小康任务，全省人民迈入小康社会。

后 记

陕西是中华民族和华夏文化的重要发祥地之一，有着悠久的历史文化、灿烂的革命文化和丰富多彩的现代文化。陕西又曾是贫困面广、贫困人口数量多、脱贫任务艰巨的省份之一。经过各级党委政府接续奋斗，特别是党的十八大以来，陕西认真贯彻习近平总书记关于全面建成小康社会的重要论述和党中央决策部署，深入贯彻习近平总书记来陕考察重要讲话重要指示，大力弘扬伟大建党精神和延安精神，坚决打赢脱贫攻坚战，千年梦想的小康生活在三秦大地成为现实。

为纪录全面建成小康社会的伟大历程，介绍全面建成小康社会的探索和实践，总结陕西经验做法，为实现第二个百年奋斗目标提供借鉴，陕西省委宣传部委托陕西省社会科学院、陕西省地方志办公室、陕西日报社、陕西省作家协会、陕西省文学艺术界联合会，编写了“纪录小康工程”丛书。丛书共五册，分别为《全面建成小康社会陕西全景录》《全面建成小康社会陕西大事记》《全面建成小康社会陕西变迁志》《全面建成小康社会陕西奋斗者》《全面建成小康社会陕西影像记》，从不同方面、不同角度展现了陕西全面建成小康社会过程中的重大节点、重要实践、感人事迹和突出成就。

与此同时，省上成立工作专班，加强统筹协调，组织精干力量，全力以赴做好丛书编辑出版工作。各参编单位积极落实，编写人员不辞辛劳，夜以继日，如期完稿。陕西人民出版社提前介入，从体例设计、稿件创作到排版设计、编辑校对，对书稿精心打磨。陕西省委党史研究室、陕西省发展和改革委员会、陕西省文化和旅游厅、陕西省广播电视局、陕西省统计局、陕西省乡村振兴局、陕西新华出版传媒集团、陕西画报社等成员单位积极提供图片资料，组织专家审读稿件，提出了宝贵的意见建议。

陕西省地方志办公室承编《全面建成小康社会陕西大事记》。省志办党组高度重视编纂工作，现任党组书记、主任熊晖，时任党组书记、主任雷湛均先后任大事记编纂委员会主任，领导统筹编纂事宜，一级巡视员武军分管负责，省志处组织编纂，4 名业务人员组成编写小组。其中，王莹负责总纂，折燕玲、王雪晖、肖成刚分别负责 1949—1978 年、1979—2011 年、2012—2021 年的稿件撰写。近 160 个日夜，文稿从无到有，从粗到精，通过齐心奋战，终成 20 万字定稿。其间，省志办领导、部门负责人，外聘专家等参与审读。省志处李军、姚懿玲参与编辑、校改。

因时间仓促，书中难免有不足之处，敬请指正，以便再版时修改完善。